高等职业教育智能制造领域人才培养系列教材

电机与电气控制技术

主　编　赵淑娟

副主编　郑　益　孔令叶

参　编　钟　立　刘　民　祝　旭

机械工业出版社

本书以高等职业教育改革精神为指导，根据高等职业院校自动化类专业教学标准，基于智能制造领域常用的自动化设备和自动化生产线的电气控制系统的装调、运维、检修、技改等岗位的职业需求，融合国家《电工》职业技能等级证书要求和相关职业技能竞赛赛项要求，按照工学结合、项目引导、理实一体化教学的基本原则编写而成。本书按照从易到难、从单一到综合逐层递进的原则构建3个篇章，共10个项目。其中，基础篇重点阐述自动化设备和自动化生产线等智能制造装备中常用被控对象——三相交流异步电动机的结构、工作原理、基本电气性能等，为技能篇和提高篇奠定基础；技能篇重点阐述以三相交流异步电动机为控制对象的小型自动化控制设备中常用元器件的选型与使用，以及电气原理图的绘制、分析、装调、设计与改造等，为提高篇中知识与技能的综合应用奠定基础；提高篇重点阐述通用机床电气原理图的分析、常见电气故障的检修等，综合运用电气控制技术解决生产实际问题。

本书可作为高等职业院校智能控制技术、电气自动化技术、机电一体化技术等专业的教材，也可供轨道交通、机械、汽车等相关专业师生及有关工程技术人员参考，还可以作为中等职业院校自动化类专业职业能力提高的参考用书。

凡选用本书作为教材的教师可登录机械工业出版社教育服务网（http：//www.cmpedu.com），注册后免费下载相关配套教学资源。

图书在版编目（CIP）数据

电机与电气控制技术 / 赵淑娟主编. -- 北京：机械工业出版社，2024.11. --（高等职业教育智能制造领域人才培养系列教材）. -- ISBN 978-7-111-77607-9

Ⅰ．TM3；TM921.5

中国国家版本馆CIP数据核字第2025XS8210号

机械工业出版社（北京市百万庄大街22号　邮政编码100037）
策划编辑：薛　礼　　　　　责任编辑：薛　礼　王莉娜
责任校对：贾海霞　陈　越　封面设计：王　旭
责任印制：邓　博
北京中科印刷有限公司印刷
2025年4月第1版第1次印刷
184mm×260mm・13.5印张・329千字
标准书号：ISBN 978-7-111-77607-9
定价：45.00元

电话服务　　　　　　　　　网络服务
客服电话：010-88361066　　机　工　官　网：www.cmpbook.com
　　　　　010-88379833　　机　工　官　博：weibo.com/cmp1952
　　　　　010-68326294　　金　书　网：www.golden-book.com
封底无防伪标均为盗版　机工教育服务网：www.cmpedu.com

"电机与电气控制技术"是职业院校智能制造领域各专业非常重要的一门核心课程。本书是基于第二批国家级职业教育教师教学创新团队课题研究项目（课题名称：电气自动化技术专业（群）新形态教材开发路径探索与实践，课题编号：ZI2021030105）开发的新形态教材。

本书在广泛进行产业行业调研，认真分析自动化设备和自动化生产线等智能装备电气控制电路的装调、检修、运维等工作岗位能力需求的基础上，深入贯彻党的二十大报告中"统筹职业教育、高等教育、继续教育协同创新，推进职普融通、产教融合、科教融汇，优化职业教育类型定位"精神，积极推进校企合作机制。根据高等职业教育专科自动化类专业教学标准，融合《自动化设备装调维修工》《自动化设备运行维护员》等岗位能力标准、《电工》国家职业技能鉴定标准和相关国家职业能力竞赛赛项要求，由学校教师与行业一线专家共同编写的。本书在编写过程中特别强调与工程实际的结合，尽可能将最新的工程实际应用案例纳入教学内容，突出技术应用性、实用性、先进性，同时借助多媒体与网络技术手段，制作微视频、虚拟动画、在线课程等丰富的多维立体化教学资源，在重点培养学生解决工程实际问题的能力的同时，潜移默化地加强课程思政建设。

本书具有如下特点：

1) 注重与行业的深度结合。我们聘请了本地区自动化领域知名企业专家共同研究教材的开发。从教材编写思路的讨论、课程标准与编写大纲的制定，到搜集整理企业生产案例、规范技术操作过程、检测所选设备和技术是否符合企业实际等，都有企业专家实质性参与，保证了教材的理论与实际的紧密结合，教材内容切实反映企业生产岗位技术状况和需求。

2) 基于工作过程进行课程开发。本书以行动导向为主线，选取典型的工作任务、项目、产品等作为载体，通过采取项目引导、任务驱动、理实一体化等以行动导向为核心的教学模式，引导学生分析问题、获取信息、训练技能，完成项目实施、检查、评估与反馈，有效地培养学生的专业能力、方法能力和社会能力。

3) 深入落实"岗课赛证"融通。本书从自动化类职业（岗位）需求分析入手，遵循"以工作任务引领专业知识，以国家职业岗位标准规范课程内容"的原则，参照国家《电工》等职业技能鉴定标准的能力要求，借鉴国家《电工》等职业技能大赛竞赛内容和要求，精选教材内容，切实落实"岗课赛证"融通。

4）注重知识与技能的层次性。本书针对自动化类工作岗位能力要求，在编写中构建了3个从简单到复杂、从单一到综合、层层递进的教学篇章。每个教学篇章针对一种典型的工作能力的培养。一方面针对学生未来某一职业岗位或岗位群，选择特定的知识和技能，不过分强调内容的完整性、系统性，着力选择学生在就业时所需要的知识结构和能力结构，使学生得到业界的认可；另一方面，要为学生长期的工作和发展服务，为今后的持续学习创造接口和条件，为学生将来解决职业岗位技术问题提供可参考性。

5）以科技手段多种形态展现教学内容。本书按照教学规律和学生的认知规律，合理编排内容。每个项目首先被分解为多个学习任务，每个学习任务都基于一个完整的工作过程进行开发，并通过提问的形式引导学生主动获取信息、培养技能，潜移默化地进行职业素养教育。每个项目都配有思考与提高环节，作为学生巩固提高的辅助内容。本书尽量采用以图代文的编写形式，配以大量的微视频、动画、虚拟仿真资源、在线学习内容和活动，以降低学习难度，提高学生的学习兴趣。

本书由重庆工业职业技术学院赵淑娟任主编，重庆工业职业技术学院郑益、广东工贸职业技术学院孔令叶任副主编，重庆工业职业技术学院钟立、刘民及重庆川仪自动化股份有限公司祝旭参与编写，全书由赵淑娟统稿。在本书编写过程中，得到了上海树林软件有限公司、上海宇龙软件工程有限公司的大力支持，在此一并表示感谢。

由于编者水平有限，书中难免存在错误和不足之处，恳请广大读者批评指正。

编　者

二维码清单

名称	二维码	页码	名称	二维码	页码
电动机结构		12	电阻分阶测量法		67
三相异步电动机绝缘电阻测量		25	电阻分段测量法		67
三相异步电动机的工作原理		34	刀开关结构		69
异步电动机转动原理		34	组合开关结构及工作原理		70
电动机绝缘电阻的测量		41	熔断器烧毁		71
电动机空载电流测量		42	断路器		73
电气原理图识读及设备安装		59	按钮		75
常见电气故障检修方法		65	热继电器		76
电压分阶测量法		66	交流接触器工作原理		79
电压分段测量法		66	开关控制电动机的起停		81

(续)

名称	二维码	页码	名称	二维码	页码
电动机连续运转控制		81	两台电动机同时起动同时停止		98
电动机点动控制		82	两台电动机同时起动同时停止控制电路1		98
组合开关实现的电动机既能点动又能连续运转控制		83	两台电动机同时起动同时停止控制电路2		98
利用按钮的复合触点实现电动机既能点动又能连续运转控制		83	两台电动机同时起动同时停止控制电路3		98
利用中间继电器实现电动机既能点动又能连续运转控制		84	两台电动机同时起动同时停止控制电路4		98
电动机多地控制电路		85	顺序控制案例		98
电动机多条件控制电路		85	顺序起动同时停止控制		98
多级物料运输系统		87	两台电动机的顺序起动同时停止控制电路1		99
顺序控制线路组成及工作原理		97	两台电动机同时起动同时停止控制电路2		99
顺序控制线路安装及调试		97	两台电动机同时起动顺序停止		100
顺序控制线路电气故障分析及排除		97	两台电动机同时起动顺序停止控制电路		100

(续)

名称	二维码	页码	名称	二维码	页码
两台电动机顺序起动逆序停止控制电路		100	三盏信号灯的循环控制		107
两台电动机顺序起动逆序停止控制电路		100	三盏信号灯循环点亮控制电路		107
两台电动机顺序起动顺序停止控制		101	信号灯闪烁控制		108
两台电动机顺序起动顺序停止控制电路		101	信号灯闪烁控制电路1		108
JST-A系列空气阻尼式时间继电器的结构原理		103	信号灯闪烁控制电路2		108
两台电动机的延时起动控制电路		104	电动机正反转运行应用案例-电梯运行		109
两台电动机不能可靠停止电路		104	电动机正反转运行应用案例-钻床钻孔		109
两台电动机的延时停止控制电路		104	三相交流异步电动机双重互锁的正反转控制线路的安装与调试		111
两盏信号灯的延时控制		106	三相交流异步电动机双重互锁的正反转控制线路的故障分析与排除		111
两盏信号灯的顺序控制电路		106	往复运行控制线路的安装与调试		114
交通灯控制		107	往复运行控制线路的故障分析与排除		114

(续)

名称	二维码	页码	名称	二维码	页码
倒顺开关实现电动机正反转控制		119	工作台自动往复运行的电动机控制电路		124
接触器控制电源相序的调转		119	往复运行控制线路的组成及工作原理		124
无任何互锁的电动机正反转控制电路		119	消防排烟系统风机工作		126
电动机电气互锁正反转控制电路		120	双速异步电动机自由换速控制的低速起动与停止		134
三相交流异步电动机正反转、控制线路组成及工作原理		121	双速异步电动机自由换速之低速切换到高速		134
电动机双重互锁正反转控制电路		121	双速异步电动机自由换速控制之高速起动高速停止		134
行程开关功能		122	双速异步电动机自由换速控制之高速切换低速		134
直动式行程开关原理动画		122	双速异步电动机低速起动低速停止控制电路		135
单滚轮行程开关结构原理动画		122	双速异步电动机自动低速换高速控制电路		136
具有限位停止功能的正反转控制电路		123	星形-三角形减压起动控制线路安装及调试		140
工作台自动往复		124	星形-三角形减起动控制线路电气故障分析及排除		140

VIII

(续)

名称	二维码	页码	名称	二维码	页码
定子串电阻或电抗减压起动原理		145	三相异步电动机反接制动		161
星形-三角形减压起动的原理		146	三相异步电动机能耗制动		162
三相异步电动机定子串电阻减压起动控制电路1		148	速度继电器		163
三相异步电动机定子串电阻减压起动控制电路2		148	速度继电器控制的三相异步电动机反接制动控制电路		164
定子绕组串电阻减压起动电路原理		149	能耗制动控制线路组成及工作原理		165
星形-三角形减压起动控制线路组成及工作原理		149	三相异步电动机能耗制动控制电路		165
三相异步电动机星形-三角形减压起动控制电路		149	CA6140车床结构及主要机构		175
电动机星形-三角形减压起动控制电路原理		149	CA6140主运动-卡盘带动工件旋转运动		175
自耦变压器降压起动控制电路		151	CA6140进给运动-方刀架带动刀具纵向或横向直线运动		176
能耗制动控制线路安装及调试		156	CA6140辅助运动-卡盘的夹紧放松		176
能耗制动控制线路电气故障分析及排除		156	CA6140辅助运动-尾座的纵向移动		176

（续）

名称	二维码	页码	名称	二维码	页码
CA6140车床的断电保护		177	Z3040摇臂钻床夹紧电动机控制线路故障分析与排除		187
CA6140车床控制电路分析-主轴电动机控制		177	Z3040摇臂钻床主轴箱水平移动		190
CA6140车床主轴与冷却泵电动机的顺序控制		177	Z3040摇臂钻床控制线路的组成及工作原理		191
CA6140车床冷却泵电路分析		177	Z3040摇臂钻床主运动控制		192
CA6140辅助运动-切削液的输出		178	Z3040型摇臂钻床主轴电动机控制电路		192
CA6140车床控制电路分析-快速移动电动机控制		178	摇臂钻床主轴箱与立柱的松紧控制电路		192
CA6140车床信号与照明电路		178	Z3040摇臂钻床摇臂上升控制电路		194
Z3040摇臂钻床主轴电动机控制线路故障分析与排除		187	Z3040摇臂钻床摇臂上升与下降控制		194

前言
二维码清单

基础篇　三相交流异步电动机认识

项目1　三相交流异步电动机清理 ………………………………… 2
【项目导入】……………………………………………………………… 2
【信息获取】……………………………………………………………… 3
　学习任务1-1　三相交流异步电动机结构认识 ………………………… 3
　学习任务1-2　三相交流异步电动机铭牌数据认识 …………………… 4
　学习任务1-3　三相交流异步电动机拆装清洗 ………………………… 6
【项目实施】……………………………………………………………… 7
【项目评价与反思】……………………………………………………… 8
【思考与提高】…………………………………………………………… 9
【相关知识】……………………………………………………………… 10
　一、三相交流异步电动机的结构 ……………………………………… 11
　二、三相交流异步电动机的铭牌数据 ………………………………… 14
　三、三相交流异步电动机的拆装与清洗方法 ………………………… 17
【你知道吗】……………………………………………………………… 19

项目2　三相交流异步电动机性能检测 ………………………… 20
【项目导入】……………………………………………………………… 20
【信息获取】……………………………………………………………… 21
　学习任务2-1　三相交流异步电动机的工作原理及特性
　　　　　　　　分析 …………………………………………………… 21
　学习任务2-2　三相交流异步电动机定子绕组的同铭端
　　　　　　　　判别 …………………………………………………… 23
　学习任务2-3　三相交流异步电动机定子绕组的绝缘性能
　　　　　　　　检测 …………………………………………………… 24
　学习任务2-4　三相交流异步电动机的空载与堵转
　　　　　　　　试验分析 ……………………………………………… 25
【项目实施】……………………………………………………………… 27
【项目评价与反思】……………………………………………………… 28

【思考与提高】…… 29
【相关知识】…… 32
　一、三相交流异步电动机的工作原理及特性 …… 32
　二、三相交流异步电动机定子的同铭端 …… 38
　三、三相交流异步电动机定子绕组的绝缘性能 …… 39
　四、三相交流异步电动机的基本试验 …… 41
【你知道吗】…… 43

技能篇　三相交流异步电动机控制电路设计与装调

项目3　某喷淋加湿系统控制电路设计与装调 …… 46

【项目导入】…… 46
【信息获取】…… 47
　学习任务3-1　电气控制系统认识 …… 47
　学习任务3-2　三相交流异步电动机直接起动控制电路
　　　　　　　分析与装调 …… 48
【项目实施】…… 52
【项目评价与反思】…… 53
【思考与提高】…… 54
【相关知识】…… 57
　一、电气控制系统 …… 57
　二、三相交流异步电动机直接起动控制电路 …… 68
【你知道吗】…… 85

项目4　物料运输系统控制电路设计与装调 …… 87

【项目导入】…… 87
【信息获取】…… 88
　学习任务4-1　按钮控制下三相交流异步电动机顺序控制
　　　　　　　电路分析与装调 …… 88
　学习任务4-2　时间继电器控制下三相交流异步电动机顺序
　　　　　　　控制电路分析与装调 …… 90
　学习任务4-3　信号灯控制电路分析与装调 …… 92
【项目实施】…… 93
【项目评价与反思】…… 94
【思考与提高】…… 96
【相关知识】…… 97
　一、按钮控制下三相交流异步电动机顺序控制电路 …… 97
　二、时间继电器控制下三相交流异步电动机顺序控制
　　　电路 …… 101

三、信号灯的顺序控制电路 ………………………………… 105
　【你知道吗】 …………………………………………………………… 108

项目 5　合箱机动力头系统控制电路设计与装调 …………… 109

　【项目导入】 …………………………………………………………… 109
　【信息获取】 …………………………………………………………… 110
　　学习任务 5-1　三相交流异步电动机正反转控制电路
　　　　　　　　　分析与装调 ……………………………………… 110
　　学习任务 5-2　工作台自动往复运行控制电路分析与
　　　　　　　　　装调 ……………………………………………… 112
　【项目实施】 …………………………………………………………… 114
　【项目评价与反思】 …………………………………………………… 115
　【思考与提高】 ………………………………………………………… 116
　【相关知识】 …………………………………………………………… 118
　　一、三相交流异步电动机的正反转控制 ……………………… 118
　　二、三相交流异步电动机的正反转控制电路 ………………… 119
　　三、工作台自动往复运行的控制电路 ………………………… 121
　【你知道吗】 …………………………………………………………… 125

项目 6　消防排烟系统控制电路设计与装调 ………………… 126

　【项目导入】 …………………………………………………………… 126
　【信息获取】 …………………………………………………………… 127
　　学习任务 6-1　三相交流异步电动机变极调速认识 ………… 127
　　学习任务 6-2　三相交流异步电动机变极调速控制电路
　　　　　　　　　分析与装调 ……………………………………… 128
　【项目实施】 …………………………………………………………… 130
　【项目评价与反思】 …………………………………………………… 131
　【思考与提高】 ………………………………………………………… 132
　【相关知识】 …………………………………………………………… 133
　　一、三相交流异步电动机的调速 ……………………………… 133
　　二、三相交流异步电动机双速运行的控制电路 ……………… 134
　【你知道吗】 …………………………………………………………… 136

项目 7　工业用水泵系统控制电路设计与装调 ……………… 137

　【项目导入】 …………………………………………………………… 137
　【信息获取】 …………………………………………………………… 138
　　学习任务 7-1　三相交流异步电动机减压起动控制认识 …… 138
　　学习任务 7-2　三相交流异步电动机减压起动控制电路
　　　　　　　　　分析与装调 ……………………………………… 139

【项目实施】 ……………………………………………………………… 141
　　【项目评价与反思】 …………………………………………………… 142
　　【思考与提高】 ………………………………………………………… 143
　　【相关知识】 …………………………………………………………… 145
　　　一、三相交流异步电动机的减压起动 ………………………………… 145
　　　二、三相交流异步电动机减压起动的控制电路 ……………………… 147
　　【你知道吗】 …………………………………………………………… 152

项目 8　某机床主轴电动机制动系统控制电路设计与装调 … 153

　　【项目导入】 …………………………………………………………… 153
　　【信息获取】 …………………………………………………………… 154
　　　学习任务 8-1　三相交流异步电动机制动认识 ……………………… 154
　　　学习任务 8-2　三相交流异步电动机制动控制电路分析与
　　　　　　　　　　装调 ……………………………………………………… 155
　　【项目实施】 …………………………………………………………… 157
　　【项目评价与反思】 …………………………………………………… 158
　　【思考与提高】 ………………………………………………………… 159
　　【相关知识】 …………………………………………………………… 161
　　　一、三相交流异步电动机的制动 ……………………………………… 161
　　　二、三相交流异步电动机电气制动的控制电路 ……………………… 162
　　【你知道吗】 …………………………………………………………… 166

提高篇　电气设备控制电路常见电气故障分析与排除

项目 9　车床控制电路常见电气故障分析与排除 …………… 168

　　【项目导入】 …………………………………………………………… 168
　　【信息获取】 …………………………………………………………… 169
　　　学习任务 9-1　CA6140 型车床认识 …………………………………… 169
　　　学习任务 9-2　CA6140 型车床控制电路分析 ………………………… 170
　　　学习任务 9-3　CA6140 型车床常见故障检修 ………………………… 170
　　【项目实施】 …………………………………………………………… 172
　　【项目评价与反思】 …………………………………………………… 172
　　【思考与提高】 ………………………………………………………… 174
　　【相关知识】 …………………………………………………………… 174
　　　一、CA6140 型车床的结构及电力拖动特点 ………………………… 174
　　　二、CA6140 型车床的控制电路 ……………………………………… 176
　　　三、CA6140 型车床控制电路常见电气故障检修 …………………… 178
　　【你知道吗】 …………………………………………………………… 182

项目 10　摇臂钻床控制电路常见电气故障分析与排除………… 183

　【项目导入】…………………………………………………… 183
　【信息获取】…………………………………………………… 183
　　学习任务10-1　Z3040型摇臂钻床认识 ………………… 183
　　学习任务10-2　Z3040型摇臂钻床控制电路分析 ……… 185
　　学习任务10-3　Z3040型摇臂钻床常见故障检修 ……… 186
　【项目实施】…………………………………………………… 187
　【项目评价与反思】…………………………………………… 188
　【思考与提高】………………………………………………… 189
　【相关知识】…………………………………………………… 189
　　一、Z3040型摇臂钻床的结构及电力拖动特点 ………… 189
　　二、Z3040型摇臂钻床的控制电路 ……………………… 191
　　三、Z3040型摇臂钻床常见电气故障检修 ……………… 195
　【你知道吗】…………………………………………………… 197

参考文献 …………………………………………………… 198

基础篇

三相交流异步电动机认识

工业生产和民用生活等领域所使用的生产设备的电气控制系统常被称为电力拖动系统。电力拖动系统主要包括电源、原动机、控制环节、传递环节、被控对象等，其中的原动机主要是指电动机。本篇以三相交流异步电动机为研究对象，通过三相交流异步电动机清理、三相交流异步电动机性能检测项目的实施，阐述三相交流异步电动机的种类、结构、工作原理、基本性能及测试等相关知识，为自动化设备和自动生产线等设备控制电路的分析、装调、检修、设计与优化等相关职业能力的培养奠定基础。

三相交流异步电动机清理

【项目导入】

1. 学习任务

在较恶劣环境中较长时间使用电动机后，电动机容易被油垢等污物侵蚀、覆盖，造成线圈老化和过热、通风部位被污垢堵塞等现象。这些现象的出现不仅会影响电动机的运行性能，还可能因接点松动而打火，从而引燃电动机上的污物，造成安全事故。因此，电动机需要定期进行清理和保养，从而改善电动机的运行性能，避免不必要的事故发生。

本项目以一台小型三相交流异步电动机为例，通过拆卸、清理、装配等实践活动，完成对其结构、铭牌数据的认知，具体内容如下。

某机床主轴电动机为一台型号为 Y112M-4 的三相交流异步电动机，其 $P_N = 7.5kW$、$U_N = 380V$、$I_N = 15.4A$、$\cos\phi_N = 0.85$、$n_N = 1440r/min$、定子绕组的接法为 △ 联结。由于电动机内部污染严重，因此其运行时发热严重，运行性能变差。现要求按照工艺规范对该电动机进行清理后再重新投入使用。

2. 学习目标

（1）知识目标

了解电力拖动系统的组成、电动机的分类及各种常见电动机的特点、三相交流异步电动机的主要结构以及各主要部件的作用，掌握三相交流异步电动机铭牌数据的主要内容及基本含义，熟悉三相交流异步电动机拆装的流程与方法。

（2）技能目标

能够辨认三相交流异步电动机的主要部件并阐述其主要功能；能够根据三相交流异步电动机铭牌数据进行简单分析和计算，为控制电路的设计奠定基础；能够按照国家标准与规范及相关行业规定，对三相交流异步电动机进行拆装与清理。

（3）素养目标

通过对三相交流异步电动机结构的认识，培养团队合作意识；通过对三相交流异步电动机铭牌数据的解读，加强对行业规范的认知；通过对三相交流异步电动机的拆装与清理，增强安全意识、规范意识、环保意识；通过对电动机发明者的介绍，了解电动机的发展史，培养对科学的热爱。

【信息获取】

学习任务 1-1　三相交流异步电动机结构认识

小提示：在工业领域里，一般看到的主要是三相交流异步电动机的外观，但三相交流异步电动机到底由哪几部分组成？有着怎样的结构特点呢？

问题引导 1：电力拖动系统一般由哪几部分组成？
_____
_____

问题引导 2：为什么说三相交流异步电动机在现代工业领域里的应用最为广泛？
_____
_____

问题引导 3：三相交流异步电动机主要由哪几部分组成？
_____
_____

问题引导 4：三相交流异步电动机的定子主要由哪几部分组成？
_____
_____

问题引导 5：很多三相交流异步电动机的外壳外表面为什么不做成光滑的？
_____
_____

问题引导 6：三相交流异步电动机定子铁心的主要作用是什么？
_____
_____

问题引导 7：三相交流异步电动机定子绕组的主要作用是什么？
_____
_____

问题引导 8：三相交流异步电动机的定子绕组主要有哪几种接法？
_____
_____

问题引导 9：如何从外观区分三相交流异步电动机的转子绕组为笼型转子绕组还是绕线转子绕组？
_____
_____

问题引导 10：三相交流异步电动机的转子绕组需不需要外接电源？
_____
_____

练一练

1. 写出图 1-1 中三相交流异步电动机各部分的名称。

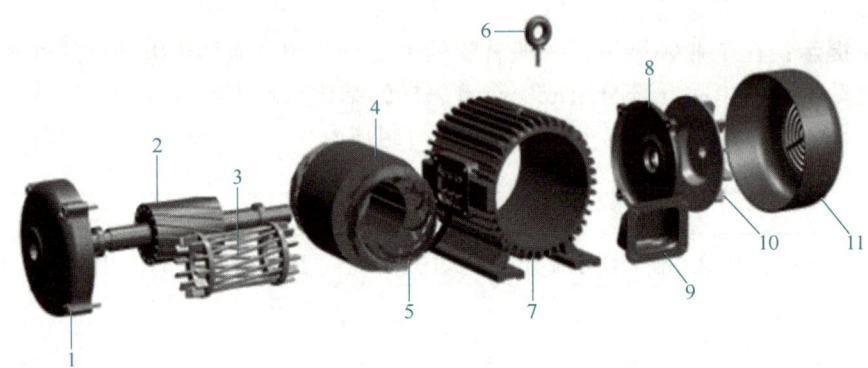

图 1-1　三相交流异步电动机的结构

（1）＿＿＿＿＿；（2）＿＿＿＿＿；（3）＿＿＿＿＿；（4）＿＿＿＿＿；
（5）＿＿＿＿＿；（6）＿＿＿＿＿；（7）＿＿＿＿＿；（8）＿＿＿＿＿；
（9）＿＿＿＿＿；（10）＿＿＿＿＿；（11）＿＿＿＿＿。

2. 如何将图 1-2 中三相交流异步电动机的三相定子绕组接为△联结或者Y联结？

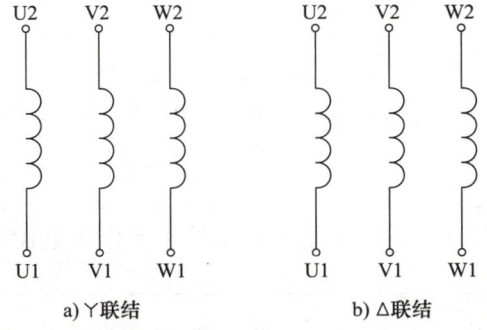

a）Y联结　　　　　b）△联结

图 1-2　三相交流异步电动机的三相定子绕组联结

学习任务 1-2　三相交流异步电动机铭牌数据认识

小提示：三相交流异步电动机的电源电压是加在定子绕组上的，到底要加多大的电压电动机才可以正常工作呢？转动的是电动机的转子，转子到底会转多快、能拉动多大的负载呢？

问题引导 1：三相交流异步电动机铭牌数据的主要作用是什么？

问题引导 2：若三相交流异步电动机型号为 Y2-132S-4，则电动机的磁极对数 p 等于几？

_____
_____

问题引导 3：当外加电源电压有一定的波动时，三相交流异步电动机的定子绕组会不会立即烧毁？

_____
_____

问题引导 4：三相交流异步电动机的额定功率指的是电动机定子绕组吸收的电功率吗？

_____
_____

问题引导 5：使用中常说的三相交流异步电动机"大马拉小车"和"小马拉大车"是什么意思？

_____
_____

问题引导 6：如何用相电压 U_p 和相电流 I_p 来表述三相交流异步电动机的额定功率？如果用线电压 U_L 和线电流 I_L 又该如何表述呢？

_____
_____

问题引导 7：三相交流异步电动机的额定转速 n_N 是指转子的实际转动速度吗？

_____
_____

问题引导 8：三相交流异步电动机的铭牌标注 U_N 为 380V/660V，联结方式为 △/Y，试问电源电压分别为 380V 和 660V 时各应采用什么联结方式？它们的额定相电流是否相同？额定线电流是否相同？

_____
_____

问题引导 9：三相交流异步电动机的绝缘等级表明了它的哪种性能？

_____
_____

问题引导 10：三相交流异步电动机的防护等级为 IP44，具有什么含义？

_____
_____

练一练

1. 某机床主轴电动机为一台型号为 Y112M-4 的三相交流异步电动机，其 P_N = 7.5kW、U_N = 380V、I_N = 15.4A、$\cos\phi_N$ = 0.85、n_N = 1440r/min、定子绕组采用△联结，试计算该电动机的工作效率 η。

2. 一台三相交流异步电动机，P_N = 10kW、U_N = 380V、n_N = 1455r/min、$\cos\phi_N$ = 0.86、η_N = 0.88。试计算电动机的额定电流 I_N、额定转矩 T_N 和输入功率 P_1。

学习任务 1-3　三相交流异步电动机拆装清洗

小提示：对三相交流异步电动机内部进行清洗，要先拆卸电动机，怎样正确拆卸三相交流异步电动机呢？清洗后对电动机进行装配时，又要注意哪些事项呢？

问题引导 1：常用的三相交流异步电动机拆卸工具有哪些？

问题引导 2：拆卸三相交流异步电动机前有哪些数据需要记录？

问题引导 3：三相交流异步电动机的拆卸顺序是怎样的？

问题引导 4：使用专用清洗剂清洗电动机有哪些优点？

问题引导 5：装配三相交流异步电动机端盖时，能不能先将某一颗螺钉直接拧紧固定？
_____
_____

环保小卫士：清洗电动机后的污水含有油污、杂质、表面活性剂及其他可溶性有机物，这些物质在一定程度上会对环境造成污染，因此需要进行收集并进行专门的处理。

练一练

拆卸一台小型三相交流异步电动机的定子绕组接线盒内的接线，按要求标记定子绕组的首、尾端，测量三相绕组的直流电阻值并记录于下：

$R_U =$ _____；$R_V =$ _____；$R_W =$ _____。

判别该电动机三相绕组是否对称：A. 对称　　B. 不对称

【项目实施】

1）小组成员相互讨论三相交流异步电动机拆卸与清洗的相关内容与方法，在充分分析并吸取其他小组汇报的工作计划及教师点评的基础上，小组内部进行多次讨论，对工作计划不断进行修改完善，并填写表1-1。

表1-1　三相交流异步电动机清理项目工作计划表

步骤	工作内容	负责人
1		
2		
3		
4		
5		
6		
7		

注意：若有修改，请使用不同颜色的书写笔在原工作计划表上进行修改。

2）填写表1-2，列出仪器仪表、工具、耗材等所需设备。

表1-2　三相交流异步电动机清理项目所需设备清单

序号	名称	型号与规格	单位	数量	备注
1					
2					
3					
4					
5					

（续）

序号	名称	型号与规格	单位	数量	备注
6					
7					
8					
9					

3）按照项目要求及任务分工，根据表 1-3 进行实践并做好记录。如果项目实施过程中出现问题，要认真做好记录并解决问题。

表 1-3　三相交流异步电动机清理项目工单

步骤	内容	工艺要求
1	拆卸前的准备工作	拆卸所做标记 （1）联轴器或带轮与轴台的距离：＿＿＿＿＿＿ （2）端盖与机座记号：＿＿＿＿＿＿ （3）前、后轴承记号的形状：＿＿＿＿＿＿
2	拆卸顺序	（1）＿＿＿＿＿；（2）＿＿＿＿＿；（3）＿＿＿＿＿；（4）＿＿＿＿＿； （5）＿＿＿＿＿；（6）＿＿＿＿＿；（7）＿＿＿＿＿；（8）＿＿＿＿＿
3	拆卸带轮或联轴器	工艺要点：
4	拆卸端盖	工艺要点：
5	拆卸轴承	工艺要点：
6	清洗	工艺要点：
7	装配	工艺要点：

注意：所选工具要合适，不合适的工具容易损坏电动机的组件。拆卸轴承及端盖的安装螺钉时，应先逐一松开少许，采用对角轮流进行的方式进行拆卸。某个螺钉因生锈而不易拧动时，可先在螺钉处滴上一些机油或者煤油，过一段时间后再用扳手拧动。在转子未抽出的情况下拆除端盖时，应注意防止端盖掉下时砸伤轴身。应在拆卸时做必要的标记，以利于恢复原状，并保持场地清洁。

【项目评价与反思】

项目完成后，教师综合个人和小组同学在项目完成过程中的表现以及项目完成的情况，对学生做出客观评价，认真填写表 1-4。同时指出成功与不足之处，明确学习的重点和后期的改进方向。

表 1-4　三相交流异步电动机清理项目评价表

主要内容		评分标准	配分	扣分	得分
职业素养	信息检索	能根据工作需要有效利用网络、图书资源、工作手册查找有用的相关信息	5分		
	仪态表达	仪态自然，吐字清晰；思路清晰，层次分明，表达准确	5分		
	团队精神	积极主动参与工作，与教师、同学之间相互尊重、理解，保持多向、丰富、适宜的信息交流；能提出有意义的问题或发表个人见解；能够倾听别人的意见、协作共享	5分		
	学习方法	学习方法得当，有工作计划；探究式学习、自主学习不流于形式，处理好合作学习和独立思考的关系，做到有效学习	5分		
	工作过程	遵守管理规程，操作过程符合现场管理要求；善于从多角度分析问题，能主动发现、提出有价值的问题；能够正确地完成工作任务	10分		
知识与技能	拆卸电动机	1. 拆卸方法或步骤不正确，每次扣5分，扣完为止 2. 碰伤定子绕组，每处扣10分，扣完为止 3. 损坏零部件，每个扣5分，扣完为止 4. 装配标记不清楚，每处扣5分，扣完为止	20分		
	清洗电动机	1. 清洗方法不正确，扣5分 2. 轴承清洗不干净，每处扣5分，扣完为止 3. 绕组清洗不干净，每处扣5分，扣完为止 4. 其他部位清洗不干净，每处扣5分，扣完为止	20分		
	装配电动机	1. 装配步骤、方法错误，每次扣5分，扣完为止 2. 碰伤定子绕组，每处扣5分，扣完为止 3. 损坏零部件，每个扣5分，扣完为止 4. 紧固螺钉未拧紧，每处扣5分，扣完为止 5. 装配后转动不灵活，扣5分	20分		
	安全文明生产	1. 考试过程中，违反安全文明考核要求，每处扣2分，扣完为止 2. 当考生被考评员发现有重大事故隐患时，予以制止后，每次扣5分，扣完为止	10分		
备注	考试时间		考评员签字	成绩	
总结与反思					

【思考与提高】

一、填空题

1. 三相交流异步电动机的结构主要分为_____和_____，在电动机内部，两者之间有气隙相隔。

2. 三相交流异步电动机定子绕组的接法有_____和_____两种。

3. 三相交流异步电动机定子的主要作用是_____和_____；转子的结构型式可以

分为_____和_____两种，转子的主要作用是_____。

4. 三相交流异步电动机额定电压是 380V，当其定子绕组为丫联结时，每相绕组的相电压为_____V。

5. 当三相交流异步电动机的所加负载为额定负载的_____时，电动机的效率可以达到最大。

6. 中、小型三相交流异步电动机的定子绕组多采用_____绕制而成，大、中型三相交流异步电动机的定子绕组则用_____绕制而成。

7. 有一台 Y132M-4 型三相交流异步电动机，其额定功率为 7.5kW、额定转速为 1440r/min，则它的额定转差率为_____，额定转矩为_____N/m。

二、选择题

1. 三相交流异步电动机的定子主要由_____组成。
   A. 机座、定子铁心、定子绕组　　　B. 机座、转子铁心、风扇
   C. 机座、定子铁心、转子铁心　　　D. 定子绕组、转子绕组、风扇

2. 三相交流异步电动机的输入功率是指_____功率，输出功率是_____功率。
   A. 机械　　　B. 电　　　C. 损耗　　　D. 发热

3. 在某台三相交流异步电动机的铭牌上，标定的额定电压为 220V/380V，则其相应的接法为_____。
   A. Y/△　　　B. △/Y　　　C. △/△　　　D. Y/Y

三、判断题

1. 三相交流异步电动机的转子绕组和定子绕组在电路上没有任何关系。（　　）
2. 三相交流异步电动机的额定电压是指定子绕组的线电压。（　　）
3. 三相交流异步电动机按照转子绕组的结构型式，可以分为笼型转子和绕线转子。（　　）
4. 异步电动机按照转子的结构型式分为三相交流异步电动机和单相异步电动机。（　　）

【相关知识】

电力拖动系统（又称电气控制系统）一般由电源、控制设备、电动机、传动机构和生产机械 5 部分组成，如图 1-3 所示。

在实际生活和生产过程中，一般把进行电能转换和信号控制的设备都称为电机。发电机是将机械能转换为电能，电动机是将电能转换为机械能，这两种电机都以能量转换为主要任务。以转换和传递控制信号为主要任务的电机称为控制电机。

在电力拖动系统中，主要是由电动机来提供动力。电动机的分类方法有很多。按照外加电源的种类，电动机可分为直流电动机、交流电动机，其中，交流电动机又可分为交流异步电动机和交流同步电动机；按照外加电压的相数，电动机分为单相电动机和三相电动机。

由于现代工业领域中普遍采用三相交流电，加上三相交流异步电动机具有结构简单、工作可靠、维护方便、效率较高、价格便宜等众多优点，因此三相交流异步电动机广泛应用于对起动和调速性能要求不太高的电力拖动系统，如普通机床、生产线、水泵、起重机等设备中。但三相交流异步电动机功率因数低，起动和调速性能不太好。据相关资料统计，现在电

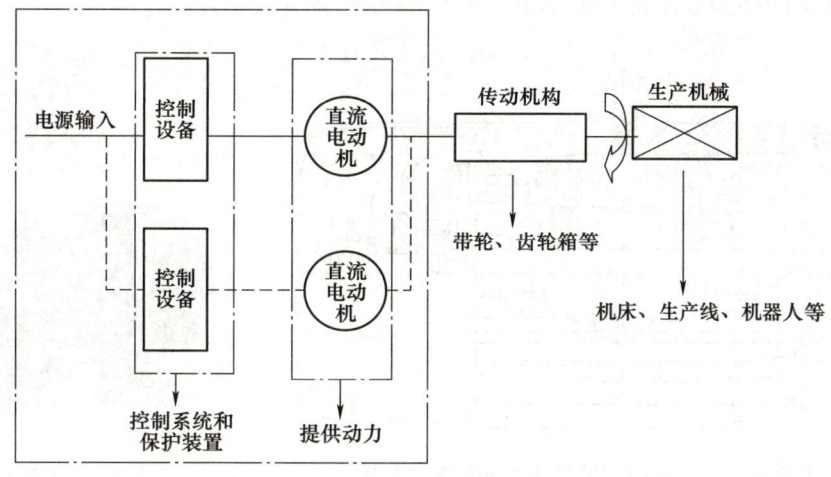

图 1-3　电力拖动系统

网中 2/3 以上的电能是三相交流异步电动机消耗掉的。

一、三相交流异步电动机的结构

我国生产的三相交流异步电动机的种类很多,适用场合和用途各不相同,一般用符号 Y 来表示。部分常用的 Y 系列三相交流异步电动机的性能及特点见表 1-5。

表 1-5　部分 Y 系列三相交流异步电动机的性能及特点

系列品种	系列名称	性能及特点
Y	全封闭自扇冷式笼型转子三相交流异步电动机	具有高效、节能、起动性能好、噪声小、振动小、运行可靠、使用维护方便等优点,常应用于农业机械、机床、运输机械等
YVF	变频调速三相交流异步电动机	具有调速范围广、调速精度高、系统稳定性好、效率高等特点,常应用于纺织、化工、冶金、机械制造等行业
YD	变极调速三相交流异步电动机	设备简单、体积小、重量轻、机械特性较硬、稳定性能好等特点,常应用于矿山、冶金、纺织等需要分级变速的设备中
YB	防爆型三相交流异步电动机	具有高效、节能、温升裕度大、寿命长、振动小等特点,常用于有爆炸性气体混合物存在的场合
YLB	立式深井泵用三相交流异步电动机	具有效率高、起动转矩大、承受周向力大等特点,常应用于矿工企业、城市或农村等汲取地下水

三相交流异步电动机的种类虽多,但各类三相交流异步电动机的基本结构是类似的,它们都由定子和转子这两大基本部分组成。Y 系列封闭式三相交流异步电动机的基本结构如图 1-4 所示。

1. 定子

三相交流异步电动机的定子一般由外壳、定子铁心、定子绕组等部分组成。

(1) 外壳　三相交流异步电动机的外壳一般包括机座、端盖、轴承盖、接线盒及吊环等部件。

1) 机座。三相交流异步电动机的机座的作用是保护和固定定子铁心与定子绕组。通常,中小型异步电动机的机座由铸铁制成,如图 1-5 所示;大中型异步电动机的机座由钢板焊接而成。机座的外表要求散热性能好,所以一般都装有散热片。

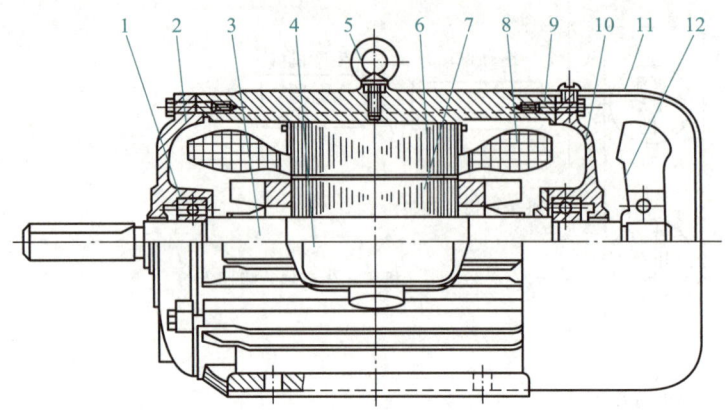

图1-4 Y系列封闭式三相交流异步电动机的结构图
1—轴承 2—前端盖 3—转轴 4—接线盒 5—吊环 6—定子铁心
7—转子 8—定子绕组 9—机座 10—后端盖 11—风罩 12—风扇

图1-5 三相交流异步电动机的机座

2)端盖。端盖一般由铸铁或铸钢浇注成形,是三相交流电动机机械结构的重要组成部分。端盖上还有轴承,其作用是把转子支撑在定子内腔中心,使转子能够在定子中均匀地旋转。

3)轴承盖。轴承盖也是用铸铁或铸钢浇注成形的,其作用是固定转子,使转子不能沿转子的轴向移动,另外起存放润滑油和保护轴承的作用。

4)接线盒。接线盒一般是用铸铁浇注成形的,其作用是保护和固定绕组的引出接线端子。

5)吊环。吊环一般是用铸钢制成的,安装在机座的上端,其作用是方便起吊、搬运三相交流异步电动机。

(2)定子铁心 定子铁心是三相交流异步电动机磁路的一部分,固定于基座内。为了减小涡流和磁滞损耗,定子铁心一般由0.35~0.5mm厚的、表面涂有绝缘漆的薄硅钢片叠压而成,如图1-6所示。定子铁心内圆有均匀分布的槽口,用来嵌放定子绕组。中小型异步电动机的定子槽一般为半闭口槽。

(3)定子绕组 三相交流异步电动机的三相定子绕组彼此独立,空间对称。每相绕组又由若干线圈按照一定的规律连接而成,如图1-7所示。定子绕组是三相交流异步电动机主要的电路部分,它外接电源电压后会产生磁极对数为p的旋转磁场。

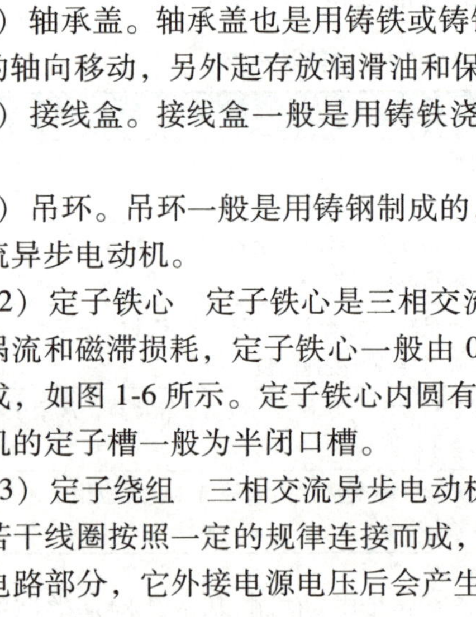

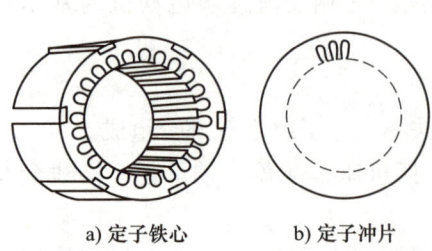

a) 定子铁心　　b) 定子冲片

图1-6 定子铁心及冲片示意图

图1-7 三相交流异步电动机定子绕组

定子绕组一般由外层涂有绝缘漆的铜导线或铝导线绕制而成。中小型三相交流异步电动机的定子绕组多采用圆漆包线；大中型三相交流异步电动机的定子绕组多采用较大截面积的矩形扁铜线或铝线。三相定子绕组按一定规律嵌入定子铁心槽内，六个出线端引至接线盒内。首端分别标为 U1、V1、W1，尾端分别标为 U2、V2、W2，这六个出线端在接线盒中的排列如图1-8所示。

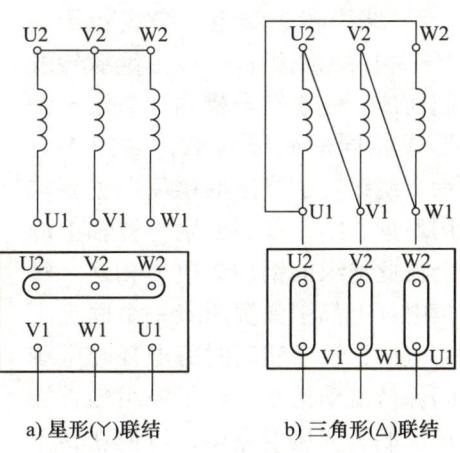

a) 星形(Y)联结　　b) 三角形(△)联结

图 1-8　定子绕组的接法

三相交流异步电动机的定子绕组可以根据电动机的容量和实际需要接成星形或三角形。一般功率大于 4kW 的电动机，通常采用 △ 联结；功率小于 3kW 的电动机，可按照要求采用 Y 联结或 △ 联结。

2. 转子

转子是三相交流异步电动机的转动部分，通过联轴器或者带轮带动其他设备做功。转子由转子铁心、转子绕组和转轴等部分组成，如图1-9所示。

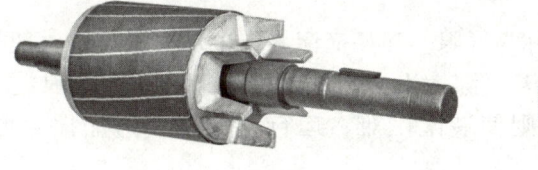 

a) 笼型异步电动机的转子　　b) 异步电动机的转子铁心

图 1-9　笼型异步电动机的转子及转子铁心

（1）转子铁心　三相交流异步电动机的转子铁心通常是用 0.35~0.5mm 厚的硅钢片叠压而成，套在转轴上，如图1-9b所示。转子铁心的作用和定子铁心相同，都是电动机磁路的一部分，并且都是用来安放绕组。

（2）转子绕组　三相交流异步电动机的转子绕组分为绕线转子与笼型两种，相应地，三相交流异步电动机也分为绕线转子异步电动机与笼型异步电动机。机床上常用的三相交流异步电动机一般是笼型异步电动机。

1）笼型转子绕组。一般笼型转子绕组就是在转子铁心的每一个槽中插入一根铜导条，在铜导条两端各用一个铜环（称为端环）把铜导条连接起来，称为铜排转子，如图1-10a所示。笼型绕组也可用铸铝制成，把转子导条和端环风扇叶片用铝液一次浇注而成，称为铸铝转子，如图1-10b所示。100kW 以下的三相交流异步电动机一般采用铸铝转子。实际生产中的笼型转子铁心的槽沿轴向是斜的，导致导条也是斜的，这主要是为了改善笼型电动机的起动性能。

 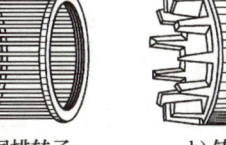

a) 铜排转子　　b) 铸铝转子

图 1-10　笼型转子绕组

笼型转子绕组因结构简单、制造方便、运行可靠，而得到广泛应用。

2）绕线转子绕组。绕线转子绕组是三相对称绕组，一般由绝缘导线绕制而成，嵌于转子槽内，与定子绕组形成相同的磁极对数，如图1-11所示。绕线转子绕组的尾端根据要求采用星形联结，首端分别与转轴上的三个彼此绝缘的铜质集电环相连。每个集电环上都用弹簧压着一个固定不动的电刷，转子转动时集电环与电刷之间保持滑动接触。转子绕组的首端通过电刷引到接线盒中，以便在转子

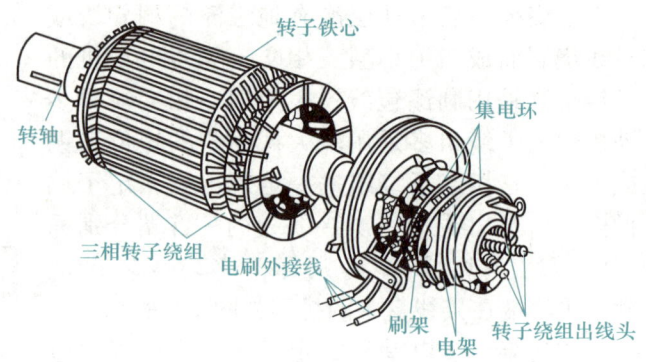

图1-11 三相交流异步电动机绕线转子

电路中串入附加电阻，改善电动机的起动和调速性能。绕线转子绕组的结构比较复杂，制造也比较麻烦，但是绕线转子异步电动机的起动性能和调速性能比笼型异步电动机好，一般用于对起动和调速有较高要求的场合，如立式车床、起重机等。

（3）转轴 三相交流异步电动机的转轴一般由钢材制成。转子铁心固定在转轴上，通过转轴可以带动机械负载。

3. 气隙

定子与转子之间的空气隙，称为气隙。三相交流异步电动机的气隙一般很小，中小型电动机的气隙一般为0.2~1.5mm。若气隙太大，则电动机运行时的功率因数降低，但这样可以改善起动性能；若气隙太小，则使装配困难，运行不可靠，附加损耗增加，起动性能变差。

有些电动机为了增加散热能力，在转轴上还装有风扇。

二、三相交流异步电动机的铭牌数据

在三相交流异步电动机的外壳上装有一块牌子，叫铭牌。铭牌上注明了这台三相交流异步电动机的型号、主要技术数据等内容。这些数据是选择、安装、使用和修理（包括重新绕制绕组）三相交流异步电动机的重要依据。铭牌的主要内容见表1-6。

表1-6 三相交流异步电动机的铭牌数据

三相交流异步电动机					
型号	Y2-132S-4	功率	5.5kW	电压	380V
电流	11.7A	频率	50Hz	转速	1440r/min
接法	△	功率因数	0.83	外壳防护等级	IP44
产品编号	××××××	重量	180kg	绝缘等级	B级
××电机厂			××××年××月		

1. 型号

型号是电动机类型、规格和用途等的代号，一般由大写字母和数字等组成。

国产中小型三相交流异步电动机的型号系列为Y系列，以电动机中心高度为依据编制型号谱。Y系列三相交流异步电动机的机座号与定子铁心外径及中心高度的关系可以通过电机手册来查寻。表1-6中的铭牌所示电动机的型号含义为：

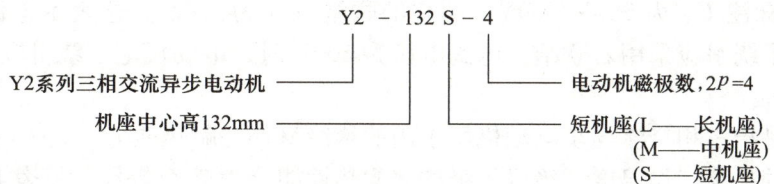

2. 额定电压 U_N

额定电压是指接到电动机定子绕组上的线电压，用 U_N 表示，以伏（V）或千伏（kV）为单位。国内三相交流异步电动机的电源电压有 10kV、6kV、3kV、380V、220V 等。中小型三相交流电动机要求所接的电源电压值的波动一般不超过额定电压的±5%。

3. 额定电流 I_N

额定电流是指三相交流电动机在额定电压下，输出额定功率时，流入定子绕组的线电流，用 I_N 表示，以安（A）为单位。

4. 额定功率 P_N

额定功率是指三相交流异步电动机在额定电压、额定电流和额定负载条件下运行时，转轴上输出的机械功率，用 P_N 表示，以千瓦（kW）或瓦（W）为单位。通常使负载功率处于（75%～100%）P_N 范围时，电动机的效率较高。如果电动机实际输出功率 P 远远小于额定功率 P_N，电动机的效率较低，这时电动机处于"大马拉小车"状态，是不合理的运行方式；相反，电动机实际输出功率 P 远远大于额定功率 P_N 时，相当于"小马拉大车"状态，电动机绕组严重过热，会因温升过高而被烧毁，这种情况称为"过载"。表1-6中的铭牌所示电动机的额定功率为 5.5kW。

三相交流异步电动机的额定功率与其他额定数据之间有如下关系式

$$P_N = \sqrt{3} U_N I_N \eta_N \cos\phi_N$$

式中，$\cos\phi_N$ 是额定功率因数；η_N 是额定效率，即三相交流异步电动机额定运行时输出的机械功率与输入电功率的比值。

$\cos\phi_N$ 和 η_N 是三相交流异步电动机的重要经济技术指标。

5. 额定频率 f_N

额定频率是指电动机所接的交流电源每秒周期变化的次数，用 f_N 表示，以赫兹（Hz）为单位。我国标准电源频率为 50Hz，国外也有标准电源频率为 60Hz 的情况。

6. 额定转速 n_N

额定转速是指三相交流异步电动机在额定工作情况下运行时每分钟的旋转次数，用 n_N 表示，以转/分（r/min）为单位，一般略小于对应的同步转速 n_1。额定转矩 T_N、额定功率 P_N 和额定转速 n_N 之间有以下的关系式

$$T_N = 9.55 \frac{P_N}{n_N}$$

该计算公式中转矩 T_N 的单位是 N·m，功率 P_N 的单位是 W，转速 n_N 的单位是 r/min。

7. 接法

三相交流异步电动机定子绕组的联结方式有星形（Y）和三角形（△）两种。定子绕组只能按规定方法联结，不能任意改变接法，否则会损坏三相交流电动机。有些小容量电动

机，铭牌数据标注 U_N 为 380V/660V，则它的联结方式为 △/Y。这表示电源电压为 380V 时，电动机定子绕组应采用 △ 联结；电源电压为 660V 时，电动机定子绕组应采用 Y 联结。

8. 绝缘等级

绝缘等级是指三相交流异步电动机所采用的绝缘材料的耐热能力，它表明三相交流异步电动机所允许的最高工作温度。绝缘等级按照耐热性能分为 7 个等级，见表 1-7。

表 1-7 绝缘材料的绝缘等级

绝缘等级	Y	A	E	B	F	H	C
最高允许温度/℃	90	105	120	130	155	180	>180

采用哪种绝缘等级的材料，取决于电动机的最高允许温度。最高允许温度可以通过查阅电机手册获得，它与环境温度密切相关。例如，环境温度为 40℃，电动机的温度为 90℃，则最高允许温度为 130℃，这就需要采用 B 级的绝缘材料。

9. 定额

三相交流异步电动机的定额是指三相交流异步电动机的运转状态，即允许连续使用的时间，有时也称为电动机的工作方式或者工作制，分为连续、短时、周期断续三种。

（1）连续（S1）　连续工作状态是指电动机在额定条件（即铭牌要求的条件）下运行很长时间时，电动机的温升不超过最高允许温度的工作方式。

（2）短时（S2）　短时工作状态是指电动机在额定条件下短时间运行，电动机的温升才达不到最高允许温升；但如果超过标准的短时工作时间，电动机的温升可能会超过最高允许值。

标准的短时工作时间有 10min、30min、60min、90min 4 种。

（3）周期断续（S3）　周期断续工作状态是指电动机在额定负载下运行时，运行时间很短，使电动机的温升不会超过最高允许温升，工作周期一般小于 10min 的工作方式。

一般用持续率（FC%）反映周期断续工作状态中电动机持续工作的时间，持续率用百分比表示，即电动机工作时间占工作周期的百分比，公式为

$$FC\% = \frac{工作时间}{工作时间 + 停止时间} \times 100\%$$

标准的持续率有 15%、25%、40%、60%，周期为 10min。无特别标明时，则按 25% 运行。

10. 防护等级

防护等级表示三相交流电动机外壳的防护能力。IP 是防护等级标志符号，其后面的两位数字分别表示防止固体和水进入电动机的能力。数字越大，防护能力越强。例如，IP44 中第一位数字"4"表示电动机外壳能防止直径或厚度大于 1mm 的固体进入电动机内壳，第二位数字"4"表示能承受任何方向的溅水。

【例题】某台型号为 Y132S-4 的电动机的铭牌数据如下：$U_N = 380V$，$I_N = 11.7A$，$P_N = 5.5kW$，$n_N = 1440r/min$，定子绕组为 △ 联结，$\cos\phi_N = 0.83$。该电动机在额定状态下运行，试求：（1）电动机定子绕组的磁极对数 p；（2）定子绕组的相电流 I_{1N}；（3）输入功率 P_{1N}；（4）效率 η_N。

解：（1）由型号知，$2p=4$，即 $p=2$。

（2）由于定子三相绕组为△联结，故相电流为

$$I_{1N} = \frac{I_N}{\sqrt{3}} = \frac{11.7}{1.732}A = 6.76A$$

（3）输入功率为

$$P_{1N} = \sqrt{3}U_N I_N \cos\phi_N = 1.732 \times 380 \times 11.7 \times 0.83W = 6391W = 6.391kW$$

（4）效率为

$$\eta_N = \frac{P_N}{P_{1N}} \times 100\% = \frac{5.5}{6.391} \times 100\% = 86\%$$

三、三相交流异步电动机的拆装与清洗方法

1. 三相交流异步电动机的拆卸

（1）拆卸电动机常用的工具　常用的拆卸三相交流异步电动机的工具包括外圆卡圈钳、内圆卡圈钳、自制扳手、木锤、铁锤、拉拔器、汽油喷灯等，如图1-12所示。

（2）拆卸前的准备工作

1）用压缩空气吹净电动机表面的灰尘，并将电动机表面的污垢擦拭干净。

2）清理施工现场。

3）熟悉电动机的结构特点和检修技术要求。

4）准备好拆卸电动机的工具和设备。

5）拆除电动机的外部接线，并做好记录。

（3）拆卸步骤　在拆卸电动机之前，应先将电动机与机械设备相连接的连接件上的固定螺钉或固定键、定位销松开，然后用合适的工具将连接件与电动机分开。

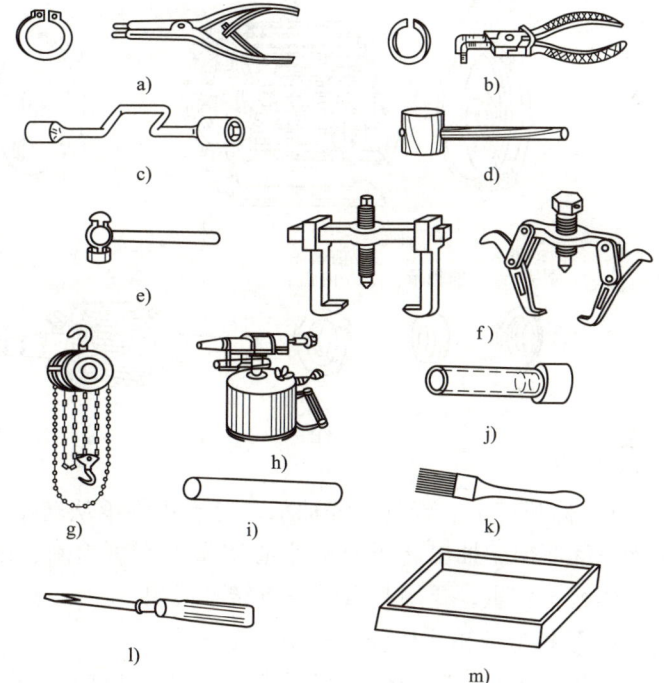

图1-12　拆卸电动机的常用工具

a）外圆卡圈钳　b）内圆卡圈钳　c）自制扳手
d）木锤　e）铁锤　f）拉拔器　g）手动葫芦　h）汽油喷灯
i）纯铜棒　j）钢铜套　k）毛刷　l）螺钉旋具　m）油盘专用工具

1）拆卸带轮（或联轴器）。若电动机上装有带轮（或联轴器），先在带轮（或联轴器）的轴伸端做好尺寸标记，如图1-13a所示，再将带轮或联轴器上的定位螺钉或销松脱取下，装上拉具，将带轮（或联轴器）慢慢拉出，如图1-13b所示。

2）拆卸风罩和风扇叶。卸下风罩螺钉，即可取下风罩，松开风扇锁紧螺钉，使用木锤在风扇四周轻轻敲打，使风扇松脱下来。

3）拆卸轴承盖和端盖。先将轴承外盖螺栓松下，拆下轴承外盖。为便于装配时复位，应先在端盖与机座接缝处的任一位置做好标记，再松开端盖的紧固螺栓，随后用木锤均匀敲

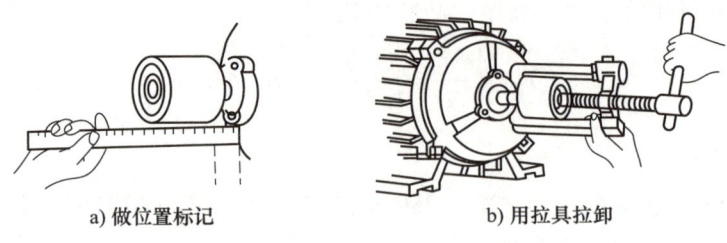

图 1-13 带轮（或联轴器）的拆卸

打端盖四周（敲打时需要垫上木板），把端盖取下。一般是先取后端盖再取前端盖。

图 1-14 是三相交流异步电动机的拆解图。

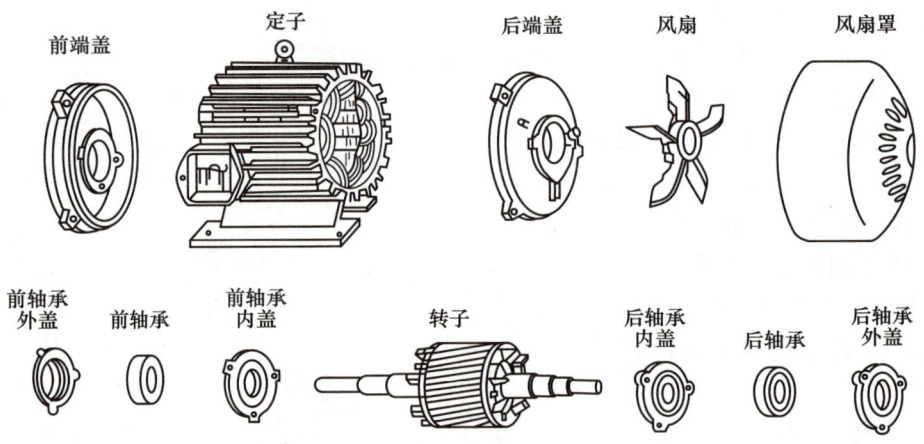

图 1-14 三相交流异步电动机的拆解图

4）拆卸转子。若只清洗轴承，可不将轴承从转子上拆下。小型电动机的转子可以连同端盖一起取出，抽出转子时应小心缓慢，不可歪斜，防止碰伤定子绕组。对于大中型电动机，因转子较重，要用起重设备将转子吊出。

2. 三相交流异步电动机的清洗

三相交流异步电动机拆卸完成后，如各部件均无损坏，则不需更换，应先刮去轴承内及端盖上的废润滑油，再使用清洗剂对电动机进行清洗。

（1）传统的清洗方法　三相交流异步电动机拆卸完成后，可以用汽油、煤油或柴油等对电动机进行擦拭、清理。使用传统方法清洗电动机存在如下几个问题。

1）清洗过程不安全。由于汽油、煤油全是易燃易爆的物质，所以在清洗时存在安全隐患。

2）碱性水基清洗剂对定子绕组的绝缘漆有腐蚀作用。

3）使用传统方法清洗会使电动机的绝缘值下降，所以清洗后要进行烘烤或用大功率的电灯进行照射，以提高电动的绝缘值。

4）清洗时间长，清洗效果差，而且拆卸电动机转子的困难也大。

（2）使用专门清洗剂清洗电动机　现在市场上有专门清洗电动机的清洗剂，它们属于环保型电气设备清洗剂，具有以下特点。

1）清洗效果好。使用喷枪对有油污的地方进行喷洗，清洗彻底，且用量不到汽油、煤油的1/4。

2）没有易燃易爆的危险。

3）清洗后电动机绝缘值不下降，有时还能提高绝缘值。

4）清洗后不用烘烤，并且可马上投入使用。

5）如果没有必要，不用拆卸转子，也能对电动机的定子绕组进行有效清洗。

6）劳动强度降低，清洗时间短，成本也随之降低。

不论是用哪一种方法对电动机进行清洗后，都需要按照要求进行准确的装配，才能够使电动机的工作性能得到改善。

3. 三相交流异步电动机的装配

拆卸、清洗三相交流异步电动机后，将按拆卸的逆顺序进行装配。装配的过程就是将各部件按拆卸时所做的标记复位，步骤如下：

1）安装后端盖。将轴伸端朝下垂直放置，在其端面上垫上木板，将后端盖套在后轴承上，用木锤敲打。把后端盖敲进去后，装轴承外盖，紧固内、外轴承盖的螺栓时要同步拧紧，不能先拧紧一个，再拧紧另一个。

2）安装转子。把转子对准定子孔中心，小心地往里送，后端盖要对准它与机座接缝处所做的标记，旋上后端盖的紧固螺栓，但不要一次性拧紧。

3）安装前端盖。将前端盖对准它与机座接缝处所做的标记，用木锤均匀敲击端盖四周，不可单边着力，并拧上前端盖的紧固螺栓。拧紧前、后端盖的紧固螺栓时，也要四边着力，按对角线上下左右逐步拧紧；然后再装前轴承外端盖，先在外轴承盖孔内插入一根螺栓，一手顶住螺栓，另一手缓慢转动转轴，轴承内盖也随之转动，当手感觉到轴承内、外盖螺孔对齐时，就可以将螺栓拧入内轴承盖的螺孔内，再装另两根螺栓，此螺栓也应逐步拧紧。

4）安装风扇叶和风罩。

5）检查无误后，可使用外力转动转轴，观察转子是否灵活。如果要对装配后的电动机通电试运行，还需要对其进行相关检测，检测合格后才能通电试车。

【你知道吗】

电动机是一个神奇的电磁产品！只要在定子上加上合适的电源电压，转子就会输出相应的机械转矩。那你知道世界上第一台电动机是谁发明的吗？世界上第一台电动机是迈克尔·法拉第发明的！

迈克尔·法拉第（Michael Faraday，1791—1867年）是英国物理学家、化学家、发明家也是世界著名的自学成才的科学家。

1821年，法拉第完成了第一项重大的电发明。1831年10月28日，他成功地发明了一种使用电流使物体运动的简单装置，这就是世界上第一台电动机。

项目 2
PROJECT 2

三相交流异步电动机性能检测

【项目导入】

1. 学习任务

对于经过维修后重新装配的电动机，或者是超过三个月未使用的电动机，必须根据相关要求对电动机进行全面检测，杜绝不合格或存在故障的电动机投入使用，从而避免不必要的经济损失和安全事故。

三相交流异步电动机的检测主要包括外观检查和内部质量检测。外观检查主要是检查各部件是否完好、紧固件是否拧紧、安装定位是否准确、转子转动是否灵活等内容。内部质量检测主要包括绕组直流电阻、绝缘电阻、同铭端、空载电流参数测量等检测。检测试验中，要密切关注机壳及轴承温度，注意振动和噪声。正确进行相关的检测并进行判断，需要对电动机的工作原理、工作性能有清晰的认知，这也有利于对三相交流异步电动机进行控制和使用。

本项目将以一台拆装后的小型三相交流异步电动机的性能检测为例，学习三相交流异步电动机的工作原理与检测方法，具体内容如下。

一台三相交流异步电动机，型号为Y112M-4、$P_N = 7.5 \text{kW}$、$U_N = 380 \text{V}$、$I_N = 15.4 \text{A}$、$\cos\phi_N = 0.85$、$n_N = 1440 \text{r/min}$、定子绕组的接法为△。对其内部进行油污清洗并重新装配完毕，现需要对电动机进行全面性能检测，以保证其安全性能和运行性能。

2. 学习目标

（1）知识目标

了解三相交流异步电动机定子绕组同铭端、转差率和电机工作状态的概念，绝缘电阻表、钳形电流表的使用方法；掌握三相交流异步电动机的工作原理及基本特性；熟悉三相交流异步电动机定子绕组同铭端的判别方法、绝缘性能的检测与判别方法、三相交流异步电动机空载试验和堵转试验的方法。

（2）技能目标

能够正确判别三相交流异步电动机定子绕组的同铭端并按铭牌数据要求进行连接；能够正确检测三相交流异步电动机定子绕组的绝缘性能，并判断绝缘性能的好坏；能够正确进行三相交流异步电动机的空载试验和堵转试验，并初步判断电动机装配质量的好坏。

（3）素养目标

通过对三相交流异步电动机性能的检测，增强安全意识、规范意识；通过对中国电机之父的介绍，培养爱国情怀和自豪感。

【信息获取】

学习任务 2-1　三相交流异步电动机的工作原理及特性分析

小提示：三相交流异步电动机的定子绕组和转子绕组各自独立，没有电学意义上的关联，那么转子是如何在定子绕组得到电压后开始转动的呢？

问题引导 1：在三相交流异步电动机对称的三相定子绕组中通入对称的三相交流电流，会产生一个旋转磁场，该旋转磁场转速的大小和方向与哪些因素密切相关？
_____
_____

问题引导 2：若三相交流异步电动机的磁极对数 $p=2$，则对其分别外加 60Hz 和 50Hz 频率电源时的同步转速各是多少？
_____
_____

问题引导 3：三相交流异步电动机的转子转速 n 会不会大于同步转速 n_1？
_____
_____

问题引导 4：三相交流异步电动机转子绕组中的电流是外加电源产生的吗？
_____
_____

问题引导 5：为什么三相交流异步电动机被称为"异步"电动机或者"感应"电动机？
_____
_____

问题引导 6：三相交流异步电动机的转差率 s 是描述什么的？如何求转差率 s 的值？
_____
_____

问题引导 7：三相交流异步电动机的堵转状态是指什么？三相交流异步电动机堵转时有什么样的工作特点？
_____
_____

问题引导 8：为什么不希望三相交流异步电动机长时间空载运行？
_____
_____

问题引导9：三相交流异步电动机额定运行时，转差率 s 的范围是多少？

问题引导10：为什么三相交流异步电动机的起动电流 I_{st} 很大，而起动转矩 T_{st} 并不大？

练一练

1. 一台额定频率为 50Hz 的三相交流异步电动机的额定转速 n_N = 2950r/min，则它的同步转速 n_1 是多少？磁极对数 p 是多少？转差率 s 是多少？

2. 一台三相交流异步电动机，定子电源频率 f_1 = 50Hz，磁极对数 p = 2，在带动某负载运行时的转差率 s = 0.03，此时转子转速 n 是多少？

3. 如果三相交流异步电动机的铭牌数据脱落或磨损了，如何使用万用表来判断三相交流异步电动机的磁极对数 p 和同步转速 n_1？结合图 2-1 予以说明。

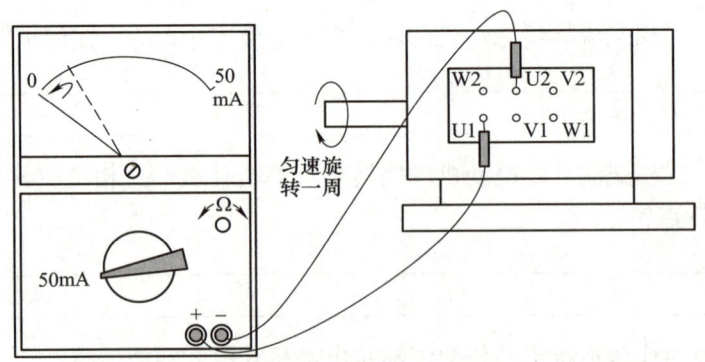

图 2-1　三相交流异步电动机磁极对数及同步转速的测量

（1）万用表选择直流电流档位，量程应该在 50mA 以下。
（2）万用表的红、黑表笔分别接某一相绕组的两个接线端。

（3）手动匀速旋转电动机转子一周，观察万用表指针摆动的次数，万用表表针摆动一次表示电动机有_____对磁极，即万用表表针摆动的次数与电动机磁极对数是_____关系。再根据_____即可得出电动机的同步转速 n_1 为_____。

学习任务 2-2　三相交流异步电动机定子绕组的同铭端判别

小提示：三相交流异步电动机定子绕组的主要作用是产生旋转磁场。在给定子绕组外加交流电源电压产生所需旋转磁场前，首先要按照铭牌数据规定，将定子绕组连接为 Y 或者 △。而要正确连接电动机定子绕组，首先要明确三相交流异步电动机的同铭端。假如定子绕组同铭端的标识模糊了，该如何做出正确的判断？

问题引导 1：在用万用表的欧姆档测三相交流异步电动机定子绕组的同相绕组时，如何选取合适的量程？

_____

问题引导 2：在用万用表的欧姆档初步测量三相交流异步电动机定子绕组的同相绕组时，如果某两个接线端子间的电阻为零，说明什么？

_____

问题引导 3：测量三相交流异步电动机定子绕组的同相绕组时，某两个端子之间电阻为无穷大，则这两个抽头肯定不是同相绕组吗？

_____

问题引导 4：要准确测量三相交流异步电动机的定子绕组的直流电阻，该选哪一种仪表？

_____

问题引导 5：判别三相交流异步电动机定子绕组同铭端的常用方法有哪些？

_____

问题引导 6：如果在利用万用表的直流电流档判别三相交流异步电动机定子绕组的同铭端时，万用表选择哪个量程比较合适？

_____

问题引导 7：利用电流表法判别三相交流异步电动机定子绕组的同铭端时，与电池相连的一相绕组能否与电池长时间接通？

_____

问题引导 8：利用电流表法判别三相交流异步电动机定子绕组的同铭端时，如果电流表表针反偏，则一相绕组中与电流表正极相连的一端和另一相绕组中与电池哪一极相连的一端为同铭端？如果电流表表针正偏呢？

___
___

 练一练

一台三相交流异步电动机，三相绕组标识模糊，用万用表的微安档判别其定子绕组的同铭端，并按照铭牌数据要求进行连接。

1. 首先预估被测三相交流异步电动机的一相定子绕组的电阻阻值，将万用表打到欧姆档并选用合适的量程，进行调零。

2. 用万用表欧姆档测出三相交流异步电动机同相绕组并加以标记，同时记录 U 相绕组直流电阻 R_U = _____，V 相绕组直流电阻 R_V = _____，W 相绕组直流电阻 R_W = _____，初步判别绕组的好坏与对称性。

3. 将万用表打到微安档，使万用表表笔与三相交流异步电动机某一相绕组的两端分别相连，观察万用表表针_____（动/不动）。

4. 将另一相绕组的两个端子与电池的正、负极瞬间分别接通（模拟开关的通断），观察接通瞬间万用表表针的偏转方向_____（正偏/反偏），判断出电动机定子绕组的同铭端并加以标记。

5. 三相交流电动机铭牌数据规定的接法为 Y，按照要求连接定子绕组。

学习任务 2-3　三相交流异步电动机定子绕组的绝缘性能检测

小提示：新装配的电动机，或者超过三个月没有使用的三相交流异步电动机，可能会因设备受热、受潮等，使绝缘电阻降低，甚至可能造成设备外壳带电和出现短路事故，因此使用前必须做绝缘性能检测。一般检测中小型三相交流异步电动机定子绕组的绝缘性能所使用的仪表是绝缘电阻表，也称之为兆欧表。如何正确使用绝缘电阻表检测并判断电动机绕组绝缘性能的好坏呢？

问题引导 1：能否使用万用表检测三相交流异步电动机定子绕组绝缘性能的好坏？

___
___

问题引导 2：要检测额定电压为 660V 的三相交流异步电动机定子绕组的绝缘性能，应该选用哪种规格（额定电压）的绝缘电阻表？

___
___

问题引导 3：指针式绝缘电阻表在使用前进行短路自检时，对手柄摇速有什么要求？

___
___

三相交流异步电动机性能检测 项目2

问题引导4：三相交流异步电动机定子绕组的绝缘性能检测一般包含哪些内容？
_____
_____

问题引导5：在检测三相交流异步电动机定子绕组的对地绝缘时，绝缘电阻表的 E 端应接在电动机的哪个位置？
_____
_____

问题引导6：一台三相交流异步电动机，额定电压为380V，定子绕组的绝缘电阻不应小于多少才可认为绝缘合格？
_____
_____

练一练

一台三相交流异步电动机，型号为 Y112M-4、$P_N = 7.5kW$、$U_N = 380V$、$I_N = 15.4A$、$\cos\phi_N = 0.85$、$n_N = 1440r/min$、定子绕组采用△联结，判别其定子绕组的同铭端后检测其绝缘性能的好坏。

1. 检测该三相交流异步电动机绝缘性能时，所选绝缘电阻表的规格为_____。
2. 绝缘电阻表进行短路自检，检测结果为_____；绝缘电阻表进行开路自检，检测结果为_____。判断绝缘电阻表性能为_____。
3. 利用绝缘电阻表测量 U、V 相间的绝缘电阻为_____，U、W 相间的绝缘电阻为_____，W、V 相间的绝缘电阻为_____。三相交流异步电动机相间绝缘的判断结果为_____。
4. 利用绝缘电阻表测量 U 相绕组对地绝缘电阻为_____，V 相绕组对地绝缘电阻为_____，W 相绕组对地绝缘电阻为_____。电动机绝缘性能的判断结果为_____。

学习任务2-4 三相交流异步电动机的空载与堵转试验分析

小提示：对三相交流异步电动机进行空载试验和堵转试验，可以判定该电动机的转向是否正确、电动机运行状况是否良好以及气隙和磁路的对称性等有关装配性能。如何正确选择仪器仪表对三相交流异步电动机进行空载和堵转试验并做出正确的判定呢？

问题引导1：空载试验的主要目的是什么？
_____
_____

问题引导2：测量某一铭牌数据不详的三相交流笼型异步电动机的空载电流时，该如何选择和设置钳形电流表的量程？
_____
_____

问题引导 3：测量三相交流笼型异步电动机的空载电流时，可以使用电磁式钳形电流表吗？
_____
_____

问题引导 4：如何根据空载试验来判断电动机的装配质量？
_____
_____

问题引导 5：如果三相交流异步电动机的绕组、铁心等质量合格，则其空载损耗和额定功率相比，空载损耗不应超过额定功率的多少？
_____
_____

问题引导 6：对三相交流异步电动机进行堵转试验的目的是什么？
_____
_____

问题引导 7：三相交流异步电动机进行堵转试验时，外加电源电压一般从多大电压开始进行实验？
_____
_____

问题引导 8：如果三相交流异步电动机堵转电流过大，表现异常，说明该电动机在设计或制造质量上存在问题，这一般是哪些因素造成的？
_____
_____

 练一练

一台三相交流异步电动机，P_N = 4kW、U_N = 380V、I_N = 15.4A、$\cos\phi_N$ = 0.85、n_N = 1440r/min、定子绕组的接法为△，测量其空载电流、空载损耗并判断其装配质量。

1. 根据三相交流异步电动机的额定电流 I_N，选取钳形电流表和功率表。
2. 按照图 2-2 进行导线连接。

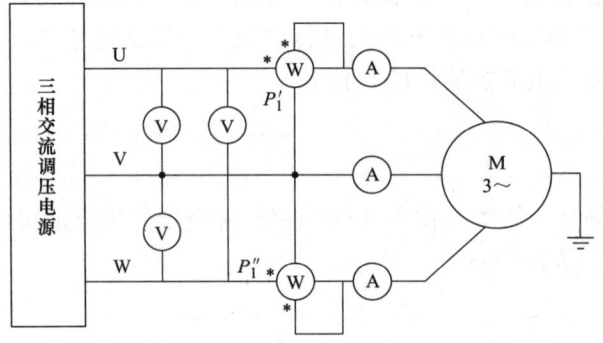

图 2-2　三相交流异步电动机空载试验接线图

3. 通电后，测量三相交流异步电动机 3 个空载线电流并记录如下：

I_{1L} = _____ ； I_{2L} = _____ ； I_{3L} = _____ 。

4. 计算三相交流异步电动机的 3 个空载线电流的平均值：I_0 = _____ ；判断电动机的装配质量_____ 。

5. 读取功率表读数并记录：P_1' = _____ ； P_1'' = _____ 。

6. 计算三相交流异步电动机的空载损耗：P_0' = _____ ；如果该三相交流异步电动机的绕组质量有问题，可能会导致空载电流_____ ，并且空载损耗会_____ 。

【项目实施】

1）小组成员相互讨论三相交流异步电动机的相关检测内容与方法，在充分分析并吸取其他小组汇报的工作计划及教师点评的基础上，小组内部进行多次讨论，对工作计划不断进行修改完善，并填写表 2-1。

表 2-1　三相交流异步电动机性能检测项目工作计划表

步骤	工作内容	负责人
1		
2		
3		
4		
5		
6		
7		

2）填写表 2-2，列出仪器仪表、工具、耗材等所需设备，并及时进行清理。

表 2-2　三相交流异步电动机性能检测项目所需设备清单

序号	名称	型号与规格	单位	数量	备注
1					
2					
3					
4					

3）按照项目要求及任务分工，根据表 2-3 进行实践并做好记录。如果项目实施过程中出现问题，要认真做好记录并解决问题。

表 2-3　三相交流异步电动机性能检测项目工单

步骤	内容	工艺要求
1	测绝缘电阻	(1) 绕组对地的绝缘电阻：_____ (2) 绕组之间的绝缘电阻：_____ 结果判断：_____

(续)

步骤	内容	工艺要求
2	测绕组直流电阻	(1) U 相直流电阻：_____ (2) V 相直流电阻：_____ (3) W 相直流电阻：_____ 结果判断：_____
3	测绕组同铭端	(1) 正确判别绕组同铭端 (2) 根据判别结果，按照铭牌数据要求将其连接为Y或者△
4	空载试验	空载电流：$I_{1L}=$ _____；$I_{2L}=$ _____；$I_{3L}=$ _____ 结果判断：_____
5	堵转试验	堵转电压值：_____ 结果判断：_____
所用时间		学生签字　　　　　　　　教师签字

【项目评价与反思】

项目完成后，教师综合个人和小组同学在项目完成过程中的表现以及项目完成的情况，对学生做出客观评价，认真填写表2-4，同时指出成功与不足，明确学习的重点和后期的改进方向。

表2-4　三相交流异步电动机性能检测项目评价表

主要内容		评分标准	配分	扣分	得分
职业素养	信息检索	能根据工作需要有效利用网络、图书资源、工作手册查找有用的相关信息	5分		
	仪态表达	仪态自然，吐字清晰；思路清晰，层次分明，表达准确	5分		
	团队精神	积极主动参与工作，与教师、同学之间相互尊重、理解，保持多向、丰富、适宜的信息交流；能提出有意义的问题或发表个人见解；能够倾听别人意见、协作共享	5分		
	学习方法	学习方法得当，有工作计划；探究式学习、自主学习不流于形式，处理好合作学习和独立思考的关系，做到有效学习	5分		
	工作过程	遵守管理规程，操作过程符合现场管理要求；善于从多角度分析问题，能主动发现、提出有价值的问题；能够正确地完成工作任务	10分		
知识与技能	绝缘测量	1. 绝缘电阻表不自检或自检方法不正确，每次扣2分，扣完为止 2. 相间绝缘的测量方法不正确，每处扣2分，扣完为止 3. 对地绝缘的测量方法不正确，每处扣2分，扣完为止 4. 不能根据测量结果判断绝缘性能的好坏，每处扣3分，扣完为止	15分		
	绕组直流电阻测量	1. 电桥或其他仪表的使用方法不正确，扣5分 2. 直流电阻的测量方法不正确，每处扣2分，扣完为止 3. 不能根据测量结果判断性能，每处扣5分，扣完为止	10分		

(续)

主要内容		评分标准	配分	扣分	得分
知识与技能	同铭端判别	1. 仪器仪表选用或使用方法不正确，每次扣2分，扣完为止 2. 同铭端的判别方法不正确，每次扣2分，扣完为止 3. 不能按要求连接绕组，每处扣2分，扣完为止	15分		
	空载试验	1. 电路连接不正确，每次扣2分，扣完为止 2. 仪器仪表使用方法不正确，每次扣2分，扣完为止 3. 仪器仪表读数不准确、每次扣2分，扣完为止 4. 不能根据测量结果判断电动机的装配质量，每次扣2分，扣完为止	10分		
	堵转试验	1. 电路连接不正确，每次扣2分，扣完为止 2. 仪器仪表使用方法不正确，每次扣2分，扣完为止 3. 仪器仪表读数不准确、每次扣2分，扣完为止 4. 不能根据测量结果判断电动机的装配质量，每次扣2分，扣完为止	10分		
	安全文明生产	1. 考试过程中，违反安全文明考核要求，每处扣2分，扣完为止 2. 当考生被考评员发现有重大事故隐患时，予以制止后，每次扣5分，扣完为止	10分		
备注	考试时间		考评员签字		成绩
总结与反思					

注意：不可带电安装设备或连接导线，断开电源后才能进行故障处理。使用绝缘电阻表及钳形电流表时，注意量程的选择。使用电桥时，被测物不能带电。

【思考与提高】

一、填空题

1. 一台三相交流异步电动机的额定转速为2950r/min，则同步转速为_____ r/min，旋转磁场的磁极对数是_____，额定转差率为_____。

2. 当三相交流异步电动机正常运行时，空载转矩 T_0 的转向与电磁转矩 T 的转向_____，输出转矩 T_2 的转向与电磁转矩 T 的转向_____。

3. 当三相交流异步电动机稳定运行时，如果负载转矩 T_L 增加，则重新稳定后转子输出转矩 T_2 _____；如果 T_L 减小，则重新稳定后转子输出转矩 T_2 _____。

4. 三相对称电流在三相交流异步电动机的定子绕组中建立的合成磁场是一个_____，它的旋转方向是与_____一致的。

二、选择题

1. 三相交流异步电动机铭牌上所标的转速是指_____。

 A. 同步转速　　　　B. 与 $\dfrac{60f_1}{p}$ 对应的转速　　　　C. 转子转速

2. 将 3 对磁极的三相交流异步电动机外接 U_N = 380V、50Hz 的电源,则该电动机可能达到的转速 n 是_____。

    A. 3000r/min   B. 1000r/min   C. 950r/min

3. 三相交流异步电动机正常工作时,转差率 s 的变化范围是_____。

    A. $0 \leq s \leq 1$ B. $0 < s \leq 1$ C. $0 < s < 1$

4. 三相交流异步电动机定子绕组三角形联结的是_____。

5. 一台额定电压为 380V 的三相交流异步电动机,在冷态下用规格(额定电压)为 500V 的绝缘电阻表测量定子绕组的绝缘电阻,测出其阻值应_____才可使用。

    A. 不超过 380Ω   B. 大于 380Ω,小于 0.1MΩ   C. 不小于 5MΩ

6. 三相交流异步电动机带动恒转矩负载运行,如果电源电压下降后电动机再次稳定运行,此时电动机的电磁转矩_____。

    A. 减小   B. 增大   C. 不变

7. 三相交流异步电动机转子的旋转方向决定于_____。

    A. 电源电压的高低   B. 电源频率的高低   C. 定子电流的相序

8. 不希望三相交流异步电动机空载或轻载运行的主要原因是_____。

    A. 功率因数低   B. 定子电流大   C. 转速太高有危险

9. 三相交流异步电动机运行时转轴输出功率的大小取决于_____。

    A. 定子电流的大小   B. 电源电压的高低   C. 轴上阻力转矩的大小

三、判断题

1. 三相交流异步电动机在额定状态下运行时,负载增大导致电动机转速降低,此时转子电流和定子电流将会减小。(　　)

2. 三相交流异步电动机在运行时如果某一相电路断开,则电动机一般仍能继续运转,此时工作绕组中的电流将会增大。(　　)

3. 一台三相交流异步电动机定子绕组采用△联结,如果将三相交流异步电动机定子绕组的接法由△改为Y,仍然能带动额定负载运行。(　　)

4. 不管三相交流异步电动机转子是静止的还是匀速旋转的,定子旋转磁动势和转子旋转磁动势都是相对静止的。(　　)

5. 在任何工作状态下三相交流异步电动机的电磁转矩方向始终与其旋转方向一致。(　　)

6. 三相交流异步电动机正常运行时,若负载转矩增大,则转差率也增大。(　　)

7. 三相交流异步电动机输出功率相同时,转速越高,则转矩越大。(　　)

四、分析题

1. 三相交流异步电动机的起动电流很大，为什么起动转矩并不大？

2. 利用微安表判别三相交流异步电动机的定子绕组的同铭端，如图 2-3 所示。在闭合开关 K 的一瞬间，微安表表针正偏，则直流电源的正极端与微安表的正极端为同铭端吗？

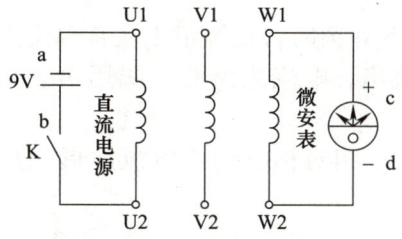

图 2-3　测同铭端

3. 电动机的定子绕组已经按照铭牌数据要求采用 Y 联结，如图 2-4 所示。现在利用绝缘电阻表检测三相交流异步电动机定子绕组的相间绝缘性能，那么定子绕组的短接片要拆除吗？为什么？

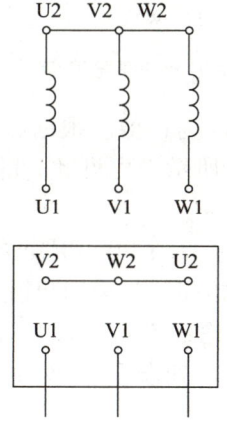

图 2-4　测绕组绝缘性能

4. 三相交流异步电动机在稳定运行时，为什么负载转矩 T_L 增加，电磁转矩 T 也会随之增加？

【相关知识】

一、三相交流异步电动机的工作原理及特性

三相交流异步电动机在外加电源电压后之所以会旋转，实现机电能量的转换，是因为三相交流电流通入定子绕组后，在定子、转子之间建立了一个空间旋转的磁场。

1. 三相交流异步电动机的旋转磁场

（1）旋转磁场的产生　假定 U1U2、V1V2、W1W2 为三相定子绕组，U1、V1、W1 为首端，U2、V2、W2 为尾端。它们匝数相同，形状尺寸相同，在空间彼此相隔 120°电角度，如图 2-5 所示。三相绕组首端 U1、V1、W1 接在三相对称电源上，有三相对称电流通过三相绕组。

为了分析方便，假设电流为正值时，在绕组中从首端流入、尾端流出；电流为负值时，在绕组中从尾端流入、首端流出，电流流出的一端用⊙表示，流入的一端用⊗表示，如图 2-6 所示。

设电源的相序为 U-V-W，三相对称电流的电流波形如图 2-7 所示，其中 i_1 的初相角为 0°。

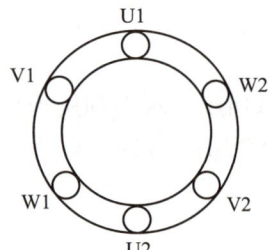

图 2-5　三相绕组　　图 2-6　绕组中电流的参考方向　　图 2-7　三相对称电流波形

当 $\omega t=0°$ 时，$i_1=0$、i_2 为负值、i_3 为正值。根据右手螺旋定则，三相电流所产生的磁场叠加，形成一个合成磁场，如图 2-8a 所示，可见此时的合成磁场是一对磁极（即二极），右边是 N 极，左边是 S 极。

当 $\omega t=90°$ 时，即经过 1/4 周期后，i_1 由 0 变成正的最大值，i_2 仍为负值，i_3 已变成负值，如图 2-8b 所示，这时合成磁场的方向与 $\omega t=0°$ 时相比，已按逆时针方向转过了 90°。

用同样的方法，可以得出如下结论：当 $\omega t=180°$ 时，合成磁场旋转 180°，如图 2-8c 所示；当 $\omega t=300°$ 时合成磁场旋转 300°，如图 2-8d 所示；当 $\omega t=360°$ 时合成磁场旋转 360°，即旋转 1 周，如图 2-8a 所示。

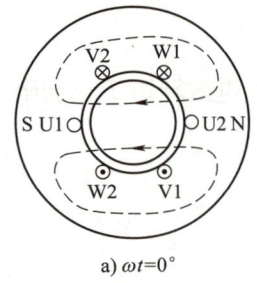 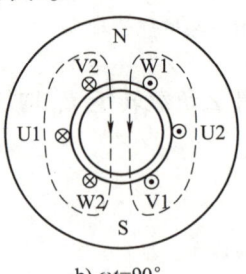 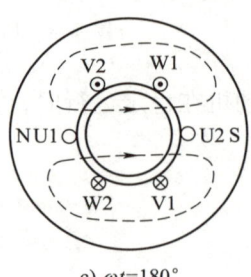 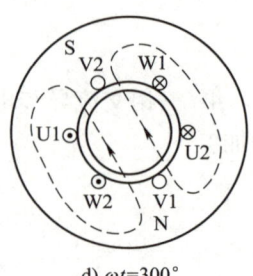

a) $\omega t=0°$　　b) $\omega t=90°$　　c) $\omega t=180°$　　d) $\omega t=300°$

图 2-8　二极旋转磁场

由此可见，三相对称电流 i_1、i_2、i_3 分别通入三相对称绕组 U1U2、V1V2、W1W2 中所形成的合成磁场是一个随时间变化的旋转磁场。

（2）旋转磁场的转速　以上分析的是电动机产生一对磁极时的情况。当定子绕组连接形成的是两对磁极时，运用相同的方法可以分析出：电流变化一个周期，磁场只转动半圈，即转速减慢了一半。也就是说，旋转磁场的转动速度不仅与电流的频率有关，还与每相绕组串联线圈的个数，即电动机的磁极对数有关。

由此类推，当旋转磁场具有 p 对磁极时（即磁极数为 $2p$），电流每变化一个周期，旋转磁场就在空间转动 $1/p$ 转。因此，三相交流电动机定子旋转磁场的转速 n_1、定子电流频率 f 及磁极对数 p 之间的关系是

$$n_1 = \frac{60f}{p}$$

式中，f 是定子电流的频率，单位为 Hz；p 是旋转磁场的磁极对数；n_1 是旋转磁场的转速，也称同步转速，单位为 r/min。

由于磁极对数 p 是自然数，所以当电流的频率为 50Hz 时，旋转磁场的转速与电动机磁极对数的关系见表 2-5。

表 2-5　旋转磁场的转速与电动机磁极对数的关系

p	1	2	3	4	5	6
$n_1/(\text{r/min})$	3000	1500	1000	750	600	500

（3）旋转磁场的转向　旋转磁场的转动方向与三相电流的相序是一致的。对调三根电源线中的任意两根，即可改变外加电源的相序，旋转磁场的方向也随之改变，如图 2-9 所示。

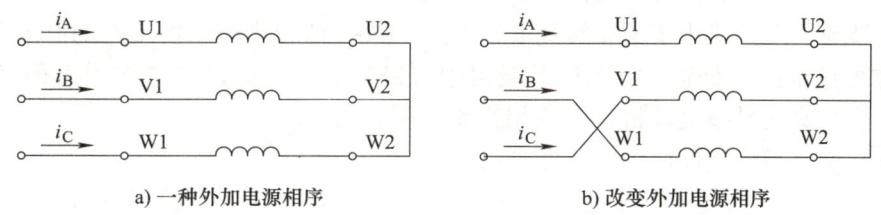

a）一种外加电源相序　　　　　　b）改变外加电源相序

图 2-9　电源相序

2. 三相交流异步电动机的工作原理

三相交流电流通入三相交流异步电动机的定子绕组后，便形成了一个旋转磁场，磁力线主动切割转子导体。根据电磁感应原理，转子导体中将会产生感应电动势。由于转子绕组是闭合的回路，所以转子导体中有电流流过，此时转子绕组变成了带电导体。

假设旋转磁场按顺时针方向旋转，且在某时刻上为 N 极、下为 S 极，如图 2-10 所示。根据右手螺旋定则，在上半部，转子导体的电动势和电流方向由里向外；在下半部，则由外向里。

流过电流的转子导体在磁场中要受到电磁力 F 的作用，电磁力 F 的方向可用左手定则

确定。电磁力作用于转子导体上，对转轴形成电磁转矩，使转子按照旋转磁场的方向旋转，转速为 n。如果转子与生产机械相连，则转子上产生的电磁转矩将做功来克服负载转矩，从而实现机电能量转换，这就是三相交流异步电动机的转动原理。

由图 2-10 可见，三相交流异步电动机的定子绕组产生旋转磁场后，转子因受电磁力而转动，转子受力的方向与定子绕组外加三相电压而产生的旋转磁场的方向一致，而旋转磁场的方向又与外加三相电源的相序密切相关。因此，只要改变三相交流异步电动机外加三相交流电源的相序，三相交流异步电动机转子的转向就会发生改变，如图 2-11 所示。

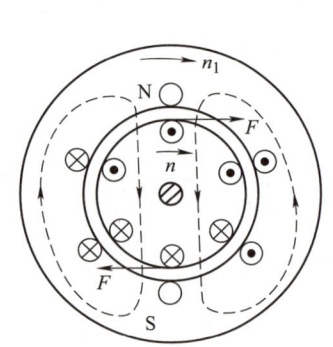
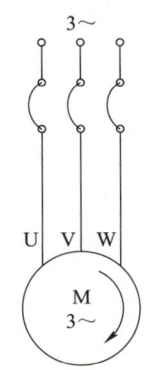
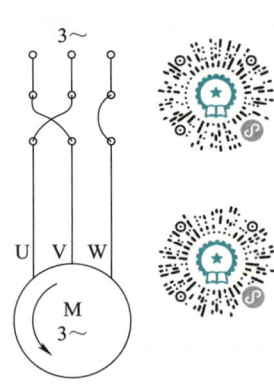

图 2-10　三相交流异步电动机的工作原理　　图 2-11　三相交流异步电动机转子转向的改变

一般情况下，三相交流异步电动机外加电源后，转子在电磁力的作用下不断加速，但三相交流异步电动机的转子转速 n 始终小于旋转磁场的转速 n_1。因为如果 $n=n_1$，则转子与旋转磁场同步、同向旋转，二者呈相对静止状态，转子导体的电动势和电流为 0，电磁转矩必然随之消失。只有当 n 和 n_1 保持适量差值时，转子绕组与旋转磁场之间才会存在相对运动，即转子导体才会切割磁力线，而只有切割磁力线才能使转子绕组导体中产生感应电动势和电流，从而产生电磁转矩，使转子按照旋转磁场的方向继续旋转。由此可见，三相交流异步电动机的转子转速 n 总是略小于同步转速 n_1，这是三相交流异步电动机工作的必要条件，"异步"的名称也正是由此而来。由于转子绕组中流经的电流是通过感应作用而得来的，所以有时也会把三相交流异步电动机称为三相交流感应电动机。

根据三相交流异步电动机的工作原理可知：

1) 当电动机刚接上电源准备起动的瞬间，转子转速 $n=0$。此时旋转磁场与转子的切割速度很大，产生的起动电流较大，相当于短路状态。较大的起动电流流经电动机绕组，有可能会导致绕组过热而烧毁，因此在实际使用时应尽量避免电动机过于频繁地起停。

2) 当电动机空载运行时，转子转速很高，转子导体对旋转磁场的切割作用很小，定子电流基本为励磁电流，此时定子功率因数很小。

3. 转差率

同步转速 n_1 与转子转速 n 之差称为转速差，转速差与同步转速 n_1 之比称为三相交流异步电动机的转差率（s），即

$$s = \frac{n_1 - n}{n_1}$$

因此转子的转速 $n = (1-s)n_1$。

转差率是三相交流异步电动机的一个基本参数，反映了电动机转子转速与旋转磁场转速之间的相对大小，对分析三相交流异步电动机的运行状态及其机械特性有着重要的意义。转差率 s 不同，三相交流异步电动机将处于不同的状态，见表2-6。

表2-6 三相交流异步电动机的各种运行状态

状态	制动状态	堵转状态	电动机状态	理想空载状态	发电机状态
转子转速 n	$n<0$	$n=0$	$0<n<n_1$	$n=n_1$	$n>n_1$
转差率 s	$s>1$	$s=1$	$1>s>0$	$s=0$	$s<0$

（1）制动状态　如果三相交流异步电动机的定子绕组连接在三相电源上，同时又由于某种原因使转子转向与旋转磁场转向相反，使得电磁转矩与转子转向相反，成为阻碍电动机转动的转矩。制动时，$n<0$，$s>1$。

（2）堵转状态　将三相交流异步电动机定子绕组连接好后通上电源，而转子由于各种原因未能转动时的状态，称为堵转状态。堵转时，$n=0$，$s=1$。

（3）电动机状态　当三相交流异步电机处于电动机状态运行时，其同步转速 n_1 与转子转速 n 同向，且 $0<n<n_1$。转差率的变化范围总在0和1之间，即 $0<s<1$。

电动机负载越大，转速越小，其转差率就越大；反之，负载越小，转速越大，其转差率越小，故转差率直接反映了转子转速的快慢或电动机负载的大小。一般情况下，额定运行时 $s_N = 1\% \sim 5\%$。

（4）理想空载状态　当三相交流异步电动机转速等于同步转速时，$s=0$，这种状态称为理想空载状态，实际运行中不会出现该状态。

（5）发电机状态　将三相交流异步电动机的定子绕组接通三相电源，利用原动机拖动转子转动，使转子转向与旋转磁场转向相同，但转子转速超过同步转速，即 $n_1<n$，$s<0$，使转子绕组切割磁力线的方向发生改变，与电动机状态下切割磁力线的方向相反，对外输出功率，处于发电机状态。

4. 三相交流异步电动机的运行特性

三相交流异步电动机运行时，定子电路与转子电路只有磁的联系，并没有电的联系。定子绕组是从电源取用电流和功率的；转子绕组是通过电磁感应产生电动势和电流，进而产生电磁转矩，输出机械功率的。

电磁转矩 T 是拉动三相交流异步电动机转动的转矩，它的大小、方向与三相交流异步电动机的工作状况密切相关。电动机在稳定运行时，转矩平衡方程式为

$$T_2 = T - T_0$$

在电力拖动系统中，常可忽略 T_0，则有

$$T \approx T_2 = T_L$$

式中，T_0 是空载转矩；T_2 是输出转矩；T_L 是负载转矩。

电磁转矩 T 的表达式主要有参数表达式、物理表达式和工程实用表达式。

（1）参数表达式　三相交流异步电动机的电磁转矩的参数表达式是根据三相交流异步电动机的T型等效电路推导出来的。在推导过程中，需要知道三相交流异步电动机的绕组参数，而有些参数在电动机产品的目录中是查不到的，需要通过试验才能得到。电磁转矩的参数表达式为

$$T = \frac{3pU_1^2 \frac{R_2'}{s}}{2\pi f_1 \left[\left(R_1 + \frac{R_2'}{s}\right)^2 + (X_{1\sigma} + X_2')^2\right]}$$

式中，U_1 是三相交流异步电动机每相定子绕组的端电压；p 是三相交流异步电动机的磁极对数；f_1 是定子绕组外加电源频率；R_2' 是转子每相绕组折算到定子侧的等效直流电阻；R_1 是每相定子绕组的直流电阻；$X_{1\sigma}$ 是定子绕组的漏电抗；X_2' 是转子绕组折算到定子侧的等效电抗。

（2）物理表达式 在实际工作中，常用电磁转矩的物理表达式来阐述电磁转矩的形成原理，电磁转矩的物理表达式为

$$T = c_T \Phi_m I_2 \cos\phi_2$$

式中，c_T 是电动机的转矩常数，与电动机的结构有关；Φ_m 是电动机的每极磁通；I_2 是转子电流。

由于 I_2 是变化的，电磁转矩的物理表达式适用于对电动机运行的定性分析。

某种意义上讲，$T_L = T$ 时，电动机匀速旋转；负载减小，$T_L < T$ 时，电动机转速 n 提高，s 减小，T 减小，重新稳定运行（n 较高，I_2 较小）；$T_L > T$ 时，电动机转速 n 降低，s 增大，T 增大，重新稳定运行（n 减小，I_2 较大）。

（3）工程实用表达式 为了能利用三相交流异步电动机产品说明书中给出的数据计算出它的电磁转矩，工程实际中往往采用电磁转矩的实用表达式，即

$$T = \frac{2T_m}{\frac{s}{s_o} + \frac{s_o}{s}}$$

式中，T_m 是最大电磁转矩，$T = \alpha_{mT} T_N$，α_{mT} 是最大转矩倍数，表述的是三相交流异步电动机的过载能力，可以在电机手册中查找，一般为 2.0~2.5；s_m 是临界转差率，是三相交流异步电动机取得最大电磁转矩时的转差率，$s_m = s_N(\alpha_{mT} + \sqrt{\alpha_{mT}^2 - 1})$

算出 T_m 和 s_m 后，只需给出 s 值，就可算出相应的 T 值。

5. 三相交流异步电动机的机械特性

三相交流异步电动机的机械特性是反映转矩 T 与转速 n 之间关系的特性，即 $n = f(T)$。三相交流异步电动机的机械特性包括固有机械特性和人为机械特性。

（1）三相交流异步电动机的固有机械特性 三相交流异步电动机的固有机械特性是指电动机工作在额定电压、额定频率和额定功率状态下，按规定接线，定子、转子外接电阻为零时，n（或 s）与 T 的关系。

三相交流异步电动机的固有机械特性曲线如图 2-12 所示。此时，电磁转矩 T 和转速 n 都为正，三相交流异步电动机处于电动机状态，N、M、S 三个特殊的工作点代表了三相交流异步电动机的三个重要工作状态。

1）额定状态。这是三相交流异步电动机的电压、电

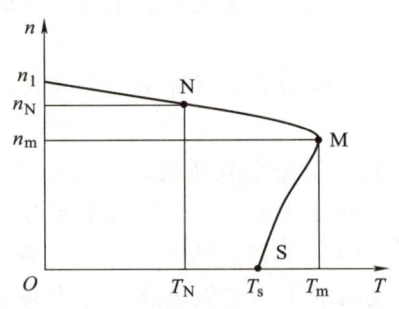

图 2-12　三相交流异步电动机的固有机械特性曲线

流、功率和转速都为额定值时的状态，该状态的工作点为特性曲线上的 N 点。这时的转差率、转速和转矩分别为额定转差率 s_N、额定转速 n_N 和额定转矩 T_N，若忽略 T_0，则 $T_L = T_N$。当电动机以额定负载稳定运行时，定子和转子功率因数较高。

额定状态说明了三相交流异步电动机的长期稳定运行能力。因为若 $T_L > T_N$，则电流和功率都会超过额定值，电动机处于过载状态。长期过载运行，电动机的温度会超过允许值，这将会缩短电动机的寿命，甚至很快烧坏电动机。

2）临界状态。这是电动机的电磁转矩等于最大值时的状态，该状态的工作点为特性曲线上的 M 点。这时的电磁转矩为最大电磁转矩 T_m，转差率为临界转差率 s_m，转速为临界转速 n_m。

临界状态说明了电动机的短时过载能力。虽然不允许电动机长期过载运行，但是只要过载时间很短，电动机的温度还没有超过允许值就停止工作或者减小负载，从发热角度看这是允许的。但是过载时，负载转矩必须小于最大电磁转矩，否则三相交流异步电动机带不动负载，转速会越来越低，直到停转，出现堵转现象。

3）堵转状态。这是电动机接通电源，转子尚未转动时的状态，该状态的工作点为特性曲线上的 S 点。这时转差率 $s=1$、转速 $n=0$，旋转磁场与转子的切割速度很大，起动电流远大于额定电流。三相交流异步电动机起动瞬间，处于堵转状态，为避免烧毁电动机，起动电流一定要在设备和电网的允许范围内。

（2）三相交流异步电动机的人为机械特性　三相交流异步电动机的机械特性是反映转矩 T 与转速 n 之间关系的特性，因此电磁转矩的表达式也被作为机械特性表达式，来分析三相交流异步电动机的机械特性。由参数特性表达式不难发现，改变三相交流异步电动机的一些参数，可以使其机械特性曲线改变，以满足用户的需要，这就是人为机械特性曲线。改变三相交流异步电动机机械特性曲线的方法有很多，例如降低定子端电压、定子回路串入三相对称电阻、改变电动机的磁极对数、改变定子电源频率等，如图 2-13、图 2-14 所示。

如图 2-13 所示，改变定子端电压（一般只能是降压）来调节人为机械特性，电动机的机械特性会发生变化，但临界转差率 s_m 和同步转速 n_1 不发生变化，这种特性适用于通过调节电压来控制电动机的输出，但电动机不适宜长时间低压运行，否则会使电动机过热甚至烧坏；如图 2-14 所示，在定子回路中串入三相对称电阻（或阻抗），临界转差率 s_m、最大转矩 T_m 及起动转矩 T_{st} 都随电阻（阻抗）的增大而减小，这种特性常用于笼型异步电动机的减压起动，以限制起动电流。

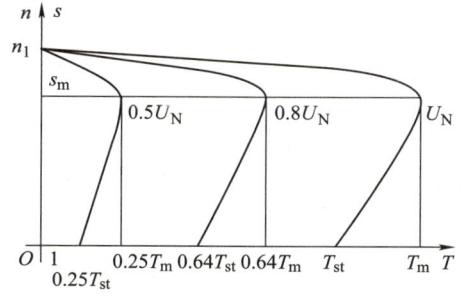

图 2-13　改变定子端电压时的人为机械特性曲线

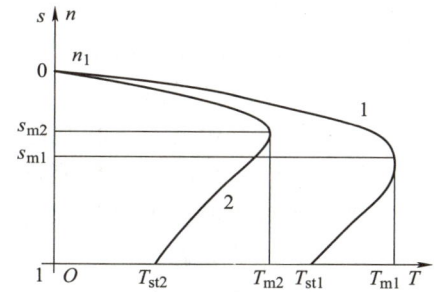

图 2-14　定子回路串入电阻时的人为机械特性曲线

1—串入电阻前　2—串入电阻后

二、三相交流异步电动机定子的同铭端

当三相交流异步电动机绕组重新绕制或者各相绕组引出线标志脱落时，必须对绕组的同铭端进行准确判别，这是对电动机定子绕组进行正确联结的前提。在判断电动机定子绕组的同铭端前，首先要测量三相绕组在冷态下的直流电阻。根据测量出的直流电阻值，可以判断绕组有无断线和匝间短路、连接部分有无虚接或断开、三相绕组是否平衡等。

1. 三相交流异步电动机同相绕组的判别

由于电动机的每相绕组在没有通入电源时相当于一段导体，电阻值非常小，所以往往采用导通法来测量三相交流异步电动机的同相绕组，如图2-15所示。

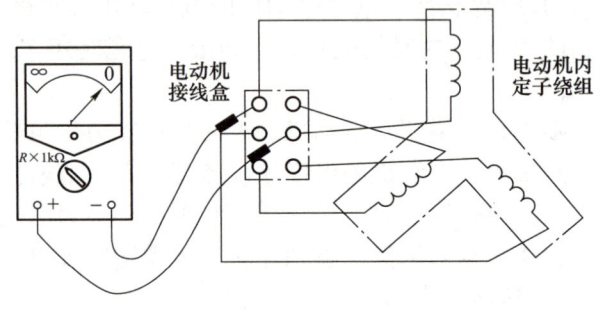

图2-15 导通法测同相绕组

将万用表拨到电阻 $R \times 1\mathrm{k}\Omega$ 档，或其他合适档位。一只表笔接电动机定子绕组出线端的任意一根，另一只表笔顺次分别连接其余出线端，如果该两端间电阻值为0，则可能是绕组短路；如果该两端间电阻值为无穷大，则可能不是同相绕组或绕组开路；如果测得该两端间有电阻值且电阻值较小，则所接出线端与该端为同相绕组的两端。使用同样方法区分出其余为同相绕组的出线端并做好标记。

假如测的三相绕组的电阻值分别为 R_U、R_V、R_W，R_av 为三者的平均值，R_max 为其中的最大值，R_min 为其中的最小值。如果

$$\frac{R_\mathrm{max} - R_\mathrm{min}}{R_\mathrm{av}} \leq 5\%$$

则说明三相绕组基本对称，可继续测量绕组同铭端；如果此值超过5%，说明三相绕组不对称，需要进行维修和重新检测。

2. 三相交流异步电动机定子绕组同铭端的判别

判别出同相绕组并判断出绕组的对称性后，可以进行绕组同铭端的判别。绕组同铭端的判别方法有多种，下面介绍常用的几种判别方法。

（1）绕组串联示灯法 利用一盏信号灯和一个低压电源进行同铭端的判别，接线如图2-16所示，具体操作步骤如下：

首先将电动机的任意两相绕组的出线端各取一端短接，其余两端接到信号灯；然后合上开关S，将36V交流电压加到电动机剩余一相绕组的出线两端；接通电源后观察信号灯。如果信号灯亮，说明短接的是两相绕组的异铭端；如果信号灯不亮，说明短接的是两相绕组的同铭端。

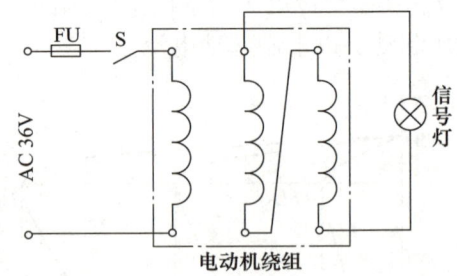

图2-16 绕组串联示灯法接线

使用同样的方法可以判别其余绕组的同铭端。

（2）绕组串联电压法 绕组串联电压法的接线如图2-17所示，其与绕组串联示灯法类似，区别在于绕组串联电压法中用交流电压表代替信号灯。其操作步骤与绕组串联示灯法相

似，绕组串联示灯法是灯亮时，连接在一起的两端是异铭端，绕组串联电压法是电压表有读数显示时，连接在一起的两端是异铭端，电压表无读数显示时，连接在一起的两端是同铭端。

如无电压表，可用万用表的交流 50V 档代替。

（3）电流表法　利用电流表判别绕组的同铭端，接线方法如图 2-18 所示。

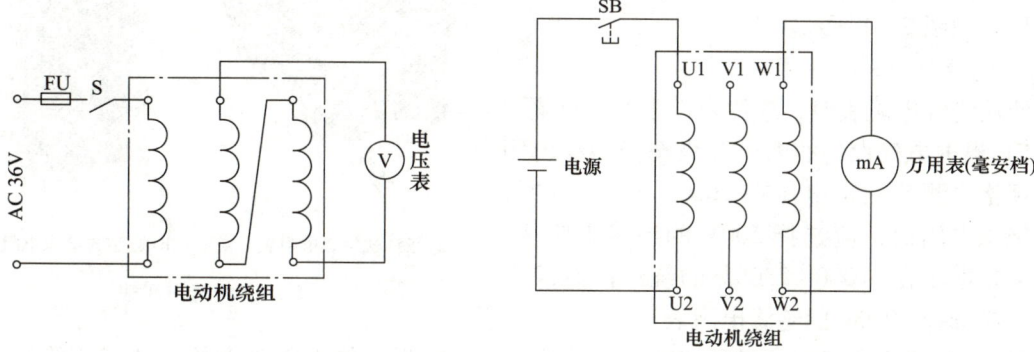

图 2-17　绕组串联电压法接线　　　　　图 2-18　电流表法接线

利用电流表法判断电动机定子绕组首、尾端的方法比较简单。首先对同相绕组进行标记，并按图 2-18 所示电路接线。然后在合上开关的瞬间，观察万用表（毫安档）表针的摆动，若表针摆向大于零的一边，则接电池正极的一端与万用表负极所接的一端为同铭端；若表针反向摆动，则接电池正极的一端与万用表正极所接的一端为同铭端。

使用同样的方法进行测试，就可正确判别各相的首、尾端。

如果无毫安表，可用万用表的毫安档代替。

（4）万用表法　用万用表判断电动机定子绕组同铭端时选择毫安档，按图 2-19 进行连接。当电动机转子匀速转动时，会在电动机定子绕组中产生感应电动势 e。如果万用表表针不动，感应电流 $i=0$，说明三相绕组是首首相连、尾尾相连，即同铭端相连。如果万用表表针摆动，可将任意一相绕组首尾调换后再进行测试，直到万用表表针不动。

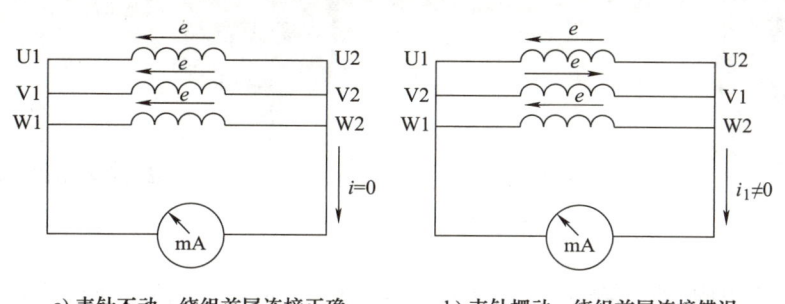

图 2-19　用万用表判别同铭端的接线方法

三、三相交流异步电动机定子绕组的绝缘性能

电气设备在使用时，受热、受潮等原因会使绝缘电阻降低，甚至可能造成设备外壳带电

和出现短路事故，因此电气设备绝缘性能的好坏与它的正常运行和人身安全有着密切关系，使用期间应做定期的绝缘性能检查。绝缘性能的好坏可以用绝缘电阻的大小来衡量。

测量绝缘电阻时，不能使用普通的欧姆表（如万用表的欧姆档），而应使用绝缘电阻表进行测量。绝缘电阻表专门用于测量高电阻，主要包括指针式绝缘电阻表和数字式绝缘电阻表两种，如图 2-20 所示。

1. 绝缘电阻表的使用

使用绝缘电阻表时，应注意以下几个问题。

1）根据电气设备的电压等级选择绝缘电阻表的规格。测量额定电压在 1000V 及以下的绕组的绝缘电阻时，应选择 500V 的绝缘电阻表；测量额定电压在 >1000～2500V 的绕组的绝缘电阻时，应选择 1000V 的绝缘电阻表。

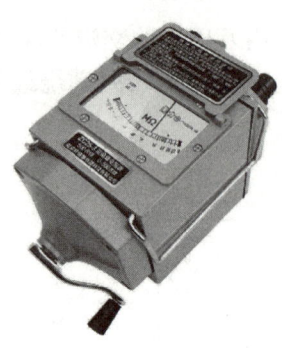

a) 指针式绝缘电阻表　　　b) 数字式绝缘电阻表

图 2-20　绝缘电阻表

2）测量绝缘电阻前，必须切断电动机的电源，并做绝缘电阻表自检。数字式绝缘电阻表有专门的测试按键，开机后选择合适的量程。首先做短路自检，将两只表笔短接后按下测试键，几秒后分开并观察读数，读数应为 0。然后做开路自检，将两只表笔分开后按下测试键，观察读数，读数应为无穷大。指针式自检的方法如图 2-21 所示。开路检测时，先将绝缘电阻表两端线断开，此时表针指在中间某一位置，然后缓慢摇动绝缘电阻表手柄，直到转速达 120r/min，持续 1 分钟，表针应指到无穷处，如图 2-21a 所示；短路检测时，先把绝缘电阻表两端线短接，然后轻摇手柄，表针应指到 0 处，如图 2-21b 所示。如果不是这样，说明绝缘电阻表自身有故障，必须检查修理，方能使用。

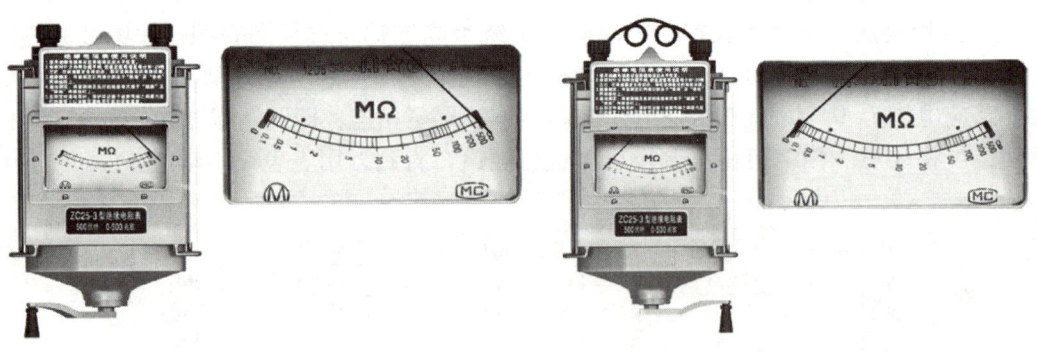

a) 绝缘电阻表的开路检测　　　　　　b) 绝缘电阻表的短路检测

图 2-21　绝缘电阻表自检

3）测量绝缘电阻时，将绝缘电阻表端钮 L、E 分别接到待测的绝缘电阻处，如果测量对地的绝缘电阻，则应将 E 端接地（如电动机外壳）。

4）使用时绝缘电阻表要平放，转动手柄时的转速要均匀，并达到 120r/min 左右。

5）测量时，需确保设备不带电，也不能存在感应电。

6）在使用绝缘电阻表测量的过程中，要保证在被测量的设备上方无人在进行作业，否则安全性能非常低。而且要确保绝缘电阻表上的电源线是分开的，千万不可搅在一起，否则会影响测量结果的正确性。

7）在使用绝缘电阻表时，如果它并没有停止运转，或者被测设备还没放电，是不可用手直接去触摸的，否则容易带来危险。在拆线时也要注意，不可接触引线的金属部位，避免出现触电的危险。

8）使用绝缘电阻表测量完成后，要让设备进行放电。绝缘电阻表的接线柱引出的线路需要有较好的绝缘性，并保证导线间的距离在一定范围内，这样测量出来的数据会更加准确。

2. 三相交流异步电动机绝缘电阻的测量

测量三相交流异步电动机的绝缘电阻，一般有两项内容：一是测量对地绝缘电阻（机壳绝缘电阻），二是测量相间绝缘电阻。

（1）对地绝缘电阻的测量　三相交流异步电动机的对地绝缘电阻也称为绕组对机壳的绝缘电阻。测量时，绝缘电阻表的 L 端接任意一相绕组的首端，E 端接电动机的外壳。如图 2-22a 所示，可以将三相绕组的三个尾端（U2、V2、W2）连接在一起进行批量测量，也可以将三相绕组分开逐相进行测量，要以 120r/min 的转速匀速转动手柄 1min 左右，观察绝缘电阻表读数。

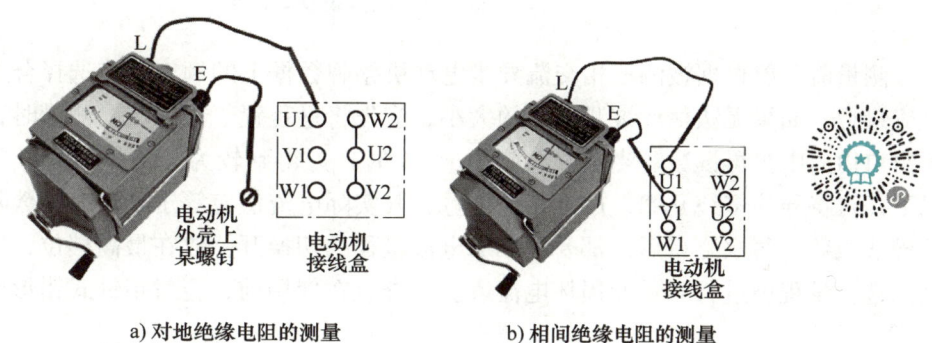

图 2-22　用绝缘电阻表测量电动机的绝缘电阻

（2）相间绝缘电阻的测量　将三相交流异步电动机定子绕组的尾端连接拆除，将绝缘电阻表 L、E 两根引线分别接 U1、V1 和 W1 的任意两端，并以 120r/min 的转速把绝缘电阻表摇动 1min 左右进行测量，观察绝缘电阻表的读数，从而测量各相间的绝缘电阻，如图 2-22b 所示。

对于<1000V 以下的中小型低压电动机，在室温下测量时，绝缘电阻不得小于 5MΩ，否则应查明原因，有必要时对绕组进行烘干后再次测量。若仍达不到 5MΩ，则认为电动机的绝缘性能不合格。

四、三相交流异步电动机的基本试验

准确判别出电动机绕组的同铭端并判断绝缘性能良好后，可以根据铭牌数据的规定将绕组连接为Y或者△。在电动机正式运行前，最好进行空载试验和堵转试验，用以检测三相交流异步电动机的装配质量和电气性能。在进行电动机试验时，如果不方便串入电流表测量电流，可以使用钳形电流表来测量。

1. 钳形电流表

测量三相交流异步电动机运行中的电流可以使用钳形电流表（图 2-23a）。钳形电流表使用方便，无须断开电源和线路即可直接测量运行中电气设备的工作电流，便于及时了解电气设备的工作状况。钳形电流表的外观结构和使用如图 2-23 所示。

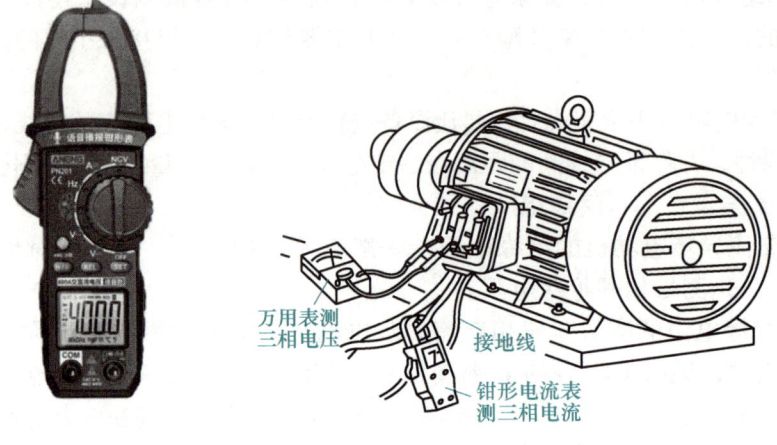

a) 钳形电流表　　　　　　b) 用钳形电流表进行测量

图 2-23　钳形电流表及其使用

测量前，要根据被测三相交流异步电动机铭牌数据上的额定电流选择合适的钳形电流表电流量程。如果无法估计被测电流的大小，应先将量程置于最大档。测量时，使被测导线位于钳口内的中央再读数。当被测电流小于 5A 时，为得到较为准确的读数，在条件允许的情况下，可将导线多绕几圈，放进钳口测量，其实际电流值应等于电流表读数除以放进钳口内的导线根数。每次测量后，都要把调节电流量程的切换开关放在最高档位，以免下次使用时因未选择量程就进行测量而损坏电流表。另外，在使用前，应对指针式钳形电流表进行机械调零。

2. 空载试验

利用空载试验的结果可以判断电动机的转向是否正确、电动机运行状况是否良好以及气隙和磁路的对称性。

（1）试验方法　空载试验的接线如图 2-24 所示。在外加额定电压的前提下，电动机空载运行 0.5~1h 后，直接利用电流表测出空载电流 I_{L1}、I_{L2}、I_{L3}，利用功率表测出功率 P_1' 和 P_1''。在试验过程中要注意观察电动机的运行情况，监听有无异常声音，铁心是否过热，轴承的温升及运行、电动机的振动和噪声是否正常等。

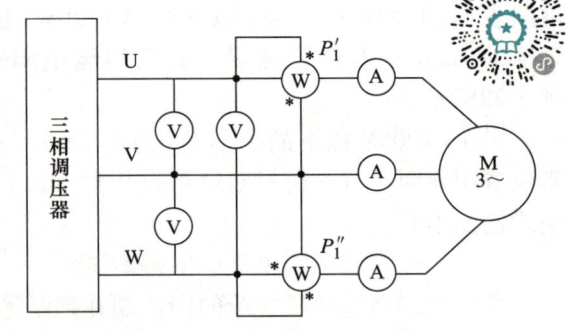

图 2-24　空载试验的接线

（2）测量结果的判定

1）任何一相的空载电流与三相空载电流的平均值 I_{av} 的偏差的绝对值不得大于平均值的 10%，即

$$I_{av} = \frac{I_{L1} + I_{L2} + I_{L3}}{3}$$

$$\frac{|I_L - I_{av}|}{I_{av}} \times 100\% \leq 10\%$$

若比值超过 10%，说明气隙不均匀、磁路或电路不对称。

2）可以直接使用功率表采用二表法测出空载损耗 P_1' 和 P_1''，在计算空载损耗时，要注意两块功率表读数的正、负号与该电动机出厂时的相应值对比，电动机的空载损耗 P_0' 应为额定功率 P_N 的 3%～10%，即

$$P_0' = P_1' + P_1''$$
$$3\%P_N \leq P_0' \leq 10\%P_N$$

若空载损耗不在该范围内，说明定子绕组的匝数或接线错误、铁心质量较差、轴承润滑不良、装配质量欠佳等。

3. 堵转试验

电动机的堵转试验应该在冷态下进行。通过对堵转电压值的分析，能反映出电动机定、转子绕组及定、转子所组成磁路的合理性和存在的一些质量问题，也能为改进设计和工艺提供有关实测数据，为查找故障电动机的故障原因和确定修理内容提供帮助。选择用于保护电动机的断路器时，也需要考虑这个参数，选择不正确会造成电动机起动时断路器保护跳闸等。

堵转试验的接线如图 2-25 所示，选用堵转仪将被试电动机转子堵住并测量转矩。

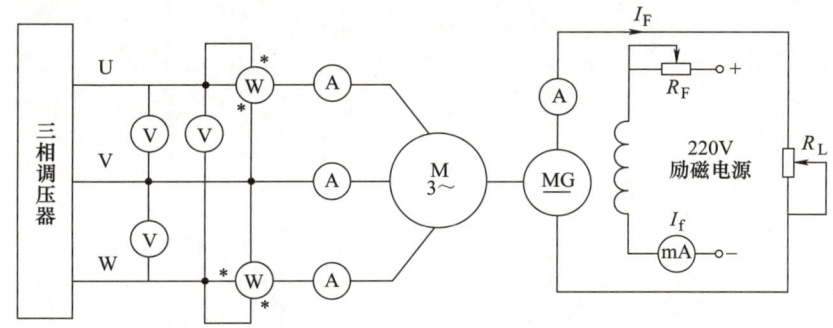

图 2-25 堵转试验的接线

（1）测试方法　除非另有规定，堵转试验应在电动机接近实际冷状态下进行。进行堵转试验时，首先利用堵转仪等设备将电动机的转子堵住不动，利用调压器将电压调制到不低于 0.9 倍额定电压，然后逐步降低该电压至定子电流为额定电流时的电压为止，期间测 5～7 个点的相应读数。定子绕组中流过的堵转电流为额定电流时，调压器上的输出加在电动机定子绕组的电压值，为电动机堵转时的堵转电压 U_K。因电动机堵转时电流较大，所以通电时间不宜过长。

（2）测量结果的判定　当电动机的额定电压为 380V 时，堵转电压 $U_K = 70 \sim 95V$。如果堵转电压波动太大，则认为电动机的质量有问题，需返修检查。

【你知道吗】

20 世纪 20 年代以前，我国基本上没有研究电机的人才。一些工业用电机，甚至连技术人员都来自西方国家。

20世纪30年代初期，钟兆琳先生与其助教褚应璜（中科院院士）一起设计制造交流发电机，组成了一套发电系统，我国的电机工业从此真正开始。后来，钟兆琳先生又和其助教们一起自行设计制造电动机，他担任技术指导，解决了制造过程中的关键技术问题，使发电机、电动机等制造业都发展起来了。在钟兆琳先生的指导和参与下，我国第一台交流发电机和电动机诞生了。

钟兆琳先生为我国的电机事业奋斗了一生，为民族电机制造业的开创和发展，以及我国电机工程人才的培养做出了巨大贡献，是当之无愧的中国电机之父。

技能篇

三相交流异步电动机控制电路设计与装调

在工业企业的实际生产加工中,大量采用了以三相交流异步电动机作为原动机的自动生产线、自动装配线、加工机床等电气设备。这些设备往往采用由继电器-接触器构成的常规控制系统进行控制。一台设备的电气控制电路可以很简单,也可以很复杂,但是任何复杂的电气控制电路都可以由一些简单的典型控制电路组合而成。本模块以生产实际案例中的三相交流异步电动机为主要被控对象,介绍常规电气控制电路的分析、安装、调试等基本知识,为电气控制技术的综合应用奠定基础。

项目 3
PROJECT 3

某喷淋加湿系统控制电路设计与装调

【项目导入】

1. 学习任务

工业生产中机床和生产线使用的动力部件经常需要三相交流异步电动机来带动。根据三相交流异步电动机的工作原理，只要将外接电源电压加到电动机定子绕组上，电动机就会受到电磁转矩的作用而转动起来。将电源电压全部加到定子绕组上的起动方法称为直接起动。直接起动产生的较大起动电流会对电网和机械设备有一定的冲击，所以在必要时，应采用一定的电气元件将起动电流控制在允许范围内，才能安全起动。

因此，当需要对一台电动机进行起动控制时，首先要明确在该电网中此电动机的起动方式，才能够根据项目要求设计满足需要的电气控制电路，然后选择合适的电气元件对电气控制电路进行安装和调试。

本项目将以某喷淋加湿为控制对象，学习三相交流异步电动机起动、停止、多地控制、多条件控制等相关知识与技能，具体内容如下。

该喷淋加湿系统中的三相交流异步电动机 M，$P_N = 0.15\text{kW}$、$U_N = 380\text{V}$、$n_N = 2760\text{r/min}$、$I_N = 0.42\text{A}$、定子绕组为丫联结。正常工作时电动机为单向连续运转状态，要求能在 A、B 两地进行起动和停止控制。为了控制方便，还要求在两地均具有点动调整功能。请设计满足要求的电气控制电路并进行安装与调试。

2. 学习目标

（1）知识目标

了解电气控制系统图的基本概念，三相交流异步电动机直接起动的特点和限制条件，常用低压电气元件的结构、工作原理、电气符号绘制方法、选择和使用方法；掌握自锁触点的应用方法，三相交流异步电动机直接起动控制电路的组成、工作原理分析方法、电路设计及优化的方法；熟悉三相交流异步电动机直接起动控制电路安装和调试方法。

（2）技能目标

能够根据相关技术参数判别三相交流异步电动机能否直接起动；能够正确分析三相交流异步电动机直接起动控制电路的工作原理，并根据等电位原则对电气原理图进行等电位号的标注；能够根据任务要求合理设计及优化三相交流异步电动机直接起动控制电路；能够根据电气原理图及相关技术参数，正确选择电气元件后按照工艺要求对三相交流异步电动机直接起动控制电路进行安装与调试。

（3）素养目标

通过机床主轴电动机控制原理图，尤其是自锁环节的分析、装调与设计，加强对信息检索能力、问题分析能力、独立思考能力、创新意识、安全意识与团队合作意识的养，加强自我约束和管理意识；通过对继电器种类与功能的了解，加强对探索科学技术的意识的培养。

【信息获取】

学习任务 3-1　电气控制系统认识

小提示：在分析、装调、检修电气控制系统时，往往会使用电气控制系统图。电气控制系统图有几种？该如何绘制、分析、设计电气控制系统图？如何利用电气控制系统图进行装调、检修？

问题引导1：三相交流异步电动机的控制电路一般应具备哪些保护措施？

_____

_____

问题引导2：电气控制系统图一般有哪几种？

_____

_____

问题引导3：电气元件的触点有哪几种状态形式？

_____

_____

问题引导4：电气符号由哪几部分组成？电气符号中触点的动触头的动作方向规定为什么方向？

_____

_____

问题引导5：电气符号中的文字符号为什么要大写？

_____

_____

问题引导6：三相交流异步电动机电气原理图包含几部分？是否反映电气元件的实际安装位置？

_____

_____

问题引导7：电气原理图中主电路的控制对象是什么？控制电路的控制对象是什么？

_____

_____

问题引导 8：电气原理图中控制电路的读图顺序是什么？
_____
_____

问题引导 9：安装软线时，应注意什么工艺要求？安装硬线时，又应注意什么工艺要求？
_____
_____

问题引导 10：为什么三相交流异步电动机电气控制电路的主电路和控制回路应选择不同颜色的导线？
_____
_____

 练一练

请在如图 3-1 所示的电气原理图中按照等电位的原则标出电位号。

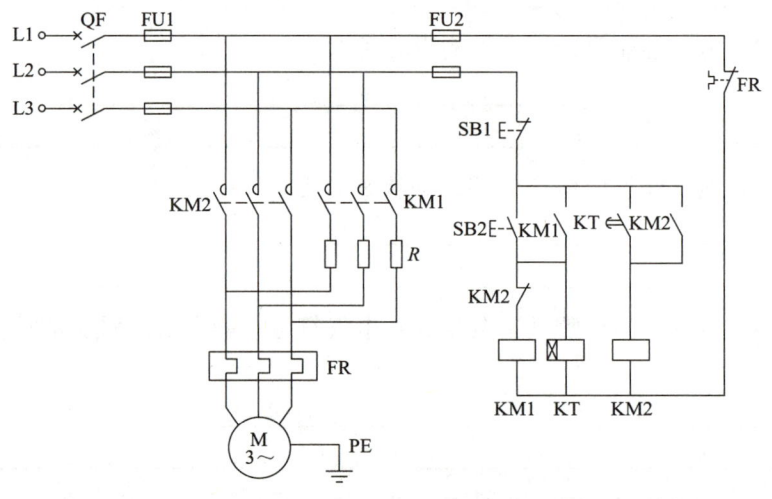

图 3-1　电气原理图

学习任务 3-2　三相交流异步电动机直接起动控制电路分析与装调

小提示：三相交流异步电动机所需要的电源电压往往超出了人体的安全电压，因此，该如何安全可靠地将电源电压加到电动机的定子绕组起动三相交流异步电动机呢？

问题引导 1：三相交流异步电动机的起动电流为什么会比较大？较大的起动电流会对三相交流异步电动机造成什么样的影响？三相交流异步电动机能够直接起动的条件是什么？
_____
_____

某喷淋加湿系统控制电路设计与装调　项目3

问题引导2：刀开关的主要作用是什么？它的电气符号是什么？可以用刀开关直接分断堵转的三相交流异步电动机吗？
_____
_____

问题引导3：组合开关还有哪些名字？它与刀开关的主要区别是什么？
_____
_____

问题引导4：断路器还有哪些名字？它的电气符号是什么？除了具有通断功能外，断路器还有哪些保护功能？
_____
_____

问题引导5：剩余电流保护器的作用是什么？
_____
_____

问题引导6：按钮的主要作用是什么？它的电气符号是什么？
_____
_____

问题引导7：按钮钮帽的颜色主要有哪些？各自的主要应用场合是什么？
_____
_____

问题引导8：熔断器进行短路保护时具有怎样的保护特性？是如何接入被保护电路的？三相交流异步电动机通电正常工作时，熔断器两端的电压为多少？
_____
_____

问题引导9：热继电器的额定电流是指其触点的额定电流还是发热元件的额定电流？
_____
_____

问题引导10：接触器的主要功能是什么？它的电气符号是什么？
_____
_____

问题引导11：交流接触器的主触点有什么特点？辅助触点又有什么特点？
_____
_____

问题引导12：在接触器的铭牌上经常看到AC3、AC4的字样，它们的含义是什么？
_____
_____

问题引导 13：什么是三相交流异步电动机点动控制？点动控制的主要应用场合是什么？
_____
_____

问题引导 14：什么是三相交流异步电动机的多地控制？什么是三相交流异步电动机的多条件控制？
_____
_____

问题引导 15：电气控制电路中，自锁触点是如何连接的？它的主要作用是什么？
_____
_____

练一练

1. 一台三相交流异步电动机，定子绕组为三角形联结、$P_N = 28kW$、$U_N = 380V$、$I_N = 58A$、$n_N = 1455r/min$、$\alpha_{sI} = 6$，供电变压器容量为 $60kV \cdot A$。试问：该电动机能否空载直接起动？

2. 一台三相交流异步电动机，额定功率为 4kW，额定电压为 AC 380V，额定电流为 8.8A，采用直接起动的起动方式，单方向连续运转。要求利用等电位原则在如图 3-2 所示的电气原理图中标出等电位号，选择合适的电气元件并按照工艺要求安装、调试。

（1）在电气原理图中标出电位号。

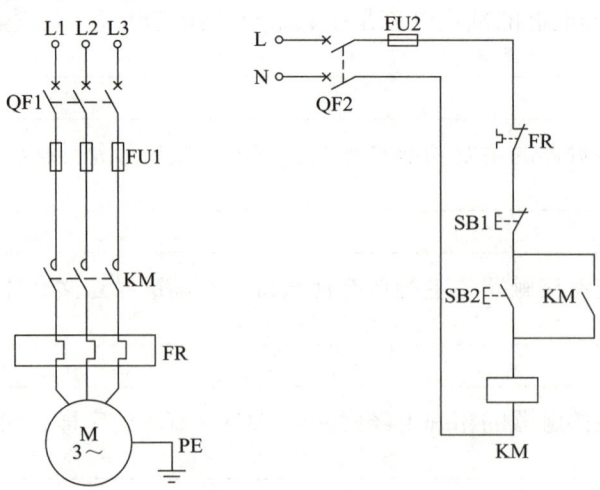

图 3-2　电气原理图

（2）主要电气元件明细见表 3-1。

表 3-1　三相交流异步电动机直接起动控制元件清单

序号	名称	型号与规格	单位	数量	备注
1	交流接触器 KM	LC1-D1810，10A，线圈电压 AC 220V	个	1	
2	按钮 SB1	LA19-11D	个	1	红色钮帽
3	按钮 SB2	LA19-11D	个	1	绿色钮帽
4	熔断器 FU1	RL1B15A，15A	个	1	
5	熔断器 FU2	RL1B15A，10A	个	3	
6	热继电器 FR	JR16-20/3D，整定电流为 8.5～10A	个	1	
7	断路器 QF1	DZ47-63/3	个	1	
8	断路器 QF2	DZ47-20/2	个	1	

（3）电气布置图及电气安装接线图，如图 3-3、图 3-4 所示。

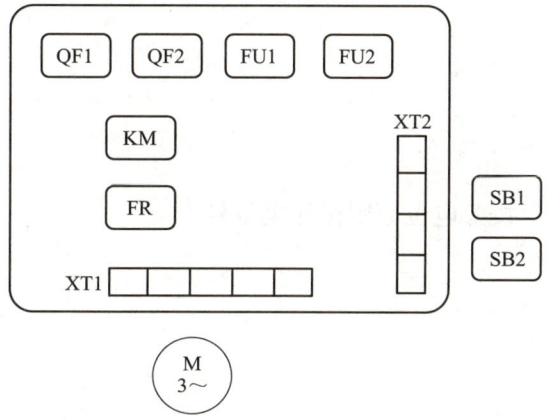

图 3-3　电气布置图

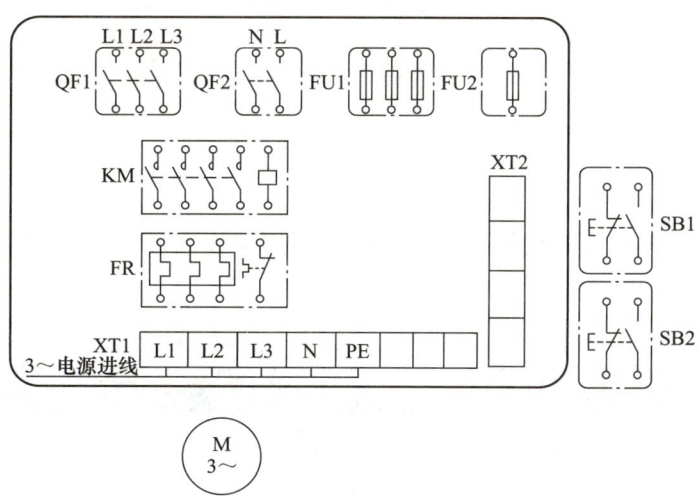

图 3-4　电气安装接线图

（4）按照工艺要求进行电气控制电路的安装与调试，直至成功，注意合理安装地线。

注意：不可带电安装设备或连接导线，断开电源后才能进行故障处理。通电检查和试车时必须通知指导教师及附近人员，在有指导教师现场监护的情况下才能通电试车。

【项目实施】

1）小组成员相互讨论三相交流异步电动机直接起动的控制方法，在充分分析并吸取其他小组汇报的工作计划及教师点评的基础上，小组内部进行多次讨论，对工作计划不断进行修改完善，基本按照如下流程制定相关计划：明确控制要求和起动方式→设计电气原理图→选用电气元件→准备并检查设备及器材→布局并安装相关器材→安装电气控制电路→通电试车→调试成功。

2）选择起动方式。

3）设计电气原理图，按等电位原则标注电位号。

4）填写表3-2，列出仪器仪表、工具、耗材等所需设备清单若表格行数不够，请自行增加。

表3-2　某喷淋加湿系统控制电路设计与装调项目所需设备清单

序号	名称	型号与规格	单位	数量	备注
1					
2					
3					
4					

(续)

序号	名称	型号与规格	单位	数量	备注
5					
6					
7					
8					

5）根据所做设计并结合实际情况绘制电气元件布局图及接线图。

6）按照工艺要求进行电气控制电路的安装与调试，直至成功。

注意：不可带电安装设备或连接导线，断开电源后才能进行故障处理。通电检查和试车时必须通知指导教师及附近人员，在有指导教师现场监护的情况下才能通电试车。

【项目评价与反思】

项目完成后，教师综合个人以及小组同学在项目完成过程中的表现以及项目完成的情况，对学生成绩做出客观评价，认真填写表3-3。同时进行总结与反思，指出成功与不足，明确学习的重点和后期的改进方向。

表3-3　某喷淋加湿系统控制电路设计与装调项目评价表

主要内容		评分标准	配分	扣分	得分
职业素养	信息检索	能根据工作需要有效利用网络、图书资源、工作手册查找有用的相关信息	5分		
	仪态表达	仪态自然，吐字清晰；思路清晰，层次分明，表达准确	5分		
	团队精神	积极主动参与工作，与教师、同学之间相互尊重、理解，保持多向、丰富、适宜的信息交流；能提出有意义的问题或发表个人见解；能够倾听别人的意见、协作共享	5分		
	学习方法	学习方法得当，有工作计划；探究式学习、自主学习不流于形式，处理好合作学习与独立思考的关系，做到有效学习	5分		
	工作过程	遵守管理规程，操作过程符合现场管理要求；善于从多角度分析问题，能主动发现、提出有价值的问题；能够正确地完成工作任务	10分		

(续)

主要内容		评分标准	配分	扣分	得分
知识与技能	原理图设计	1. 主电路设计不正确，每处扣3分，扣完为止 2. 保护措施不完善，每处扣3分，扣完为止 3. 两地控制不成功，每处扣3分，扣完为止 4. 点动和连续运转控制不成功，每处扣3分，扣完为止 5. 未按等电位原则进行电位号标记，每处扣2分，扣完为止	15分		
	电气元件的选择及安装	1. 按钮颜色选择错误，每次扣2分，扣完为止 2. 电气元件规格选择错误，每次扣2分，扣完为止 3. 电气元件安装位置不符合要求，每处扣2分，扣完为止	10分		
	电气控制电路安装工艺	1. 导线走线不符合要求，出现交叉，每处扣1分，扣完为止 2. 少接或多接一根导线，每处扣1分，扣完为止 3. 该过而未过端子排，每处扣1分，扣完为止 4. 号码管错误或未套号码管，每处扣1分，扣完为止 5. 导线端子有毛刺，每处扣1分，扣完为止	10分		
	电气控制电路功能调试	1. 不能实现A地点动控制，扣2分 2. 不能实现B地点动控制，扣2分 3. 不能实现A地连续运动控制，扣2分 4. 不能实现B地连续运动控制，扣2分 5. 不能实现A地停止控制，扣2分 6. 不能实现B地停止控制，扣2分 7. 每修改一次控制电路，扣5分，扣完为止	25分		
	安全文明生产	1. 考试过程中，违反安全文明考核要求，每处扣2分，扣完为止 2. 当考生被考评员发现有重大事故隐患时，予以制止后，每次扣5分，扣完为止	10分		
备注	考试时间	考评员签字	成绩		
总结与反思					

【思考与提高】

一、填空题

1. 三相交流异步电动机成功起动的两个重要指标是_____和_____。
2. 在实际的工程应用中，按钮钮帽的颜色具有一定的含义。一般情况下，红色钮帽的按钮往往发布_____命令，绿色钮帽的按钮往往发布_____命令。
3. 一个N系列交流接触器的型号为0901型，09表示_____，01表示_____。
4. 断路器又称_____。它除了具有通断控制功能外，还具有_____、_____、_____保护功能。
5. 熔断器用于_____保护，热继电器用于_____保护，它们都是利用_____特性来工作的。

二、判断题

1. 断路器具有过载保护功能，断路器作为电源引入开关时，电路就可以不用热继电器做过载保护了。（　　）
2. 熔断器和热继电器都具有反时限保护的特点，三相交流异步电动机的控制电路中用了熔断器可以不用热继电器了。（　　）
3. 一个额定电压为 220V 的交流接触器，能接在电源电压为直流 220V 的控制电路中使用。（　　）
4. 交流接触器的线圈电压可能是直流电压。（　　）
5. CJ20-160 型交流接触器，能成功控制 $U_N = 380V$、$P_N = 160kW$ 的三相交流异步电动机的直接起动。（　　）
6. 两个交流接触器的线圈可以串联接在额定电压端使用。（　　）
7. 刀开关可以直接分断堵转中的三相交流异步电动机。（　　）
8. 热继电器的额定电流就是其触点的额定电流。（　　）

三、选择题

1. CJ20-160 型交流接触器能控制一台额定电压为 380V 的三相交流异步电动机，该电动机的功率约为_____。
   A. 85kW　　　　　　　B. 100kW　　　　　　　C. 20kW
2. 在接触器的铭牌上经常看到 AC3、AC4 的字样，它们的含义是_____。
   A. 生产厂家代号　　　B. 使用类别代号　　　C. 电压级别代号
3. 下列电气元件中，不能实现短路保护的是_____。
   A. 熔断器　　　　　　B. 热继电器　　　　　C. 自动空气开关
4. 在三相交流异步电动机的自锁控制电路中，实现欠电压和失电压保护的电气元件是_____。
   A. 熔断器　　　　　　B. 热继电器　　　　　C. 接触器
5. 按下复合按钮时，其触点的动作规律是_____。
   A. 常闭触点先断开　　B. 常开触点先闭合　　C. 常闭触点和常开触点同时动作
6. 三相交流异步电动机过载时热继电器双金属片弯曲是由于双金属片的_____。
   A. 机械强度不同　　　B. 热膨胀系数不同　　C. 温差效应
7. 在三相交流异步电动机多地控制电路中，起动按钮的常开触点应_____连接，停止按钮的常闭触点应_____连接。
   A. 并联、串联　　　　B. 串联、并联　　　　C. 并联、并联
8. 用来表明电动机、电气元件实际安装和接线位置的电气系统图是_____。
   A. 电气原理图　　　　B. 电气布置图　　　　C. 功能图
9. 在三相交流异步电动机的继电器-接触器控制电路中，热继电器的功能是实现_____。
   A. 短路保护　　　　　B. 零压保护　　　　　C. 过载保护
10. 熔断器在控制电路中的作用是_____。
    A. 控制行程　　　　　B. 控制速度　　　　　C. 短路或严重过载保护
11. 在下列控制电路中，三相交流异步电动机能实现点动和连续工作的是_____。

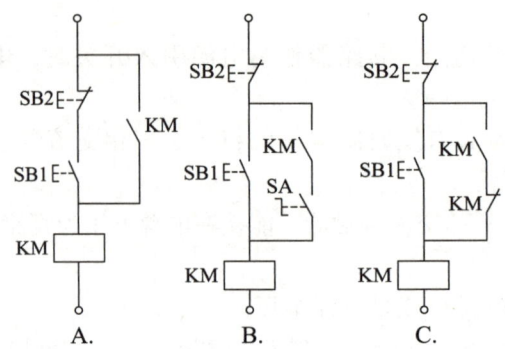

12. 某机床运行时，突然瞬间断电。当恢复供电后，机床却不再运行，原因是该机床控制电路_____。

  A．出现故障   B．设计不够完善 C．具有失电压保护

13. 三相交流异步电动机电气控制电路中的自锁环节的主要功能是_____。

  A．保证可靠停车 B．保证起动后连续运行 C．兼有点动功能

四、分析题

1. 一台三相交流异步电动机的起动和停止由断路器直接控制，接通断路器后会立即跳闸，导致电动机无法正常起动，这是什么原因？

2. 在三相交流异步电动机起动过程中，热继电器会不会因电动机的起动电流过大而有所动作，为什么？

3. 中间继电器与接触器的主要区别是什么？中间继电器能控制三相交流异步电动机起停吗？

4. 三相交流异步电动机实现多条件控制的基本方法是什么？实现多地控制的基本方法是什么？

5. 点动控制与连续运转控制的主要区别是什么？

6. 如果以图 3-5 所示电路作为冷却泵电动机的连续运转控制电路，正常操作时会出现什么现象？

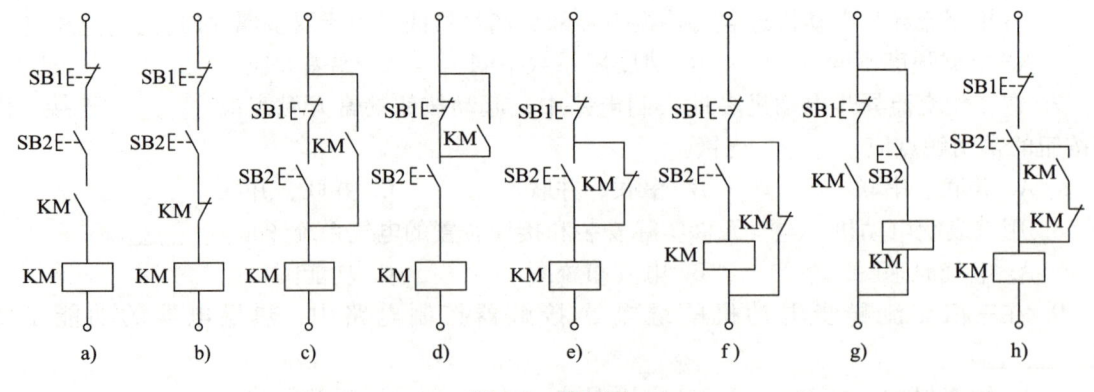

图 3-5　题 6 图

7. 如图 3-6 所示的控制电路能否实现三相交流异步电动机的点动与连续运转控制？如果不能，怎么修改该电路图？

8. 如图 3-7 所示的控制电路能否实现正常的电动机点动控制？如果不行，指出可能出现

的故障现象，并将其修改正确。

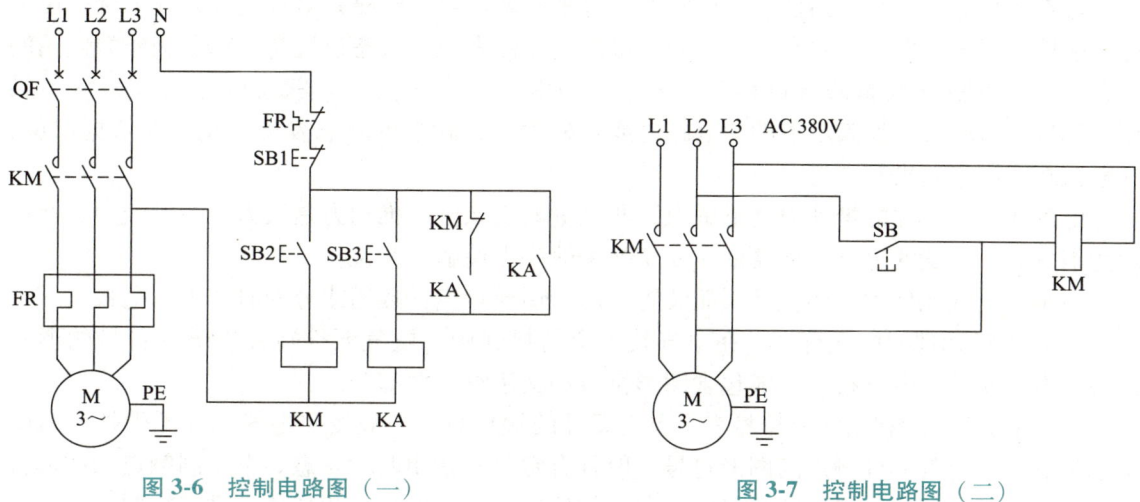

图 3-6　控制电路图（一）　　　　　　　图 3-7　控制电路图（二）

【相关知识】

一、电气控制系统

电气控制系统由若干电气元件组成，用于实现对某个或某些对象的控制，从而保证被控设备安全、可靠地运行，其主要功能有自动控制、保护、监视和测量。电气元件是组成电气控制系统的主要部件。

1. 电气元件

在电能的产生、输送、分配和应用中，起着通断、控制、调节和保护作用的电气设备称之为电器。在电力拖动和自动控制系统中广泛应用的低压控制和配电电器又称为电气元件。电气元件是一种能够根据外界信号的要求，接通或者断开电路以实现电路的控制、保护、检测和调节等作用的电气设备。

（1）电气元件的分类　电气元件用途广泛，种类繁多，构造各异，功能多样。

1）按照工作电压，电气元件分为低压电器和高压电器。低压电器是指工作电压为交流1000V或者直流1200V以下的电器，大多用在生产机械上；高压电器是指工作电压为交流1000V或者直流1200V以上的电器，主要用在电能输配上。

2）按照动作方式，电气元件分为自动电器和手动电器。自动电器按照信号或者某个物理量的变化而动作，如接触器、继电器；手动电器通过人力操作而动作，如开关、按钮。

3）按照作用不同，电气元件分为执行电器、控制电器、主令电器和保护电器。执行电器用来完成某种动作或者传递功率，如电磁铁、电磁离合器；控制电器用来控制电路的通断，如开关、继电器；主令电器用来控制其他自动电器动作，以发出控制指令，如按钮、行程开关；保护电器用来保护电源、电路及用电设备，以防止它们在短路、过载状态下运行，免遭损坏，如熔断器、热继电器。

4）按照动作原理，电气元件分为电磁式电器和非电量电器。电磁式电器是根据电磁铁的原理工作的，如接触器、继电器；非电量电器依靠外力（人力或机械力）或某种非电量的变化而动作，如行程开关、速度继电器等。

（2）电气元件的基本结构　各类电气元件大都由触点系统和推动机构组成。

触点系统通常以其初始位置，即常态位置来命名。对于电磁式电气元件来说，常态位置是电磁铁线圈未通电时的状态；对于非电量电气元件来说，常态位置是没有受到外力作用的状态。常态为断开状态的触点称为常开触点（NO），常态为闭合状态的触点称为常闭触点（NC）。当触头受到满足条件的电磁力或者外力时，触点的状态发生变化。但依据惯例，一般只在图样中画出其常态。

电磁式电气元件的推动力是电磁力，非电量电气元件的推动力是人力或者机械力。在推动力消失后，一般的电气元件会依靠复位弹簧的弹力使触点复位。

在某些电气元件中，还包括灭弧装置，用于切断触点在接通或分断时产生的电弧。

（3）电气元件的电气符号　在电气技术资料描述中，电气元件往往以电气符号的形式出现。电气元件的电气符号一般包含图形符号和文字符号两部分。

1）图形符号。利用图形符号表示电气元件的触点时，一般按照电气元件不受外力时的常态来表示。电气元件触点的图形符号一般具有常开和常闭两种状态。在绘制触点的图形符号时，触点的动触头一般按照顺时针方向动作使触点状态发生变化的原则进行绘制。

2）文字符号。电气原理图中的文字符号用于标明电气设备、装置和电气元件的名称、功能、状态和特征。文字符号要与其图形符号相邻近。文字符号分为基本文字符号和辅助文字符号。

①基本文字符号。基本文字符号分为单字母符号和双字母符号两种。单字母符号是用拉丁字母将各种电气设备、装置和电气元件划分为23大类，每一类用一个字母表示。例如，"R"代表电阻器，"M"代表电动机，"C"代表电容器。双字母符号由一个表示种类的单字母符号与另一个字母组成，并且单字母符号在前，另一个字母在后。双字母中后面的字母通常是该类设备、装置和电气元件的英文名称的首位字母，这样，双字符号可以较详细和更具体地表述电气设备、装置和电气元件的名称。例如，"RP"代表电位器，"RT"代表热敏电阻，"MD"代表直流电动机，"DC"代表直流，"IN"代表输入。

②辅助文字符号。辅助文字符号一般放在单字母文字符号的后面，构成组合双字母符号。例如，"Y"是电气操作机械装置的单字母符号，"B"是代表制动的辅助文字符号，则"YB"代表制动电磁铁的组合符号。辅助文字符号也可以单独使用。例如，"ON"代表触点状态发生了变化，"N"代表中性线。

如果基本文字符号和辅助文字符号无法满足使用要求，可按国家标准规定的符号组成规则进行补充，但应注意以下问题。

①在不违背国家标准的情况下，可采用国际标准中规定的电气技术符号。

②在优先采用国家标准中规定的单字母符号、双字母符号和辅助文字符号的前提下，可补充国家标准中未列出的双字母符号和辅助文字符号。

③文字符号应由有关电气名词术语的国家标准或专业标准中规定的英文术语缩写而成。基本文字符号不超过两个字母，辅助文字符号一般不超过三个字母。

④因拉丁字母"I""O"易与阿拉伯数字"1""0"混淆，不允许单独作为文字符号使用。

2. 电气系统图

电气系统图也称为电气系统控制图，它是根据国家标准或者行业规范，使用统一规定的电气符号和文字标识以及规定的画法绘制而成的技术图样。电气系统图是用于表述电气设备及系统的构成、功能、原理,为电气系统的原理分析、安装调试、维修维护提供必要技术数据依据的工程图样。电气系统图主要包括电气原理图、电气元件布置图、电气安装接线图。

（1）电气原理图　电气原理图利用电气符号来表示电气设备或者系统的工作原理及各个电气元件的作用、相互之间关系,它是电气系统中的重要技术资料。

1）电气原理图的基本绘制方法。电气原理图按工作顺序排列,并不反映电气元件的实际大小和安装位置。电气原理图一般分为电源电路、主电路、控制电路和辅助电路,用以指导分析电路工作原理、安装调试以及维修维护电路,如图3-8所示。在绘制和分析电气原理图时,应该注意相应的原则。

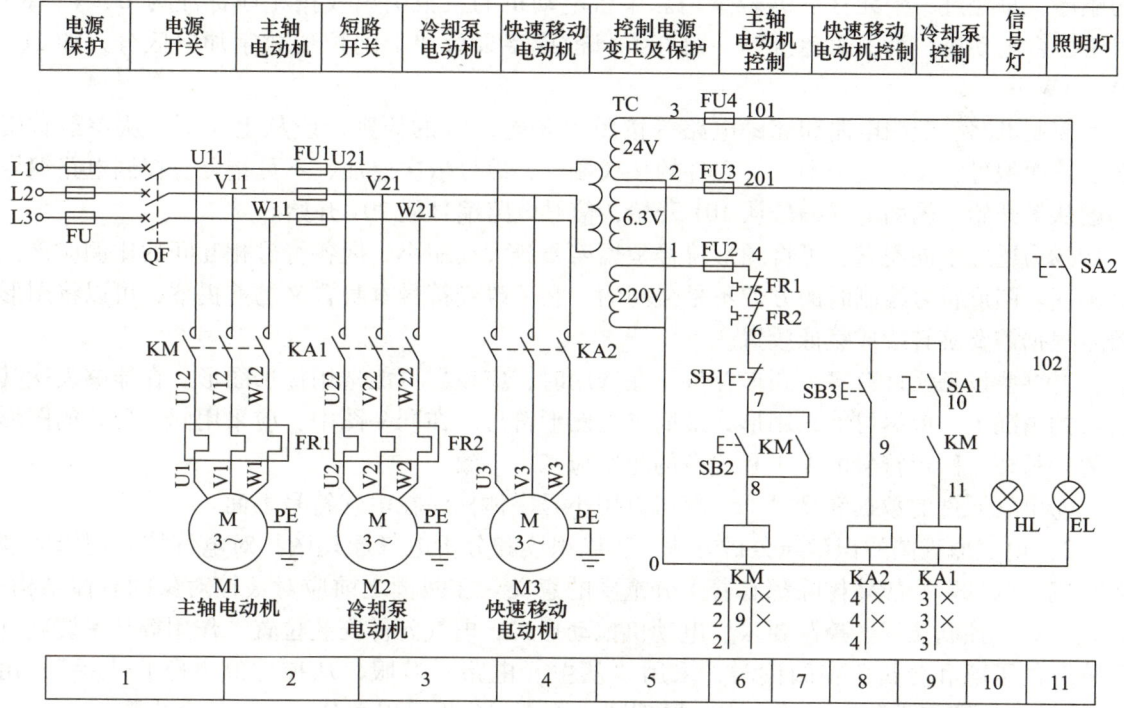

图3-8　电气控制电路图的绘制原理示意图

①电源电路画成水平线,三相交流电源相序L1、L2、L3自上而下依次画出,中性线和保护地线依次画在相线之下。直流电源"+"端在上,"-"端在下。

②主电路在电路图的左侧并垂直于电源电路。它一般由主熔断器、接触器的主触点、热继电器的发热元件及电动机组成,工作中通过较大的电动机工作电流。

③控制电路用于控制主电路的工作状态,由主令电器的触点、接触器线圈及辅助触点、继电器线圈及触点等组成,一般从左至右、从上至下地排列来表示操作顺序。控制电路的电流一般较小,不超过5A。

④辅助电路用于显示主电路的工作状态、提供局部照明,也由主令电器的触点、接触器线圈及辅助触点、继电器线圈及触点等组成,一般从左至右、从上至下地排列来表示指示顺序。辅助电路的电流一般比控制电路还小。

⑤在电气原理图中，各电气元件的触点的位置都是按电路未接通或电气元件未受外力作用时的常态位置画出。

⑥在电气原理图中，同一电气元件的不同部件不按实际位置画在一起，而是按其在电路中所起的作用分别画在不同的电路中，它们的动作却又是相互关联的，用相同的文字符号标注。

⑦为了接线方便，避免安装时出现差错以及便于电路投入运行后的日常维护和故障排除，必须按规定给设备的电气原理图标注线号。标注时，应将主电路和控制电路分开，各自从电源开始，各相线分开，顺次标注到负荷端，且做到每段导线均有线号。

对于主电路而言，三相电源按相序自上而下编号为L1、L2、L3，经过电源引入开关后，主电路在电源开关的出线端按相序依次编为U11、V11、W11。然后按从上至下、从左至右的顺序，每经过一个元件后编号递增。单台电动机的三根引出线按相序标注为U、V、W；对于多台电动机，为了避免混淆，可在字母前或字母后加上阿拉伯数字加以区分，如1U、1V、1W……

控制电路、照明电路和辅助电路等按照"等电位"的原则，应从上向下、从左至右用数字依次编号，每经过一个电气元件的接线端子，编号依次递加，不可重复。控制电路编号一般从1开始，辅助电路编号从101开始，信号电路编号从201开始。

⑧为适应不同需求，可将图形符号根据需要放大或缩小，但各符号相互间的比例应该保持不变。图形符号绘制时的方位不是强制的，在不改变符号本身含义的前提下，可以将图形符号根据需要旋转或成镜像放置。

⑨某些设备元件有多个图形符号，在选用时，应该尽可能选用优选图形。在能够表达其含义的情况下，应尽可能采用形式最简单的图形符号。在同一图中，应采用同一形式的图形符号。另外，图形符号的大小和线条的粗细应基本一致。

⑩电气元件的数据和型号，一般可以用小号字体标注在电气符号下面。

2）电气原理图的识读与分析方法。正确识读和分析电气原理图，对电气控制逻辑的理解、安装调试以及故障排除都有着十分重要的意义。在阅读之前应对被控对象的总体结构、运动形式、控制流程、控制要求、电动机拖动形式、电气元件安装位置、作用等技术资料进行充分的了解和分析。在阅读时，采用"从主（电路）着眼，从控（制电路）入手"，由主至控，"顺藤摸瓜"的办法。电气原理图的识读与分析可以划分为以下几个步骤。

①电路分析先主后辅。主电路能够直接反映机械传动结构和执行动作的原理。先分析主电路，可以了解被控对象有哪些设备（电动机、电磁阀、信号灯等），它们的主要作用是什么、需要由哪些电气元件来控制、采取哪些保护措施等。控制电路能够更加细化地表述被控对象的动作顺序和控制逻辑关系，可通过对控制电路进行分析来确定被控对象的起动、转向、速度和制动等控制要求，最后分析辅助电路。

②电路结构分析化整为零。电气控制电路有时控制的内容比较多，控制逻辑比较复杂。但是无论多么复杂的电气控制电路，都是由典型的控制环节组成的。对电气控制电路进行功能划分和控制逻辑关系梳理，就是化整为零。分析控制电路时，应从电源开始着手，从主令控制开关到接触器、继电器的线圈，由上至下、由左至右逐一进行分析，并注意各局部电路之间的联锁和互锁关系，梳理控制顺序的流程，简洁明了地将控制电路的工作原理及过程表示出来。

辅助电路包括照明电路、电源指示电路、工作状态指示电路以及故障报警电路等。这部分电路只起辅助作用，但由于它们也都是由控制电路中的电气元件来控制的，因此在分析这部分电路时，还要结合整个电路一起进行分析。

③集零为整综合分析。经过化整为零的过程后，初步对电气控制电路的各个环节有了了解，还需要从电气控制技术的角度集零为整综合分析，掌握各个控制环节之间的内在联系、互锁关系、联锁关系，清楚机械、电气、液压之间协调配合的情况以及各保护环节的设置情况，从而对整个电气原理、工作过程、每个电气元件所起的作用有更加清晰的认知。

3）电气原理图的设计方法。一般说来，生产机械的电力拖动方案和控制方案已经确定后，即可着手进行电气控制电路的具体设计工作。对于不同的设计人员，由于其自身知识的广度、深度不同，所以设计的电气控制电路的形式多种多样。因此，要想设计出满足生产工艺要求的最合理的设计方案，就要求电气设计人员遵循以下原则：最大限度满足生产机械和工艺对电气控制系统的要求；在满足生产工艺要求的前提下，力求控制电路简单、经济；保证电气控制电路工作的可靠性；保证电气控制电路工作的安全性；应力求使操作、维护、检修方便。

一般不太复杂的电气控制电路的设计方法主要是经验设计法。所谓经验设计法，是指设计人员根据生产机械的工艺要求和生产过程，选择合适的基本环节（单元电路）和典型电路进行综合、修改、优化，组成满足要求的电气控制电路的设计方法。使用经验设计方法设计电气控制电路的过程中需要反复修改设计草图以得到最佳设计方案，因此设计速度慢，且必要时还要对整个电气控制电路进行模拟实验。

一般生产机械电气控制电路的设计包含主电路、控制电路和辅助电路等的设计。

①主电路的设计。主要考虑电动机的起动、正反转、制动和调速等。

②控制电路的设计。一般包括基本控制电路和控制电路特殊部分的设计、控制参量的选择，以及控制原则的确定。设计过程中主要考虑两个问题：如何满足电动机的各种运转功能和生产工艺要求；如何连接各单元环节，构成满足整机生产工艺要求、实现生产过程自动或半自动及调整的控制电路。

③联锁保护环节的设计。为防止电气控制环节发生故障而导致人身伤害和设备损坏，电路各环节之间应具有必要的联锁及保护与预警信号。联锁保护环节设计主要考虑如何完善整个控制电路的设计，包含各种联锁环节及短路、过载、过电流、失电压等保护环节。

a. 短路保护是指当电动机发生短路故障时，及时可靠地切断电动机的电源。若没有短路保护，非常大的短路电流会很快烧毁电动机、电路及其他电气设备，造成重大损失。对于500V以下的低压电动机，一般采用熔丝或断路器的电磁瞬时脱扣器进行保护。

b. 对于电动机的过载电流，熔丝不一定能熔断，所以要设置切断过载电流的保护装置，该保护环节称为过载保护。通常采用热继电器或断路器的热脱扣器进行过载保护，也称过负荷热保护。热继电器常和接触器、减压起动器或断路器等组装成过负荷热保护装置。

c. 失电压和欠电压（低电压）保护是为了防止电动机在过低的电压下运行而烧毁的保护装置。它可以在电压过低或失去电压时断开电动机与电源的连接，同时又可以防止在电压恢复时电动机自行起动。通常利用交流接触器的电磁机构、减压起动器或断路器上的失电压和欠电压脱扣器及电压继电器等进行失电压和欠电压保护。当电源电压降低到额定电压的35%~70%时，电磁铁会释放，失电压脱扣器会动作而切断电源。

d. 三相交流异步电动机运行时，由于某种原因断一相而处于两相运行状态，称为断相运行或两相运行。为了可靠地保护电动机免于断相运行，应设置断相运行保护装置，该保护环节称为断相保护。常用的断相保护可以通过采用带断相保护装置的热继电器、欠电流继电器、零序电压继电器来实现。

e. 当电动机外壳带电时，将威胁人身安全，因此，必须进行接地或接零保护。

④电路的综合审查。应反复审查设计的控制电路是否满足设计原则和生产工艺要求。在条件允许的情况下，应进行模拟实验，逐步完善整个电气控制电路的设计，直至满足生产工艺要求。

也就是说，经验设计法是根据生产机械的工艺要求和工作过程，适当选用已有的典型基本环节，将它们有机地组合起来加以适当的补充和修改，综合成所需要的电气控制电路。若选择不到适合的典型基本环节，则根据生产机械的工艺要求和生产过程自行设计，边分析边画图，将输入的主令信号经过适当转换，得到执行元件所需的工作信号。可以随时增减电气元件和触点，以满足所给定的工作条件。

对于复杂一些的电气控制电路，也会采用逻辑设计法。所谓逻辑设计法，就是利用逻辑代数这一数学工具来设计电气控制电路，即从机械设备的生产工艺要求出发，将控制电路中的接触器、继电器等电气元件的线圈的通电与断电，触点的闭合与断开，以及主令电器触点的接通与断开等，均看成是逻辑变量；配合生产工艺过程，考虑控制电路中各逻辑变量之间所要满足的逻辑关系，用逻辑函数关系式表示它们之间的逻辑关系，按照一定的方法和步骤设计出符合生产工艺要求的电气控制电路。

（2）其他电气系统图　为了满足电气控制设备的安装、调试、使用和维修等需要，在完成电气原理图的设计及电气元件的选择后，还可进行电气布置图及电气安装接线图的设计，进而完成电气控制系统的安装。在实际生产中，电气系统安装好后还需要进行调试，保证其成功运行，完成相应的控制功能。

1）电气布置图。电气布置图用于表示电气元件在设备中的布局和实际安装位置情况。各种电气元件的安装位置是由设备的结构和工作要求决定的，如电动机要与被拖动的机械部件在一起，行程开关要放在获取信号的地方，操作元件要放在方便操作的地方，一般电气元件应放在电气控制柜内。在电气布置图中，一般需要标注各元件的间距尺寸、安装孔距和进出线方式。

①确定电气元件的位置。在一个完整的自动控制系统中，由于各种电气元件所起作用的不同，各自安装的位置也就不同。习惯上把电源引入开关、熔断器装在柜内上侧；下侧安装接触器、继电器和其他电气元件，热继电器安装在相应接触器的下方，并做好与原理图上相同的字符标记。

为便于接线和维修，控制柜所有的进、出线都要通过接线端子排连接。端子排的节数和规格应根据进、出线及流过的电流进行选配组装，且根据连接导线的号码进行编号。端子排安装在电气控制柜的最下面或者侧面。

根据各电气元件的安装位置划分组件。在同一组件内，电气元件的布置应满足以下原则。

a. 体积较大和较重的元件应安放在电气板的下面，发热元件应安放在电气板的上面。

b. 强电与弱电分开，应注意屏蔽，防止外界干扰。

c. 需要经常维护、检修、调整的电气元件不要安装在过高或过低的位置。

d. 电气元件的布置应考虑整齐、美观、对称。结构和外形尺寸较类似的电气元件应安放在一起，以利于安装、加工、配线。

e. 各种电气元件的布置不宜过密，要有一定的间距。

②绘制电气布置图。各种电气元件的位置确定以后，即可进行电气布置图的绘制。电气布置图应根据电气元件的外形尺寸进行绘制，有时要求标出各电气元件之间的间距尺寸，以作为安装加工底板的依据，来保证电气元件顺利安装。图3-9是某设备的电气布置图。

在电气布置图中，还要根据各部件进、出线的数量和采用导线的规格，选择进、出线方式及适当的接线端子板或插接件，按一定顺序在电气布置图中标出进、出线的接线号。为便于施工，在电气布置图中往往还要留有10%以上的备用面积及线槽位置。

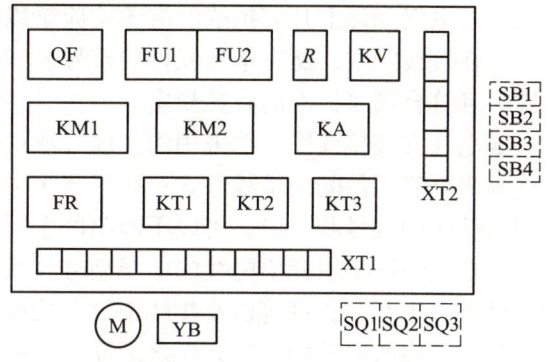

图 3-9 某设备的电气布置图

2）电气安装接线图。电气安装接线图是根据电气原理图和电气布置图进行绘制的，表示电气元件在设备中的实际位置和实际接线情况。它按照电气元件布置最合理、连接导线最经济等原则来进行安排，为安装电气设备、电气元件间的配线及电气故障的查找等提供依据。图3-10是某设备的电气安装接线图。

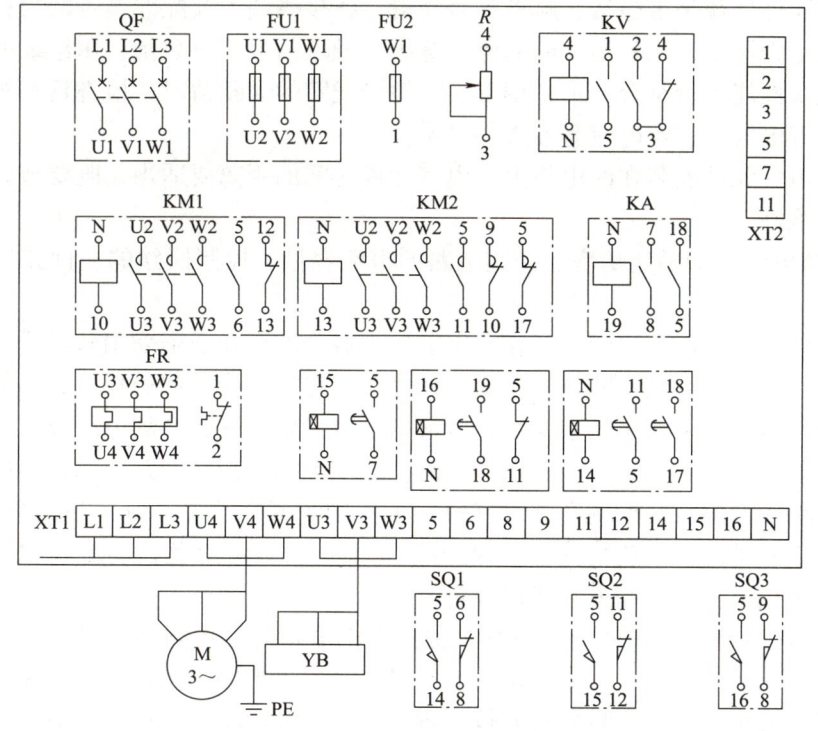

图 3-10 某设备的电气安装接线图

电气安装接线图的绘制应遵循以下原则。

①在接线图中，各元件的相对位置应与实际安装的相对位置一致。各电气元件按其外形尺寸以统一比例绘制。

②一个电气元件的所有部位（如线圈与触点）必须画在一起，并用点画线框起来。

③各电气元件上凡需接线的端子均应予以编号，且与电气原理图的编号一致。

④在接线图中，所有电气元件的符号、各接线端子的编号和文字符号必须与原理图中的一致，且符合国家标准的有关规定。

⑤电气安装接线图一律采用细实线。成束的接线可以用一条实线表示。接线很少时，可直接画出电气元件间的接线方式；接线很多时，接线方式用符号标注在电气元件的接线端，来表明接线的线号和走向，可以不画出两个元件间的接线。

⑥在接线图中应标明配线的电线型号、规格、标称截面。穿管和成束的接线还应标明穿管的种类、内径、长度等以及接线根数、接线编号。

⑦安装底板内外的电气元件之间需通过接线端子排来连接。

⑧标明有关接线安装的技术条件。

3. 电气控制系统的安装与调试

完成电气控制系统图的设计后，即可选用电气元件，然后进行电气设备的安装与调试。一般情况下，电气控制电路的安装与调试依据的是电气安装接线图，有时也会依据电气原理图。

（1）电气控制电路的安装

1）检查与安装电气元件。安装接线前应对使用的电气元件逐个进行检查，以保证电气元件的质量。检查的内容主要包括以下几个方面：对照元件明细表，核对它们的规格是否符合设计要求；检查电气元件外观是否整洁，触点是否光滑，各接线端子及配件是否缺损；检查电气元件的电磁机构是否灵活，尤其是线圈的电压等级、触点的容量及数量；用绝缘电阻表检查各电气元件的绝缘性能是否符合要求，用万用表检查线圈的通断情况；检查延时机构的延时时间的设定、热继电器的整定电流等参数的设定。

按照接线图规定将电气元件安装在配电板上，电气元件之间的距离要适当，既要节省配电板，又要方便走线和维修。

2）选择导线。根据电动机的额定功率、控制电路的电流容量、控制回路的子回路数以及配线方式选择导线。

硬导线只能固定安装于不动部件之间。若在有可能出现振动的场合必须采用软导线。导线的绝缘性能必须良好，且应具有较强的抗化学腐蚀能力。在选择导线的截面积时，不但要保证导线必须能够承受正常条件下流过的最大稳定电流，还应考虑电路允许的电压降、导线的机械强度以及与熔断器的配合。对于复杂的电气电路，其主电路和控制回路应选择不同颜色的导线。对于控制回路子回路较多的场合，最好每一个控制子回路选择一种颜色的导线，以便于安装、识别、检查和维修。一般情况下，保护线（PE）用黄绿双色，动力线中的中性线用蓝色，动力线用黑色，交流控制电路线用红色等。

3）安装电气控制电路导线。连线的顺序原则上按：先主电路，再控制和辅助电路；先柜内电路，后柜外电路。连接硬导线时应做到走线横平竖直、固定牢固、排列整齐和便于走线。连接软导线时，导线端头一般要套号码管并按原理图标上线号。软导线接头一般需要接上针形、叉形等冷压接线头。导线从接线端子引出后必须垂直进入线槽，导线与导线之间不得交叉、重叠，线槽内长线应沉底。导线一般要预留10~15cm的长度，每个接线端子所接导线的根数不能超过两根。

（2）通电前的电路检查 电气控制电路安装完成后，在投入运行前，为了确保电路能够安全、可靠地工作，必须对它进行认真细致的检查、试验与调整。其主要步骤如下：

1）对照电气系统图核对接线。在通电前，根据电气控制系统图，仔细检查是否准确无误，特别要注意电路标号与接线图触点标号是否一致、相关元件的线圈的额定电压是否与工作电压相等。

2）检查电气元件接线端子是否牢固。不允许接线端子有松动、脱落现象，以免试车时因导线虚接而造成故障。

3）检查接线是否正确。对照接线与电气控制电路图认真检查接线是否正确。可借助万用表上的欧姆档在断电情况下判断导线是否有断线或接触是否良好。

4）进行绝缘试验。为了确保绝缘性能可靠，必须进行绝缘试验。试验时将电容器、线圈短接，隔离变压器二次侧接地。主电路及与主电路相连接的辅助电路应能承受2500V电压1min而不被击穿；不与主电路相连接的辅助电路应能承受2倍额定电压再加1000V电压1min而不被击穿；或用绝缘电阻表检查，导线绝缘电阻不应小于7MΩ，电动机绝缘电阻不应小于5MΩ。

（3）电气控制电路的通电试车步骤 在上述检查通过后，就可通电检查电路动作情况。

1）空操作试车。断开主电路，接通电源开关，使控制电路空操作，检查控制电路情况。空操作试车可按控制环节一部分一部分地进行。注意观察各电气元件的动作顺序是否正确，指示装置指示是否正常。只有在各部分电路完全正确的基础上才可进行整个电路的系统检查。若有异常，必须立即切断电源并查明原因。

2）空载试车。在空操作的基础上，接通主电路，进行空载试车。空载试车时，应先点动检查，观察主电路中电动机或其他被控设备的动作情况。

3）带负载试车。经过以上试验后，便开始进行带负载通电试车。在此过程中常伴有一些电气元件的调整，往往需要配合钳工、操作人员协同进行，直至全部符合工艺和设计要求，控制系统的设计与安装工作才算全部完成。

（4）电气控制电路的调试 如果电气控制电路通电不成功，则需要对故障进行分析、查找、排除，直到调试成功。查找电气故障可以依据"观察故障现象→分析电气原理图→确定故障范围→检测故障点→排除故障点"的顺序进行。检测故障点是利用校验灯、试电笔、钳形电流表、万用表、示波器等对电路进行测量，从而找出故障点。常用的方法是使用万用表进行测量的电压测量法和电阻测量法。

1）电压测量法。对于简单的电气控制电路，可以用试电笔直接判断电源的好坏。例如，用试电笔碰触主电路电源引入开关及三个熔断器输出端，若氖泡三处发光均较亮，则电源正常；若两处较亮，一处不亮，则电源存在断相故障。但试电笔有时会引起误判断。例如，某额定电压为380V的线圈，若一根连接线正常而另一根断路，由于线圈本身有电阻，用试电笔测量，两端均正常发光，所以可能误判为电源正常。这时可以用电压测量法测试。电压测量法包括电压分阶测量法和电压分段测量法，如图3-11所示。

以图3-11所示的电路为例，来介绍电压测量法。已知电路故障现象为：合上电源引入开关QF后，按下起动按钮SB2，接触器KM1的线圈不带电。

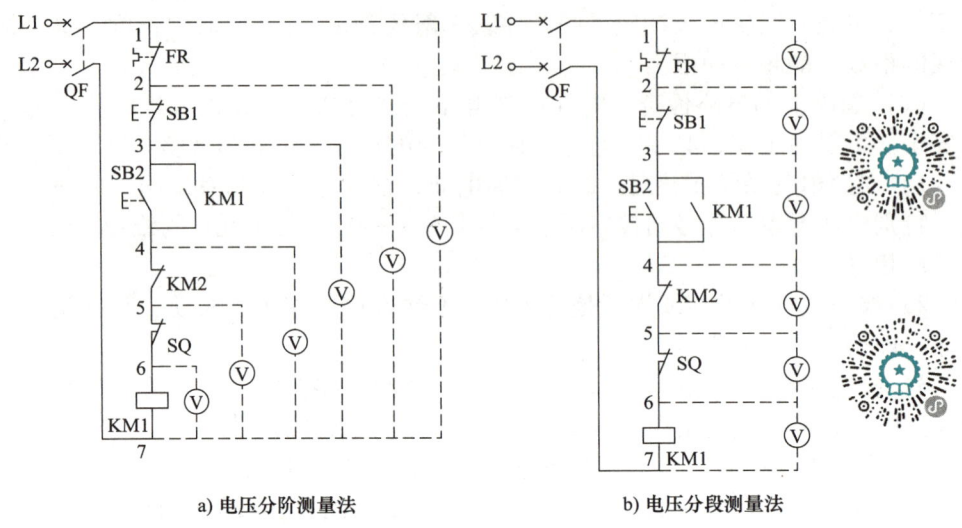

a) 电压分阶测量法　　　　b) 电压分段测量法

图 3-11　电压测量法

①电压分阶测量法。如图 3-11a 所示，利用电压分阶测量法进行检测。

检测时，万用表自检后选择合适的档位和量程，首先检测电源引入开关 QF 出线端 1、7 两点间的电压是否正常。如果电压不正常，则将两只表笔移至电源引入开关 QF 的进线端 L1、L2。如果 L1 与 L2 之间的电压不正常，则需要检查电源；如果电压正常，则进一步将表笔从电源引入开关出线端 7 点移动到接触器 KM1 的线圈的出线端进行检测。如果电压不正常，说明电源引入开关与接触器 KM1 线圈出线端间的导线或接触器 KM1 线圈出线端的接线端子有故障需要维修；如果电压正常，则按下按钮 SB2，按照图 3-11a 所示逐点进行检查。万用表的一只表笔固定在接触器 KM1 的线圈的出线端的接线端子上不动，另外一只表笔从电源引入开关出线端 1 点移动到热继电器 FR 的常闭触点的进线端，检测此时两点间电压是否正常。如果电压不正常，则此段电路中的 1 号线或者热继电器 FR 的常闭触点的进线端的接线端子有故障需要维修；如果此时两点间电压正常，继续将该表笔从热继电器 FR 常闭触点的进线端移动到它的出线端，检测两点间电压是否正常。如果电压不正常，则热继电器 FR 的常闭触点或常闭触点的出线端的接线端子有故障需要维修；如果此时两点间电压正常，则继续将该表笔从热继电器 FR 常闭触点的出线端移动到按钮 SB1 的进线端，检测电压是否正常。如电压不正常，则此段电路中的热继电器 FR 与按钮 SB1 间的导线或按钮 SB1 的进线端的接线端子有故障需要维修；如果电压正常，继续将该表笔移动到按钮 SB1 的出线端进行检测，以此类推。如果最后该表笔移动到接触器 KM1 的线圈的进线端有电压但线圈仍不吸合，说明 KM1 线圈或它的进线端的接线端子有故障需要维修或更换。

如果在检测过程中不方便按下按钮 SB2，也可以将该故障电路分成两段分别使用电压分阶测量法进行检测：在确定电源正常的情况下，先将万用表的一只表笔固定在电源引入开关 QF 的出线端 7 点，另一只表笔从电源引入开关 QF 的出线端的 1 端开始，按照上述方法逐点移动到 2 点、3 点，直到移动到按钮 SB2 的进线端，如果发现故障则进行维修。如果仍未解决接触器 KM1 线圈的得电问题，则万用表一只表笔固定在电源引入开关 QF 的出线端 1 点，另一只表笔从电源引入开关 QF 出线端的 7 开始，按照上述方法逐点移动到 6 点、5 点、4 点，一直移动到按钮 SB2 的出线端，如果发现故障则进行维修。如果仍未解决接触器 KM1

线圈的得电问题，则说明按钮 SB2 的常开触点有故障需要维修或更换。

实际应用中，也可以在电源电压正常的情况下，采用与上述相反的程序进行检测。从接触器 KM1 的线圈两端开始测量，一只表笔不动，另一只表笔顺着导线和触点向电源移动，出现正常电压时的前一个触点或导线或接线端子即是故障点。

②电压分段测量法。对上述故障电路，也可利用电压分段测量法进行检测，如图 3-11b 所示。

万用表选择合适档位和量程，在检测电源正确的情况下，按下按钮 SB2。利用万用表逐段测量 1 点与 2 点、2 点与 3 点、3 点与 4 点、4 点与 5 点、5 点与 6 点、6 点与 7 点各两点间的电压。若电路正常，则除 6 点与 7 点两点间有所需电压外，其余任何两点间电压均应为 0。如果测到其余某两点间电压近似为电源电压，则说明此两点间触点、导线或接线端子有问题，需要予以维修或更换。

2）电阻测量法。电压测量法是一种带电测量法，尽管它检查故障迅速、准确，但不安全，所以经常采用电阻测量法（欧姆测量法）检测故障。电阻测量法是一种断电测量法，也就是在切断电源后，利用万用表测量电路中某两点间的电阻值来判断电路中的触点、线圈、导线、接线端子是否出现短路或断路故障。电阻测量法包括电阻分阶测量法和电阻分段测量法，如图 3-12 所示。

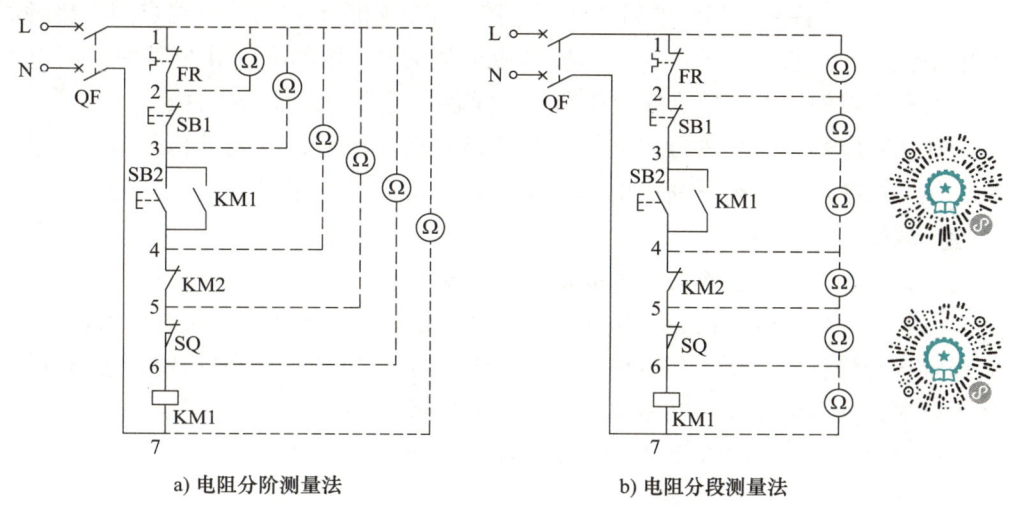

a) 电阻分阶测量法　　　　b) 电阻分段测量法

图 3-12　电阻测量法

以图 3-12 所示的电路为例，来介绍电阻测量法。已知电路故障现象为：接通电源后，检测电源引入开关 QF 的出线端电压正常，但是接通电源后按下起动按钮 SB2，接触器 KM1 线圈不能得电吸合。

检测前首先断开电源引入开关 QF，万用表自检后调至 1kΩ 档（量程的选择与接触器线圈的电阻值有关），按下按钮 SB2，准备检测。

①电阻分阶测量法。对于上述故障电路，利用电阻分阶测量法检测，如图 3-12a 所示。以电源引入开关出线端 1 点为参考点，将万用表的一只表笔固定在此点不动，另一只表笔移动到热继电器 FR 的常闭触点的出线端进行测量。如果测出两点间电阻为无穷大，则说明此段电路中的电源引入开关 QF 与热继电器 FR 间的导线、热继电器 FR 的常闭触点或它的接线

端子有故障，需要维修；如果测出两点间电阻为近似为零，则将该表笔移动至按钮 SB1 的常闭触点的出线端进行测量。如果测出两点间电阻为无穷大，说明此段电路中的热继电器 FR 与按钮 SB1 间的导线、按钮 SB1 的常闭触点或它的接线端子有故障，需要维修；如果测出两点间电阻为近似为零，则将该表笔移动至按钮 SB2 的常开触点的出线端进行测量，以此类推。直到该表笔移动到到接触器 KM1 的线圈的出线端 7 点，如果此时测量的电阻值为无穷大，则说明接触器 KM1 线圈断开或出线端子有故障，需要维修；如测量的电阻值近似为接触器 KM1 线圈的电阻值，则说明电源引入开关与接触器 KM1 线圈间的导线或接触器 KM1 线圈的出线端子有故障，需要维修。

在实际测量中，也可以 7 点为参考点，参照上述方法，逐点进行测量、判别、维修。

同理，在不方便按下按钮 SB2 的时候，也可以在将电源引入开关 QF 断开后，将此电路分成两段，分别利用电阻分阶测量法查找故障点：首先以 1 点为参考点，逐点测量 1 点至 3 点这段电路；然后以 7 点为参考点，逐点测量 4 点至 7 点这段电路。如果这两段电路均正常，则按钮 SB2 触点及端子有故障，需要维修。

②电阻分段测量法。对上述故障电路，也可利用电阻分段测量法进行检测，如图 3-12b 所示。利用万用表逐段测量 1 点与 2 点、2 点与 3 点、3 点与 4 点、4 点与 5 点、5 点与 6 点、6 点与 7 点各两点间的电阻值。若电路正常，则除 6 点与 7 点两点间有接触器 KM1 的线圈电阻值外，其余任何两点间电阻值均应近似为 0。如若测到其余某两点间电阻值不为 0，则说明此两点间触点、导线或接线端子有问题，需要予以维修或更换。

在实际应用中，往往会在电气控制电路安装完毕后，首先进行外观上的初检和绝缘测试，然后在断电的状态下利用电阻测量法检测电路的导通性能，没问题后再通电进行空操作、空载试车、负载试车。

二、三相交流异步电动机直接起动控制电路

三相交流异步电动机的起动是指在接通电源后，转子从静止状态开始转动，直至最后达到稳定运行状态的过程。三相交流异步电动机的直接起动，是要利用合适的电气元件，根据任务要求，安全可靠地将三相交流电源电压全部加到电动机的定子绕组首端。

1. 三相交流异步电动机直接起动的限制条件

根据三相交流异步电动机的工作原理可知，其起动电流是比较大的。由于用电设备一般是并联在电网上的，所以三相交流异步电动机较大的起动电流不仅会对电动机自身造成伤害，也会使电源总电流瞬间增大，导致同电网上的其他用电设备电源电压瞬间下降，从而对其运行造成影响。因此，三相交流异步电动机的起动与电源的容量，被驱动机械负载的抗冲击力、电动机供电线缆承受电流的能力等诸多因素有关。

究竟多大功率的三相交流异步电动机可以直接起动？严格来说并没有绝对的限制。三相交流异步电动机直接起动时，不允许电动机的容量大于主变压器容量的 10%～15%，并且 $T_{st} > T_L$（一般要求 $T_{st} \geq (1.1 \sim 1.2) T_L$）。起动转矩 T_{st} 和额定转矩 T_N 的比值称为起动转矩倍数 α_{sT}，常用来表示异步电动机的直接起动能力。Y2 系列三相交流异步电动机的 $\alpha_{sT} = 1.6 \sim 2.2$。

电动机的起动电流 I_{st} 与额定电流 I_N 的比值称为起动电流倍数，用 α_{sI} 表示。Y2 系列三

相交流异步电动机的 $\alpha_{sI} = 5.5 \sim 7.0$。

在工程实践中，直接起动也可按下列经验公式核定，即

$$\frac{I_{st}}{I_N} \leq \frac{3}{4} + \frac{S_N}{4P_N}$$

式中，I_{st} 是电动机的起动电流；S_N 是电动机所在电网的容量，单位为 kV·A。

如不能满足上述要求，则必须采用限制起动电流的方式进行起动。

【例题】 一台型号为 Y225M-2 的三相交流异步电动机，$P_N = 45\text{kW}$、$n_N = 2970\text{r/min}$、$\alpha_{sT} = 2.0$。若 $T_L = 200\text{N·m}$，试问能否带此负载直接起动（设 I_{st} 在允许范围内）。

解：（1）电动机的额定转矩为

$$T_N = 9.55 \frac{P_N}{n_N} = 9.55 \times \frac{45 \times 10^3}{2970} \text{N·m} = 145\text{N·m}$$

电动机的起动转矩为

$$T_{st} = \alpha_{sT} T_N = 2.0 \times 145\text{N·m} = 290\text{N·m}$$

由于 $T_{st} > T_L$，且超过 $1.1T_L$，故可以带此负载直接起动。

2. 常用电气元件

（1）刀开关　刀开关又称闸刀开关、电源隔离开关或电源引入开关。它在低压电路中用于不频繁地接通和分断额定电流以下的负载（如小型电动机等），或用于隔离电路与电源。

刀开关按极数分为单极、双极和三极；按操作方式分为直接手柄操作式、杠杆操作机构式和电动操作机构式；按刀开关转换方向分为单投式和双投式等；按其结构及功能分为一般刀开关、胶盖刀开关和熔断器式刀开关。刀开关的典型结构及符号如图 3-13 所示，它主要由手柄、动触刀、静夹座等部分组成。

刀开关的电气符号一般用如图 3-13c 所示的图形符号表示，连接虚线表示三相应同时动作，左端为手动符号。

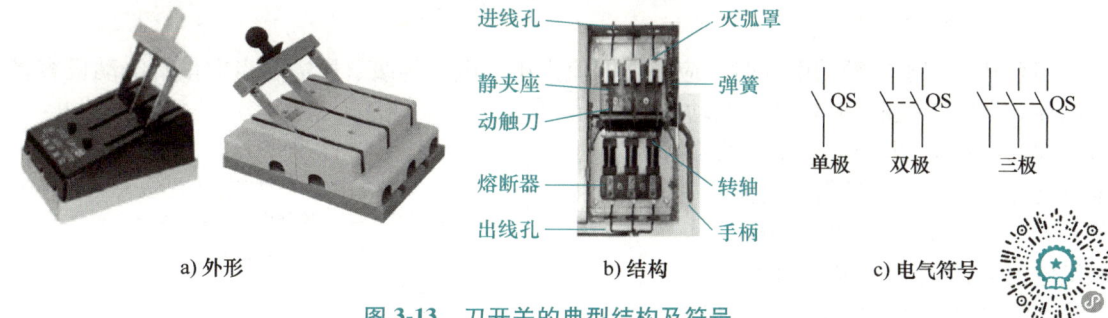

图 3-13　刀开关的典型结构及符号

利用刀开关控制纯电阻负载（电灯和电热负载）时，要求刀开关的额定电流应不小于所有负载的额定电流之和。控制电感性负载（电力负载）时：对于单台电动机，除了刀开关的额定电流应不小于电动机的额定电流以外，还必须满足刀开关内熔丝的额定电流应不小于 (1.5~2.5) 倍电动机额定电流的要求。刀开关的额定电流等重要参数可以在型号中查找，如图 3-14 所示。

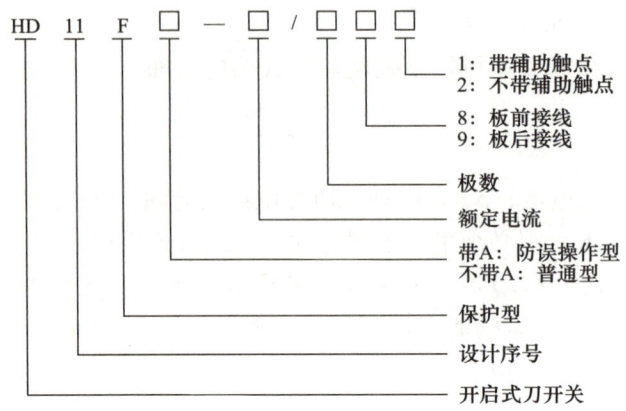

图 3-14　刀开关的型号含义

（2）组合开关　组合开关是一种小型的手动开关，有时也称之为转换开关或选择开关，应用在一些结构比较紧凑的电气控制柜中。HZ10 系列组合开关的外形、结构及电气符号如图 3-15 所示。

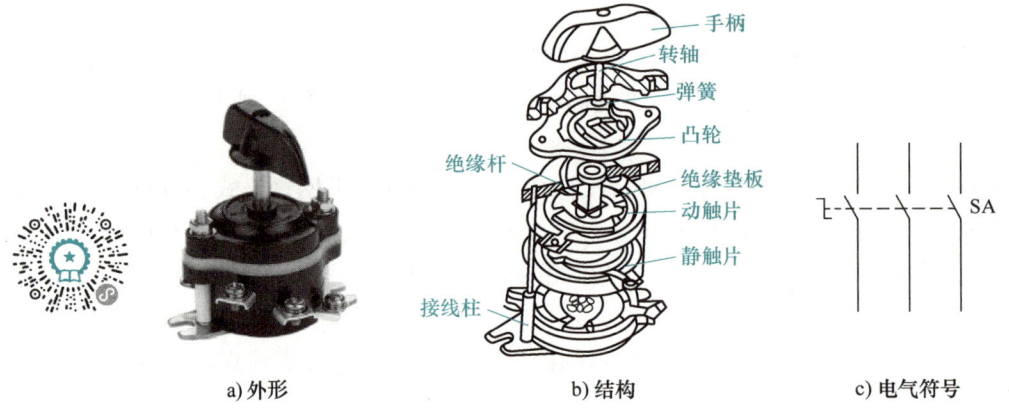

图 3-15　HZ10 系列组合开关

组合开关用于电源的引入时，应根据电流大小、电压等级、所需触点数量及电动机容量进行选择。当用于控制 7kW 以下电动机的起动、停止时，组合开关的额定电流应不小于电动机额定电流的 3 倍。若不用于直接起动和停机，其额定电流只需稍大于电动机的额定电流。组合开关的额定电流可以根据型号进行查找，如图 3-16 所示。

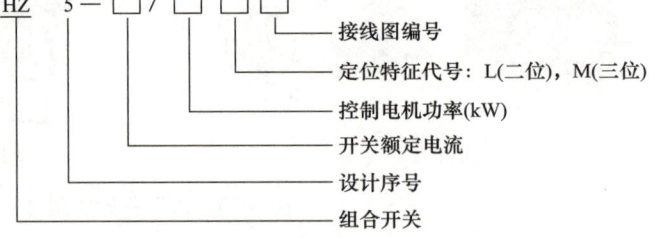

图 3-16　组合开关的型号含义

（3）熔断器　在三相交流异步电动机通电运转的过程中，短路故障造成的危害是相当大的。为了避免短路故障对电气控制电路及设备产生危害，一般还需要在使用刀开关或组合开关的电路中另外加上熔断器来加强电路的短路保护功能。熔断器是一种应用广泛的简单而有效的短路保护电气元件。熔断器中的熔丝串联在被保护的电路中，当该电路发生短路故障（即通过熔丝的电流达到或超过了熔断值）时，熔丝上产生的热量便会使其温度升高到熔丝的熔点，导致熔丝自行熔断，以达到保护电路的目的。熔断器中熔丝熔断的时间与所通过的电流之间的关系见表3-4，这种关系称为熔断器的安秒特性或反时限特性。

表 3-4 常用熔断器的安秒特性

熔丝通过电流/A	$1.25I_{FUN}$	$1.6I_{FUN}$	$1.8I_{FUN}$	$2I_{FUN}$	$2.5I_{FUN}$	$3I_{FUN}$	$4I_{FUN}$	$8I_{FUN}$
熔断时间/s	∞	3600	1200	40	8	4.5	2.5	1

注：I_{FUN} 是熔断器内熔丝的额定电流。

常见熔断器的外形、结构及电气符号如图3-17所示，其文字符号为FU。

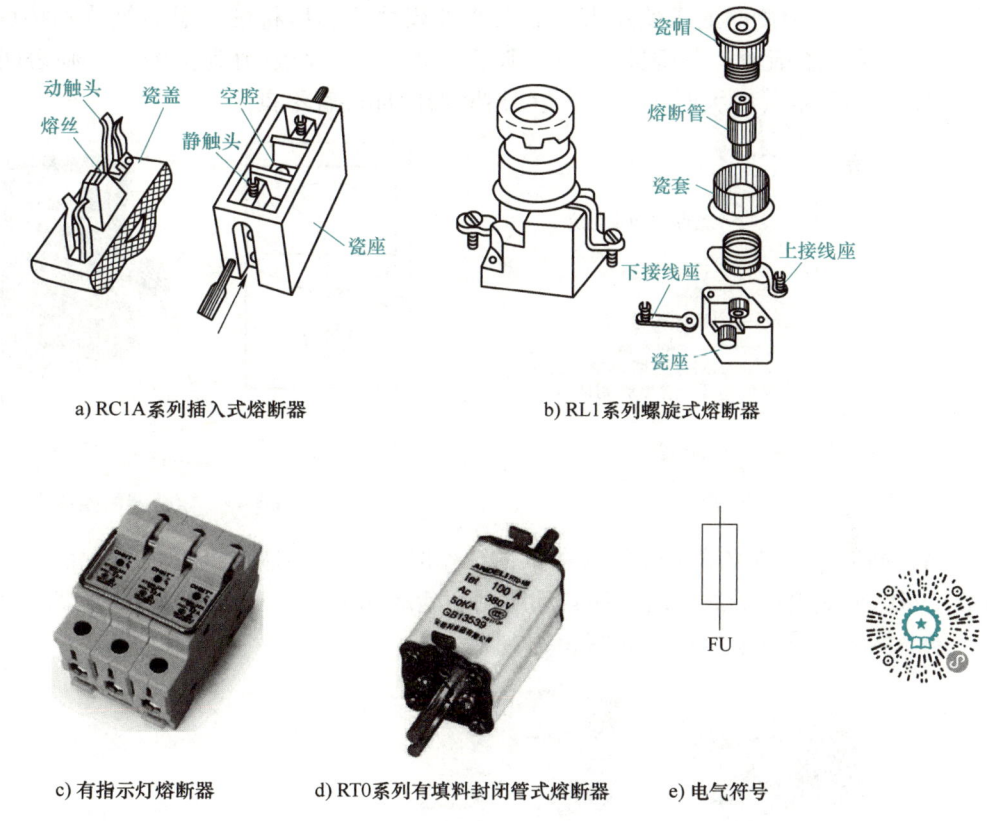

图 3-17 几种常见的熔断器及其电气符号

插入式熔断器的电源线和负载分别接在瓷底座两端静触点的接线柱上；螺旋式熔断器电源线应当接在瓷底座的下接线端，负载线接到金属螺纹壳的上接线端，以防调换熔丝所在的熔断管时发生触电事故。有熔断指示的熔断管，其指示器应装在便于观察的一侧。

选择熔断器时，主要根据电路要求、使用场合、安装条件、负载要求的保护特性和短路电流的大小等来进行。容量较小的照明电路，可选用RC1A系列插入式熔断器；开关柜或配电屏可选用RM10系列无填料封闭管式熔断器；对电流较大或有易燃气体的场合，应选用RT10有填料封闭管式熔断器；在机床控制电路中，多选用RL1系列螺旋式熔断器。

熔断器的额定电压应大于或等于电路的工作电压。熔断器的额定电流应大于工作电流，所用熔断器的额定电流一定要大于熔丝的额定电流。对于熔丝的额定电流：① 当熔断器保护电阻性负载时，熔丝额定电流 I_{RN} 等于或者稍大于电路的工作电流 I_L 即可，即 $I_{RN} \geq I_L$；② 当熔断器保护一台三相交流异步电动机时，熔丝的额定电流可按 $I_{RN} \geq (1.5 \sim 2.5)I_N$ 计算；其中 I_N 为该电动机的额定电流；③ 当熔断器保护多台三相交流异步电动机时，熔丝额定电流可按 $I_{RN} \geq (1.5 \sim 2.5)I_{NM} + \Sigma I_N$ 计算，其中 I_{NM} 为容量最大的电动机的额定电流，ΣI_N 为其余电动机的额定电流之和。

熔断器的额定电流等参数可以根据型号进行查找，熔断器型号的基本含义如图 3-18 所示。

熔断器的常见故障是开路和接触不良。熔断器的种类很多，但故障检测方法基本相同，如图 3-19 所示。检测时通常使用万用表较小欧姆档，然后将红、黑表笔分别接熔断器的两端，测量熔断器的阻值。若阻值为 0，则熔断器正常；若阻值为无穷大，则表明熔断器开路；若阻值不稳定（时大时小），则表明熔断器内部接触不良。

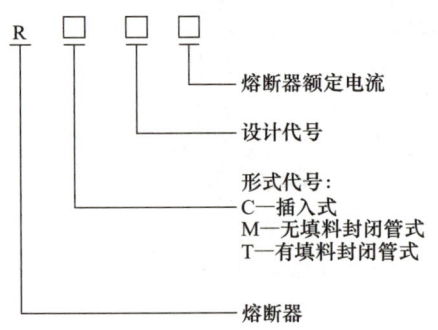

图 3-18 熔断器型号的基本含义

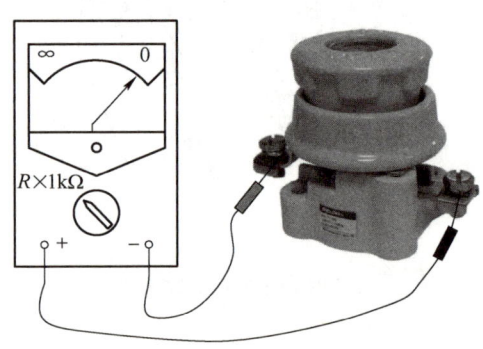

图 3-19 熔断器的检测

（4）断路器　断路器不仅可以在正常工作时不频繁接通或断开电路，而且当电路发生过载、短路或失电压等故障时，能自动跳闸切断故障电路，从而达到保护电路的目的。

断路器的外形及电气符号如图 3-20 所示。

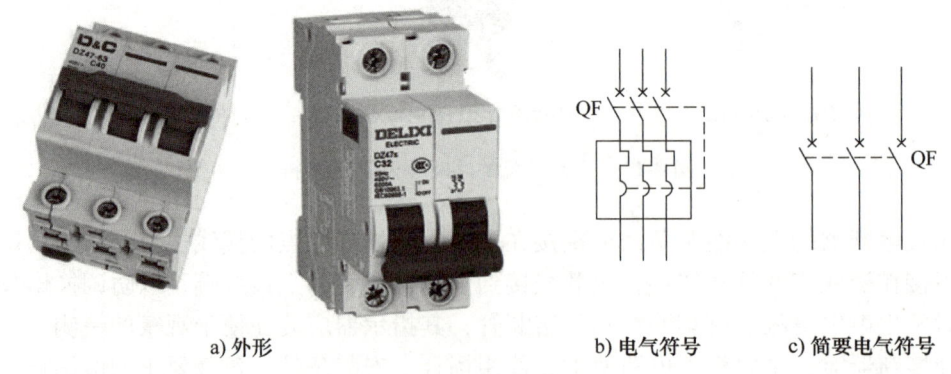

a) 外形　　　　　　　b) 电气符号　　c) 简要电气符号

图 3-20 断路器

断路器的工作原理如图 3-21 所示。

断路器的主触头是通过操作机构手动或电动合闸的，并且自由脱扣机构将主触点锁在合闸位置上。如果电路发生故障，自由脱扣机构在有关脱扣器的推动下动作，使钩子脱开，于是主触点2在弹簧1作用下迅速分断。过电流脱扣器4的线圈和热脱扣器5的热元件与主电路串联，失电压脱扣器6的线圈与电路并联。当电路发生短路或严重过载时，过电流脱扣器4的衔铁被吸合，使自由脱扣机构动作。当电路过载时，热脱扣器5的热元件产生的热量增加，使双金属片向上弯曲，推动自由脱扣机构动作。当电路失电压时，失电压脱扣器6的衔铁释放，也使自由脱扣机构动作。

选择断路器时，断路器的额定电压和额定电流应大于电路的正常工作电压和最大工作电流。热脱扣器的整定电流应与所控制电动机的额定电流或负载额定电流相等。电磁脱扣器的瞬时脱扣整定电流应大于负载电路正常工作时的尖峰电流。断路器控制单台电动机时，电磁脱扣器的瞬时脱扣整定电流应不小于电动机起动电流的1.5~1.7倍。断路器控制多台电动机时，电磁脱扣器的瞬时脱扣整定电流应大于所有负载电流之和的1.5~1.7倍。断路器的额定电流可以根据型号进行查找，如图3-22所示。

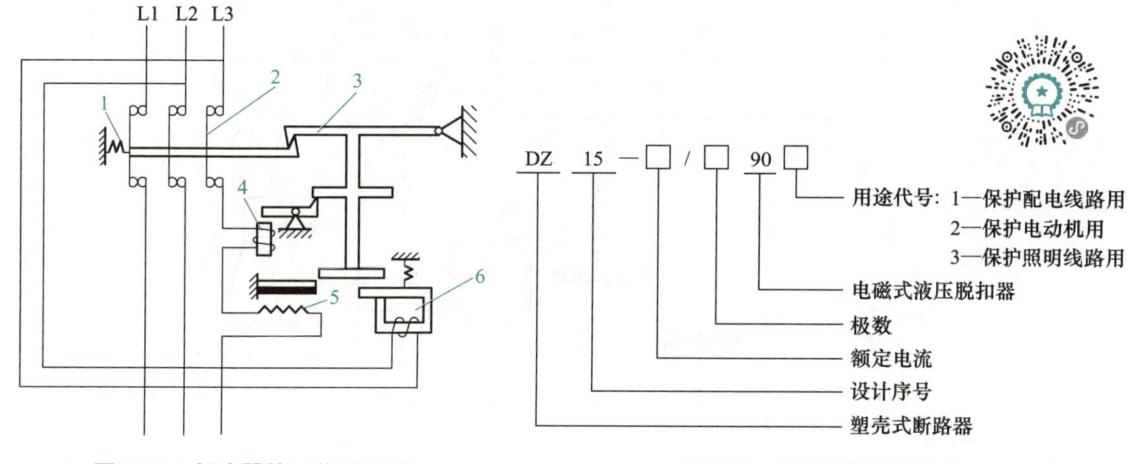

图 3-21 断路器的工作原理图　　　　　　　图 3-22 断路器的型号含义
1—弹簧　2—主触点　3—自由脱扣机构
4—过电流脱扣器　5—热脱扣器　6—失电压脱扣器

（5）剩余电流保护器　剩余电流保护器是一种用于保护人类免于触电和保护设备、厂房等免于火灾的电气元件。剩余电流保护器分为独立器件和辅助器件两种，辅助器件主要是与低压断路器组合使用。

目前，常用的剩余电流保护器与低压断路器构成一个整体，一般在微型断路器中使用较多。常见剩余电流保护器如图3-23所示。

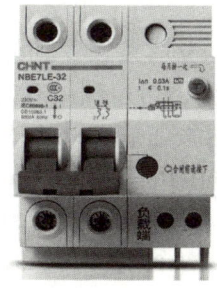  

图 3-23 常用剩余电流保护器

剩余电流保护器主要通过检测电路中的电流差异来实现其保护功能。在正常情况下，电流在电路的相位导线和中性导线之间是平衡的。当发生漏电故障时，电流会通过地线或其他路径流失、导致电流产生差异。漏电保护器通过比较相位导线和中性导线上的电流差值，以判断是否存在漏电现象，并在漏电电流超过设定值时迅速切断电路，以保护人身安全。

剩余电流保护器的工作原理如图 3-24 所示。剩余电流保护器的零序电流互感器通过检测穿过电源（L1、L2、L3、N）是否产生电磁磁通来决定剩余电流保护器是否动作。正常工作时三相电源不论带何种负载，均满足 $i_a+i_b+i_c=0$，剩余电流保护器不动作。发生接地故障时，故障相有一部分电流经故障点流入大地（此电流没有经过零线），此时 $i_a+i_b+i_c \neq 0$，零序电流互感器二次绕组中产生感应电流，此电流驱动电磁脱扣器中的线圈产生电磁力，从而推动衔铁动作，使剩余电流保护器主触点断开，切断故障回路，从而保障人身安全。

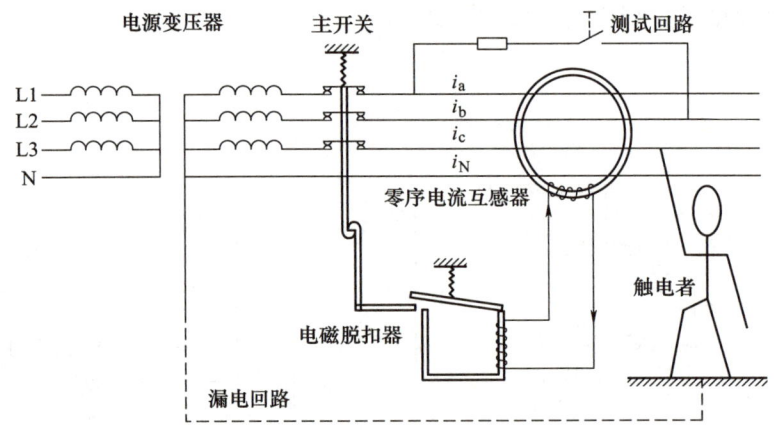

图 3-24　剩余电流保护器的工作原理

剩余电流保护器的额定电流有 10mA、30mA、50mA、100mA、300mA、500mA。其中额定电流为 10mA 的剩余电流保护器用来保护动物、儿童、浴室、游泳池等；额定电流为 30mA 的剩余电流保护器用来保护成年人的生命安全；额定电流为 50mA 以上的剩余电流保护器主要用来保护设备和厂房等免于火灾。

剩余电流保护器的电气符号与断路器的电气符号类似，只是在断路器的动触片上增加了一个小圆圈，但大部分场合仍然使用断路器的电气符号。

（6）按钮　按钮是人们常用的用来发布命令的电气元件。按钮也称为控制按钮或按钮开关，是一种典型的主令电器。其作用通常是短时间地接通或断开小电流（一般小于 5A）的控制电路，从而控制电动机或其他电气设备的运行。

常用按钮的外形如图 3-25 所示，一般为积木式两面拼装基座。按钮受到外力时，常开触点会显现绿色标识，常闭触点会显现红色标识。如果标识不清，可以利用万用表的欧姆档来测量按钮触点的为常开还是常闭，如图 3-26 所示。若没有对按钮施加外力时，万用表显示某两个接线端子间的电阻近似为 0，施加外力后两接线端子间的电阻近似为 ∞，则这两个接线端子间是一对常闭触点；若没有对按钮施加外力时，万用表显示某两个接线端子间的电阻近似为 ∞，施加外力后两接线端子间的电阻近似为 0，则这两个接线端子间是一对常开触点。

图 3-25 常用按钮的外形

按钮的触点数量可以按需要拼成 1 常开、1 常闭至 6 常开、6 常闭的形式。按钮的原理如图 3-27a 所示。根据原理示意图，按下按钮时，常闭触点先断开，然后常开触点闭合；松开按钮后，依靠复位弹簧使触点恢复常态，常开触点先恢复断开状态，然后常闭触点恢复闭合状态。按钮的电气符号如图 3-27b 所示。

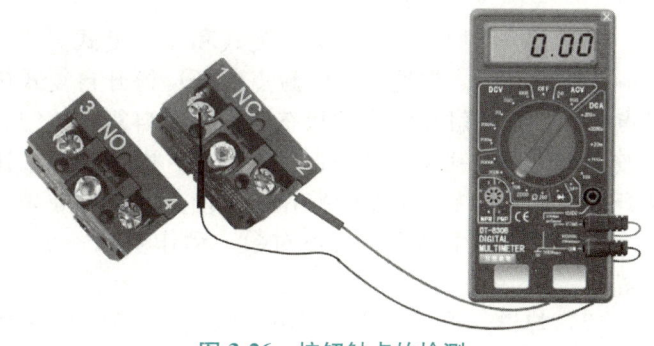

图 3-26 按钮触点的检测

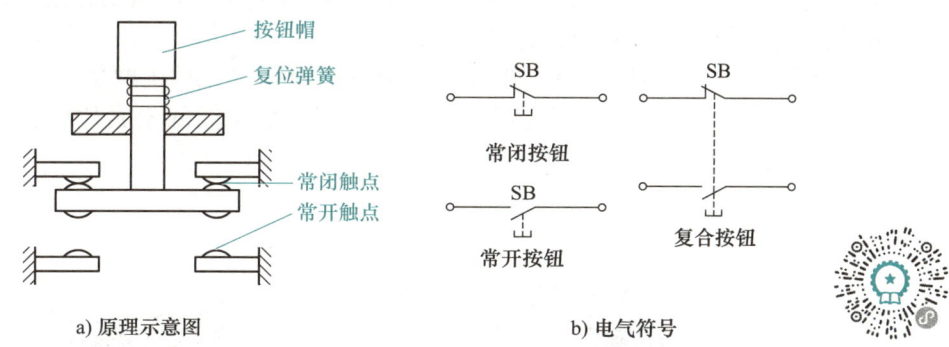

a) 原理示意图　　　　　　b) 电气符号

图 3-27 按钮的原理示意图及电气符号

按钮有带信号灯和不带信号灯两种。带有信号灯的按钮用透明塑料制成，可使操作人员通过灯光了解控制对象的运行状态，兼作信号灯使用，缩小了控制箱的体积。

为标明各个按钮的作用，避免误操作，通常将按钮做成红、绿、黑、蓝、白等颜色，以示区别。一般红色表示停止，绿色表示起动等，具体见表 3-5。

表 3-5　按钮颜色的含义

颜色	颜色含义	典型应用
红	急情出现时动作	急停
	停止或断开	①总停；②停止一台或几台电动机；③停止机床的一部分；④停止循环（如果操作者在循环期间按此按钮，机床在有关循环完成后停止）；⑤断开开关装置；⑥停止作用的复位
黄	干预	排除反常情况或避免不希望的变化。例如，当循环尚未完成，但需要把机床部件返回到循环起始点时，按黄色按钮可以超越预选的其他功能
绿	起动或接通	①总起动；②开动一台或几台电动机；③开动机床的一部分；④开动辅助功能；⑤闭合开关装置；⑥接通控制电路
蓝	红、黄、绿三种颜色未包含的任何特定含义	①红、黄和绿色含义未包括的特殊情况，可以用蓝色；②蓝色的作用是复位
黑、灰、白		除专用"停止"功能按钮外，可用于任何功能。例如，黑色为点动，白色为控制与工作循环无直接关系的辅助功能

另外，为满足不同控制和操作需要，按钮的结构型式也有所不同，如钥匙式、旋钮式、紧急式、保护式等。

按钮根据结构不同可分为自复式和非自复式。当按下自复式按钮时，下部弹簧被压缩，动触头将常开触点接通、常闭触点断开；松开自复式按钮时，弹簧的弹力将按钮恢复到常开触点断开、常闭触点闭合的状态。按下非自复式按钮时，常开触点接通、常闭触点断开的同时按钮的位置被锁住，且一直保持下去，即使松开按钮，常开触点依然闭合、常闭触点依然断开，直至通过专门的复位操作才能使其恢复到原来的常态。

按钮的选用主要根据触点对数、动作要求、是否需要带信号灯、使用场合以及颜色要求等。

（7）热继电器　一般情况下，电动机频繁起停操作或运转过程中负载过重（过载）或断相，都可能会引起电动机定子绕组中的负载电流长时间超过额定工作电流，而熔断器的保护特性使得熔丝可能暂时不会熔断，所以必须采用热继电器对电动机实行过载保护。有些场合，也可以利用热继电器实现电动机的断相保护。

常用热继电器的外形结构如图 3-28 所示。热继电器的热元件由两极（或三极）双金属片及缠绕在外面的电阻丝组成。双金属片是由热膨胀系数不同的金属片压合而成的，使用时，电阻丝直接反映电动机的定子回路电流。

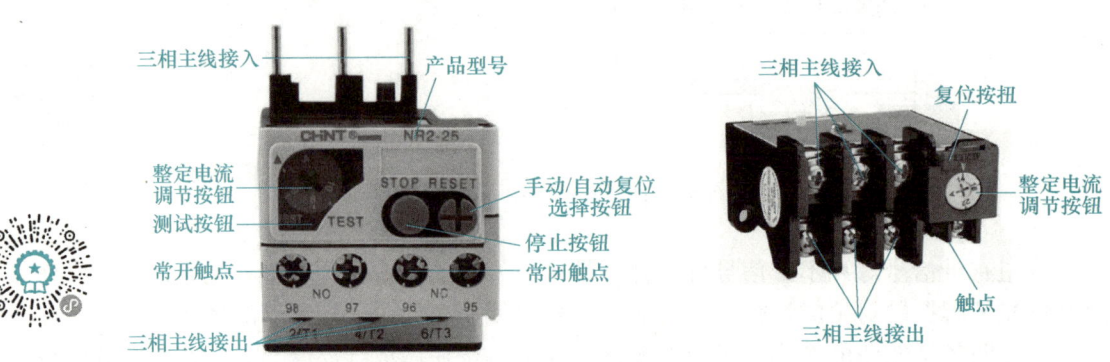

图 3-28　热继电器的外形结构

热继电器的工作原理及电气符号如图 3-29 所示。

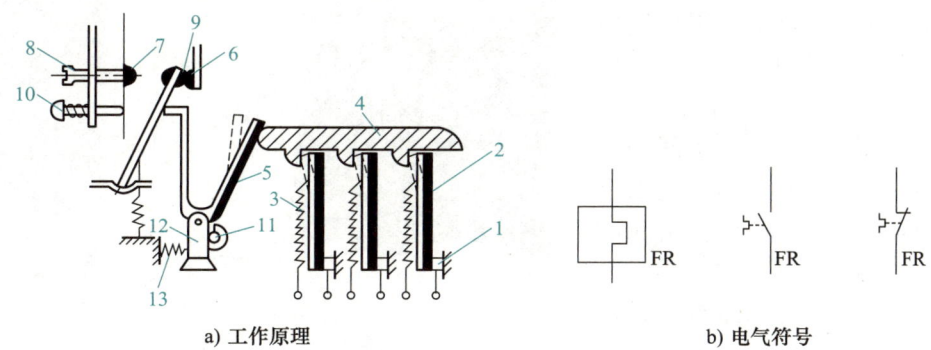

a) 工作原理　　　　　　　　b) 电气符号

图 3-29　热继电器的工作原理及电气符号

1—接线端子　2—主双金属片　3—热元件　4—推动导板　5—补偿双金属片　6—常闭触点
7—常开触点　8—复位调节螺钉　9—动触头　10—复位按钮　11—偏心轮　12—支撑件　13—弹簧

当电动机过载时，流过电阻丝（热元件）的电流增大，电阻丝产生的热量使金属片弯曲，经过一定时间后，弯曲位移增大，因而脱扣，使常闭触点断开，常开触点闭合。

热继电器触点动作切断电路后，电流为零，则电阻丝不再发热，双金属片冷却到一定值时恢复原状，于是常闭和常开触点复位。另外，有的热继电器具有手动/自动选择键，当选择手动复位时，触点在动作后不自动复位，而必须按动复位按钮才复位。这适用于某些要求故障未排除而防止电动机再次起动的场合。不能自动复位对检修时确定故障范围也是十分有利的。

热继电器触点的动作时间与热元件中所流经的电流的大小成反时限关系，两者之间的经验值见表 3-6。

表 3-6　热继电器的保护特性

热继电器整定电流倍数（与被保护设备额定电流之比）	1.0	1.2	1.5	6
动作时间	∞	<20min	<2min	>5s

热继电器的额定电流是指热元件的额定电流。原则上，热继电器的额定电流应约等于电动机的额定电流，但对于过载能力较差的电动机，其配用的热继电器的额定电流应适当小一些，一般选取热继电器的额定电流为电动机额定电流的 0.6~0.8。热继电器的额定电流可以在型号中查找，如图 3-30 所示。

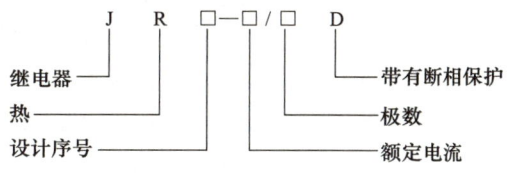

图 3-30　热继电器的型号含义

星形联结的电动机或电源对称性较好的电动机可选用两相式或三相式结构的热继电器；三角形联结的电动机应选用三相带断电保护的热继电器。

选定档位的热继电器，在使用前先对其外观、接线端子做检查并对其热元件及触点进行检测，如图 3-31 所示。

利用万用表的欧姆档分别检测热继电器的三组热元件。若测得的三组电阻值均为某一定值（一般热继电器的热元件电阻值为几十到几百欧姆），则热元件完好；若为无穷大，则说明这两点不是一组热元件的接线端子或热元件损坏。利用万用表的欧姆档检测热继电器的触点，若某两点间电阻近似为0，则该两点为一对常闭触点，另两个接线端子间为一对常开触点。现在很多热继电器上具有测试键，可以更为准确地对它的触点的状态进行检测和判断。

（8）接触器　接触器是一种应用很广泛的自动控制电气元件。它

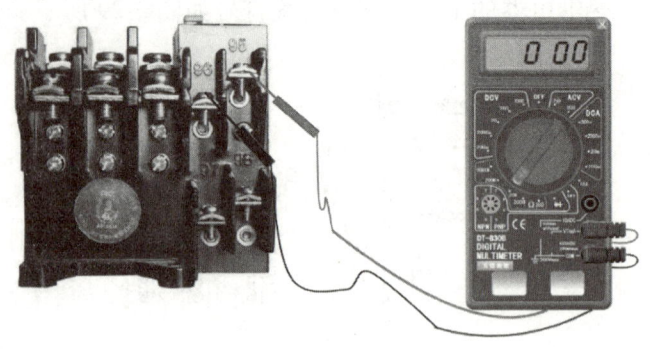

图3-31　热继电器的检测

可以用来频繁地远距离接通或断开大容量的交直流负载电路，具有在电源电压消失或降低到某一定值以下时自动释放而切断电路的零电压及欠电压保护功能。接触器按其主触点通过电流的种类不同，可分为直流接触器和交流接触器，在以三相交流异步电动机为被控对象的继电器-接触器控制电路中，多数采用交流接触器来完成电动机的起动和停止控制。

交流接触器主要由电磁系统、触点系统和灭弧装置及其他支持部件等组成。常见交流接触器的外形结构及主要组成如图3-32所示。

a) 交流接触器及辅助触点的外形结构　　b) 交流接触器的主要组成

图3-32　交流接触器的外形结构及主要组成

电磁线圈（吸力线圈）、动铁心（衔铁）和静铁心等组成了电磁系统，电磁系统主要用于产生电磁吸力。交流接触器的电磁线圈由绝缘铜导线绕制在铁心上，线圈的两个接线端子上一般标有A1、A2。为了接线方便，会在接触器的另一侧也安置一个A2的接线端子，如图3-33所示。交流接触器的铁心由硅钢片叠压而成，以减少铁心中的涡流损耗，避免铁心过热。在铁心上装有一个短路铜环，其作用是减少交流接触器吸合时产生的振动和噪声，故又称其为减振环，其材料为铜、康铜或镍铬合金等。

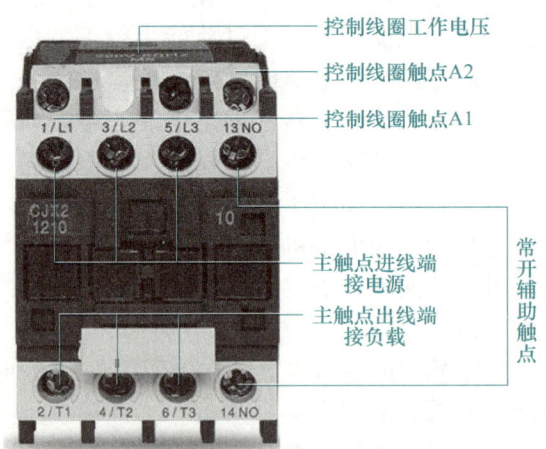

图3-33　交流接触器的接线端子

触点系统主要用于通断电路或传递信号。它分为主触点和辅助触点，主触点用于通断电流较大的主电路，一般由材质比较好的三对常开触点组成；辅助触点用于通断电流较小的控制电路，一般有常开和常闭各两种触点，常在控制电路中起电气自锁或互锁作用。

交流接触器的电气符号如图 3-34 所示。

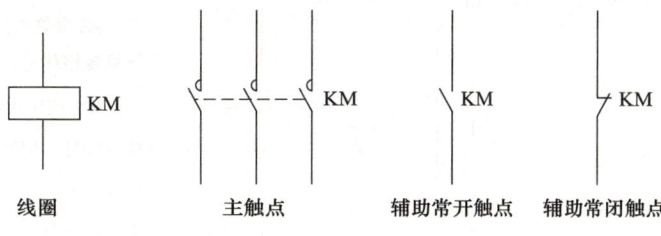

图 3-34 交流接触器的电气符号

灭弧装置用来熄灭触点在切断电路时所产生的电弧，保护触点不受电弧灼伤。在交流接触器中常采用的灭弧方法有电动力灭弧和栅片灭弧。

其他支持部件包括反作用弹簧、缓冲弹簧、传动机构、接线柱和外壳等。

为简要描述交流接触器的工作原理，将其转化为平面图，如图 3-35 所示。线圈得电以后，产生的磁场将静铁心 8 磁化，吸引动铁心 9，使它克服弹簧 10 的反作用力，向着静铁心运动，拖动触头系统运动，使得常开触点（14-24、11-21、12-22、13-23、15-25）闭合、常闭触点（16-26、17-27）断开。一旦电源电压消失或者显著降低，以致电磁线圈没有励磁或励磁不足时，动铁心就会因电磁吸力消失或过小而在弹簧 10 的弹力作用下释放，使得动触头与静触头脱离，触点恢复至线圈未通电时的状态。

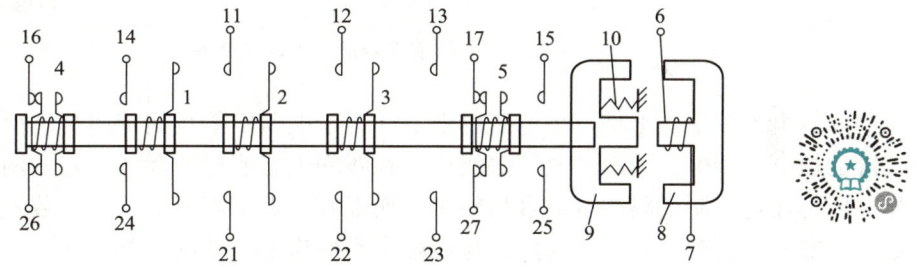

图 3-35 交流接触器的工作原理示意图

选用接触器时，首先要根据所控制的负载性质，选择直流接触器或交流接触器。接触器的额定电压应大于或等于所控制电路的电压。接触器的额定电流应大于或等于所控制电路的额定电流。对于电动机负载，可按下列经验公式计算

$$I_C = \frac{P_N \times 10^3}{KU_N}$$

式中，I_C 是接触器主触点电流，单位为 A；P_N 是电动机的额定功率，单位为 kW；U_N 是电动机的额定电压，单位为 V；K 是经验系数，一般取 1~1.4。

接触器的额定电流等重要参数可以通过型号进行查找，如图 3-36 所示。

另外，线圈的电压等级要根据控制回路的电压来选择，触点的数量和种类应满足主电路和控制电路的要求。

在完成交流接触器的选择后，首先要用万用表检测线圈的通断，用外力检测动铁心是否有机械性卡住，用万用表检测触点的通断，然后再进行安装接线。

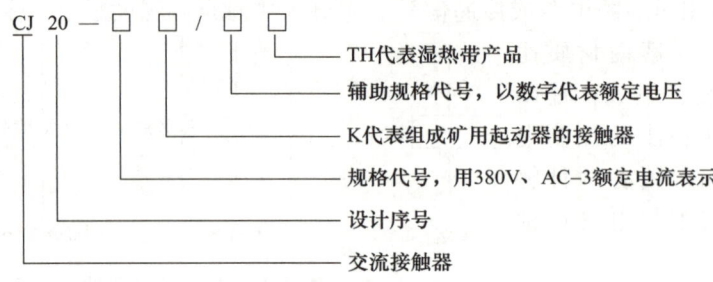

图 3-36　交流接触的基本型号

（9）中间继电器　当其他电气元件的触点对数不够用时，或者小功率的控制信号转换为大容量的触点动作以驱动电气执行元件工作时，可借助中间继电器来完成，有时也可用中间继电器控制小容量电动机的起动、停止。常见中间继电器的外形如图 3-37a 所示，电气符号如图 3-37b 所示，其文字符号为 KA 或者 K。

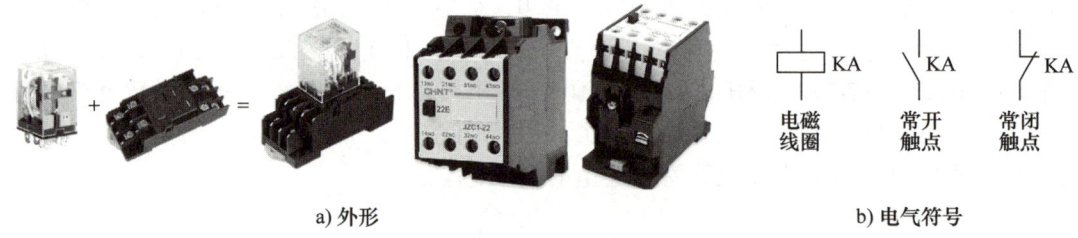

a) 外形　　　　　　　　　　　　　　　　　　　b) 电气符号

图 3-37　中间继电器的外形和电气符号

中间继电器在本质上是一个电压继电器，用于电路中信号的传递与转换。它的输入信号是线圈的通电或断电，线圈的电压等级往往在线圈上有明显的标注。它的输出信号是触点的动作，因为通过控制电路的电流容量较小，所以其触点不需要加装灭弧装置。为了扩充触点的数量，有时会有公共触点，对应的接线端子在底座上，如图 3-38 所示。

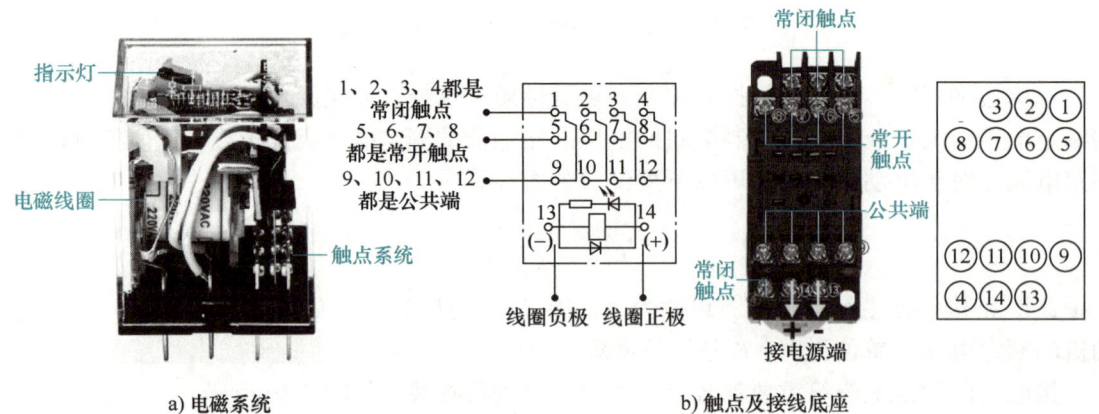

a) 电磁系统　　　　　　　　　　　　　　　　　　b) 触点及接线底座

图 3-38　中间继电器的电磁系统及触点接线

3. 三相交流异步电动机直接起动控制电路

（1）开关控制的三相交流异步电动机直接起动控制电路　在电动机功率比较小或者不需

要频繁起停的工作场合，比如控制设备中的冷却泵电动机和简易的砂轮电动机，可以用开关直接进行起停控制。图 3-39a 所示为利用刀开关起、停电动机的控制电路，图 3-39b 所示为利用组合开关起、停电动机的控制电路，图 3-39c 所示为利用断路器起、停电动机的控制电路。

接通开关，电动机 M 起动，开始旋转；断开开关，电动机 M 断电减速直至停转。开关控制的电动机只能单向起动和停止，并带动生产机械的运转部件朝一个方向运动。

（2）接触器控制的三相电动机直接起动的控制电路　在实际的工作中，需要对设备进行灵活控制，上述开关控制电路显然不能满足此项要求。因此，往往根据控制需求，对电动机采用以接触器为核心的控制电路。

1）电动机连续运转控制电路。当电动机起停控制比较频繁以及距离比较远时，比如机床的主轴运动，一般使用以接触器为控制核心的控制电路来实现连续运转，如图 3-40 所示。

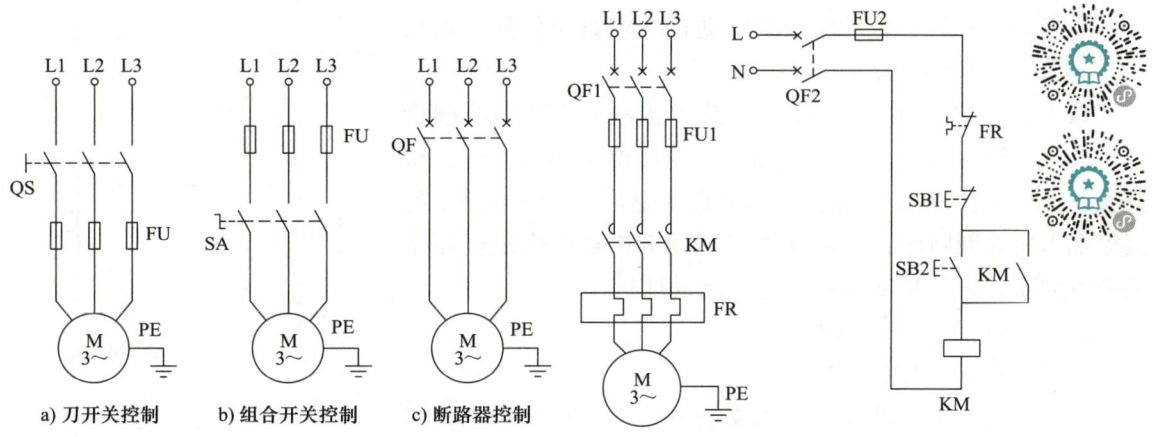

图 3-39　开关控制的三相交流异步电动机
　　　　连续运行的控制电路

a) 刀开关控制　　b) 组合开关控制　　c) 断路器控制

图 3-40　具有多种保护措施的电动机
　　　　连续运转控制电路

断路器 QF1 作为主电路的电源引入开关，断路器 QF2 作为控制电路的电源引入开关，负责电路与外接电源的联系，同时具有短路保护功能；有时还会接上熔断器进一步加强短路保护；热继电器具有过载保护功能；交流接触器负责主电路的通断和线圈的持续通电，同时具有失电压和欠电压保护功能。

合上电源引入开关 QF1、QF2 后，按下起动按钮 SB2，交流接触器 KM 的线圈得电，主触点闭合，电动机开始运转。同时，KM 的辅助触点闭合，使得 KM 的线圈不会因按钮 SB2 的松开而失电，可实现长时间的通电功能。按下停止按钮 SB1，KM 的线圈失电，触点恢复常态，电动机运行停止。

电动机运转、停车的动作流程可表述为：

$SB_2^{\pm} \rightarrow KM_{自}^{+} \rightarrow M^{+}$（运转）；

$SB_1^{\pm} \rightarrow KM^{-} \rightarrow M^{-}$（停车）。

其中"+"代表触点状态改变或线圈得电，"-"代表触点处于常态或线圈失电，"±"代表触点状态瞬间改变后立即恢复常态或线圈得电后立即失电，"$KM_{自}^{+}$"代表自锁触点闭合。

接触器 KM 的辅助触点称为自锁触点，该控制环节称为自锁控制环节，该控制电路称为自锁控制电路。自锁控制电路可以长时间工作，但需要热继电器 FR 做过载保护。在该控制电路中，电动机的起动和停止功能需要由两个按钮实现。

在运行过程中，当电动机出现短路时，断路器 QF 断开，电动机停止；当电动机出现过载时，热继电器 FR 的常闭触点断开，电动机停止；当电网电压过低或者停电时，交流接触器的线圈失电，电动机停止。

这种控制电路具有失电压（欠电压）、短路、过载多种保护措施，而且能够灵活地实现通、断电操作，是一种比较安全、可靠的控制电路，在电动机的控制电路中应用广泛。

2）三相交流异步电动机点动控制电路。在某些情况下，设备不需要长时间工作，比如机床加工前的对刀操作，要求短时间通电，以便将刀具对准。因此，在试车和对刀时，需要将电动机短时间通电的这种控制运动叫作点动控制。

点动控制是指按下按钮时电动机得电起动运转，松开按钮时电动机失电直至停转。点动控制电路如图 3-41 所示。

按下点动按钮 SB 后，控制回路中接触器 KM 的线圈得电，其主回路中的常开触点闭合，电动机得电起动运行；松开按钮 SB，按钮在复位弹簧作用下自动复位，控制电路中的接触器 KM 线圈断电，主电路中接触器 KM 触点恢复至原来的断开状态，电动机断电直至停止转动即：

运转：$SB2^+ \rightarrow KM^+ \rightarrow M^+$；

停转：$SB2^- \rightarrow KM^- \rightarrow M^-$。

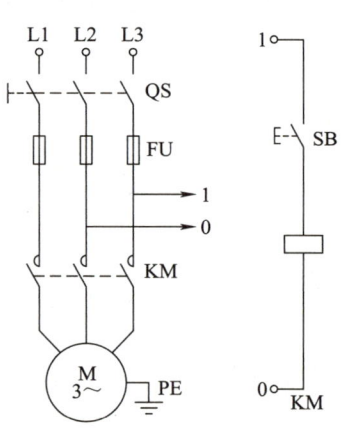

图 3-41　三相交流异步电动机点动控制电路

该电路能较灵活地控制三相交流异步电动机的点动，但有一定的不足：当熔断器熔断时，需更换熔断管，比较麻烦；控制电路（操作电路）的电压直接从主电路中引出，为 380V，对人体而言，存在一定的危险性。因此，在控制电路的设计中，往往将刀开关替换为断路器或剩余电流保护器。在发生短路等故障时，断路器直接跳闸，可减少熔断器的更换，有时也会附以熔断器形成两级短路保护；控制回路（操作电路）的 1 和 0 两个接线端子一般会采用较低电压（如 AC 220V、AC 36V 等），有时还会根据实际情况在控制回路中单独设置电源引入开关，如图 3-40 所示。当然接触器线圈电压必须与控制电路保持一致。

3）三相交流异步电动机既能点动又能连续运转的控制电路。有的时候，设备需要在对刀或试车成功后进行连续的加工操作，所以有的电动机要求既能实现点动控制，又能实现连续控制。电动机点动控制电路与连续运转控制电路的区别主要在于自锁触点是否成为接触器 KM 线圈通电的路径。所以，只要控制好了自锁触点的通电路径，就可以很好地控制电动机的点动或者是连续运转。

①组合开关控制的三相交流异步电动机既能点动又能连续运行的控制电路。利用组合开关自身触点的位置保持特点，可以使三相交流异步电动机既能连续运行又能点动控制，控制电路如图 3-42 所示。接通电源引入开关后，当组合开关 SA 断开时，按按钮 SB2，接触器 KM 线圈得电，主触点闭合，电动机运转，虽然自锁触点要闭合，但由于组合开关 SA 触点是断开的，所以不能提供自锁路径，为点动控制；当组合开关 SA 闭合时，按按钮 SB2 后可以提供自锁路径，为连续运行的控制。

图 3-42 所示电路的动作原理可简述为如下流程。

点动（SA 断开）：

SB2⁺→KM⁺→M⁺（运转）；

SB2⁻→KM⁻→M⁻（停车）。

连续运转控制（SA 闭合）：

SB2⁺→KM⁺自→M⁺（运转）；

SB1⁺→KM⁻→M⁻（停车）。

②按钮控制三相交流异步电动机既能点动又能连续运行的控制电路。利用按钮的复合触点，既能实现电动机的连续运转又能点动，控制电路如图 3-43 所示。

图 3-43 中，SB2 为连续运转

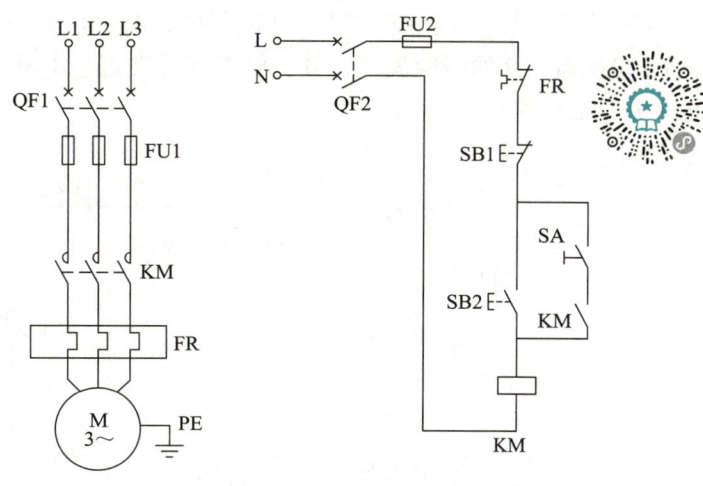

图 3-42　组合开关控制三相交流异步电动机点动和连续运行的控制电路

控制起动按钮，SB1 为停止按钮，SB3 为点动控制起动按钮。其中，按钮 SB3 使用了 1 对常开触点和 1 对常闭触点的复合触点。当按下按钮 SB3 时，它的常闭触点先断开接触器 KM 的自锁电路，然后常开触点闭合，使接触器 KM 线圈得电，其触点状态发生变化，电动机开始运行；松开按钮 SB3 时，它的常开触点先恢复至断开状态，使接触器 KM 线圈失电，其触点恢复常态，电动机得电停止转动后，按钮 SB3 的常闭触点才恢复至闭合状态，实现了三相交流异步电动机的点动控制。

图 3-43 所示电路的动作原理可简述为如下流程。

连续运转控制：

SB2⁺→KM⁺自→M⁺（运转）；

SB1⁺→KM⁻→M⁻（停车）；

点动运转控制：

SB3⁺→KM⁺→M⁺（运转，停车）。

③中间继电器控制三相交流异步电动机既能点动又能连续运转的控制电路。利用中间继电器控制的三相交流异步电动机既能连续运转又能点动的控制电路如图 3-44 所示。按下按钮 SB2，中间继电器 KA 的线圈得电，中间继电器 KA 的一

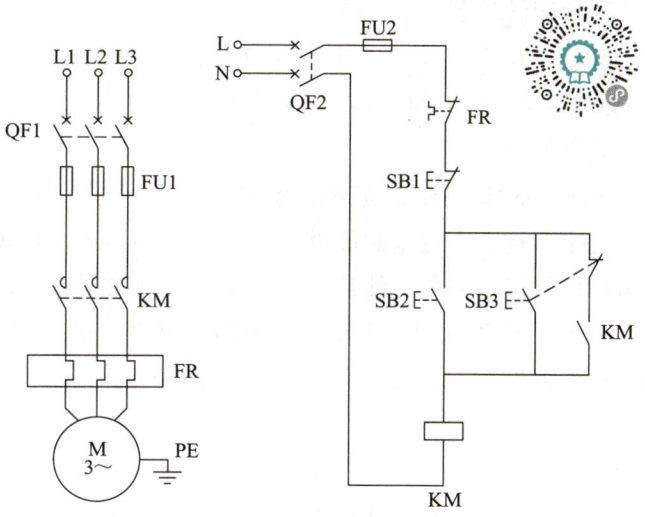

图 3-43　复合按钮控制的电动机连续运转和点动运转控制电路

对常开触点闭合实现自锁，另一对常开触点闭合使接触器 KM 线圈得电，进而使得接触器 KM 的主触点闭合，实现电动机的运转。直到按下按钮 SB1，中间继电器 KA 的线圈失电，其触点恢复常态，接触器 KM 的线圈随之失电，接触器 KM 的主触点断开，电动机停止转动，实现了三相交流异步电动机的连续运转控制。

按下按钮 SB3，接触器 KM 的线圈得电，其主触点闭合，实现电动机的运转；松开按钮 SB3，接触器 KM 的线圈失电，其主触点恢复常态，电动机停止转动，实现了三相交流异步电动机的点动控制。

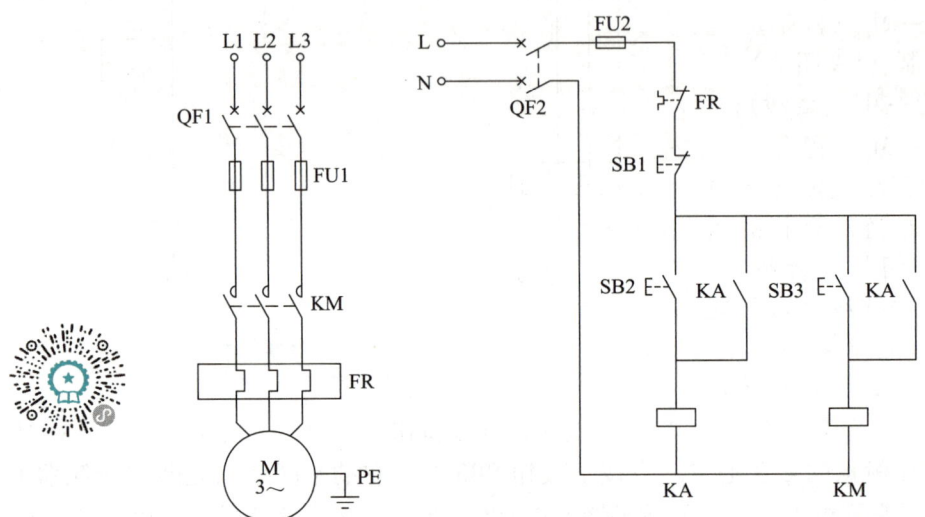

图 3-44　中间继电器控制三相交流异步电动机连续运转和点动控制电路

图 3-44 所示电路的动作原理可简述为如下流程。

连续运转控制：

SB2$^±$→KA$^+_{自}$→KM$^+$→M$^+$（运转）；

SB1$^±$→KA$^-$→KM$^-$→M$^-$（停车）；

点动控制：

SB3$^±$→KM$^±$→M$^±$（运转，停车）。

综上所述，上述电路能够实现电动机连续运转控制还是点动控制，根本原因在于能否保证 KM 线圈持续得电，使自锁触点闭合后为线圈提供带电路径。

（3）三相交流异步电动机的多地与多条件控制电路　在某些大型生产机械和设备中，为了操作方便，常会要求在多个地点进行控制操作；同时为了确保操作的安全性和可靠性，还会要求只有多个条件同时满足时，才能控制设备的状态。该控制称为电气设备的多地控制或者是多条件控制。

多地控制的特点是所有起动按钮的常开触点全部并联，即逻辑"或"的关系，按下任何一个起动按钮都可以起动三相交流异步电动机；所有停止按钮的常闭触点串联，即逻辑"与"的关系，按任何一个停止按钮都可以停止三相交流异步电动机的工作。三相交流异步电动机多地控制电路如图 3-45a 所示，SB1、SB2 是停止按钮，SB3、SB4 是起动按钮。

多条件控制的按钮的连接方法与多地控制刚好相反。如图 3-45b 所示，所有起动按钮的常开触点串联，只有起动按钮都按下时设备才能起动；停止按钮的常闭触点并联，所有停止按钮都按下时设备才会停止工作。

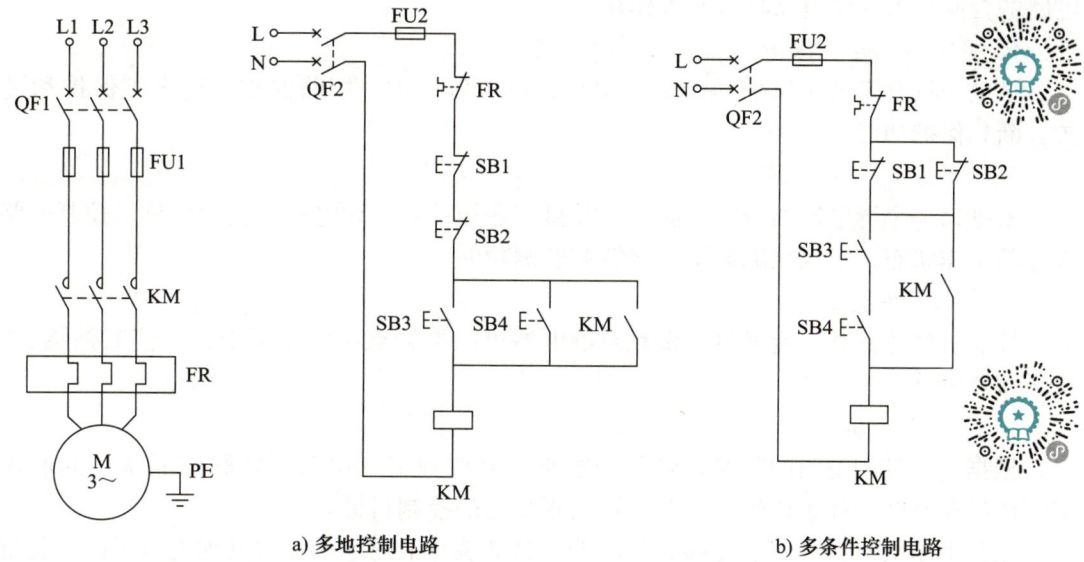

a) 多地控制电路　　　　　b) 多条件控制电路

图 3-45　三相交流异步电动机的多地与多条件控制电路

【你知道吗】

继电器有哪些特点？

各种接触器、继电器的使用，对电气控制技术的发展具有决定性的意义。各种接触器、继电器的操作方式彻底颠覆了开关设备只能近身操作的观念，开启了远距离电气操作的时代。继电器除具有开关功能外，还具有比较多的其他控制功能，这些功能为实现电气自动控制立下了汗马功劳。继电器具有以下特点。

1. 具有记忆功能

利用继电器的接点可以连接成自保持电路，即使控制信号消失，继电器仍然可以保持控制指令的状态，这就是继电器的记忆功能。继电器的记忆功能是实现自动控制的基本条件，在电气自动控制中应用相当普遍。

2. 动作速度快

继电器的动作一般由电磁铁控制，其动作时间一般只有零点几秒。继电器的动作速度比其他机械结构的开关电器快，有利于减小电弧，可用于电压较高、电流较大的控制场合。

3. 可以实现较远距离控制

继电器的控制回路中电流很小，因此在控制回路导线截面积一定的情况下，电压降很小，所以可以进行较远距离的控制。

4. 可以实现非电量的控制

利用时间继电器可以实现对时间的控制；利用速度继电器可以实现对速度的控制；利用温度继电器可以实现对温度的控制；利用干簧式或磁保持继电器可以实现对磁场的控制；利用步进继电器可以实现顺序控制等。继电器对非电量的控制，较大地扩展了电气自动控制的应用领域。

5. 具有放大作用

继电器利用工作电流很小的控制回路来控制通断能力很强的主接点，可以实现对大功率电路的控制，因此继电器具有放大作用。

6. 可以实现各种保护

继电器具有失电压保护和欠电压保护，过电压保护、短路保护、过电流保护和过载保护，断相保护功能。

7. 可以实现监测功能

根据每一个继电器的控制功能，将其接点连接信号灯和电铃，就可以显示控制电路各个部分的工作状态，实现故障显示、报警和监测功能。

8. 扩大控制范围

控制信号达到某一定值时，多触点继电器可以按触点组的不同形式，同时换接、断开、接通多路电路。

9. 综合信号功能

根据电气控制逻辑的需要，将多个控制信号按规定（串联、并联或混联）的形式输入多绕组继电器时，经过比较、综合，可实现预定的控制目标。

正是由于继电器具有上述强大的功能，自动装置上的继电器与其他电器可以一起组成控制电路，从而实现自动化运行。也正是由于继电器的出现，人类才第一次实现了电气控制自动化。因此，继电器的运用在电气控制的发展史上具有里程碑的意义。

项目 4
PROJECT 4

物料运输系统控制电路设计与装调

【项目导入】

1. 学习任务

顺序控制是指生产设备中多台三相交流异步电动机按预先设计好的次序先后起动或停止的控制，一般采用电气元件的触点来确保实现顺序控制。顺序控制除满足工艺要求外，有时也是为了避免多台电动机同时起动或停止对电网造成较大的冲击。

设备实现顺序控制可能是手动命令的原因，也可能是时间、位置等因素，因此所用实现顺序控制的电气元件也有所不同。

本项目将通过物料运输系统控制电路为对象，学习三相交流异步电动机和信号灯顺序控制电路的分析、设计及优化、安装与调试等相关知识与技能，具体内容如下。

某物料运输系统可以将高处物料传送到低处。该系统从高到低由三级传送带组成，三级传送带分别由三台三相交流异步电动机拖动。三台三相交流异步电动机的技术参数均为：$P_N = 5.5 \text{kW}$，$U_N = 380\text{V}$，$I_N = 11.7\text{A}$，$n_N = 1440\text{r/min}$。为避免物料在传送带上堆积造成传送带受损，当发出起动命令时，最低处传送带电动机 M1 起动 10s 后，电动机 M2 起动，带动中间传送带起动；当中间传送带运行 10s 后，第三台电动机 M3 带动最上面一级传送带开始运行，三级传送带配合进行物料传送。传送结束时，按下停止按钮，电动机 M3 立即停止，最上面传送带停止传送；间隔 12s 后，电动机 M2 停止，中间层传送带停止传送；再经过 12s，电动机 M1 停止，最下面传送带停止传送。试设计满足该控制要求的电气控制原理图，选取合适的电气元件进行安装并调试成功。

2. 学习目标

（1）知识目标

了解三相交流异步电动机顺序联锁控制的基本方法和特点，时间继电器的结构、工作原理、电气符号及选用方法，三相交流异步电动机顺序控制的实现方法、电路组成及装调方法。

（2）技能目标

能够根据要求调整时间继电器参数并正确使用，能够正确分析顺序控制电路的工作原理；能够根据任务要求设计合理的三相交流异步电动机顺序控制电路，能够根据电气原理图对三相交流异步电动机顺序控制电路进行安装并调试成功。

（3）素养目标

通过顺序控制相关电气控制原理图的分析、设计、装调，培养对事情按一定的原则进行梳理的能力，加强时间意识、自我约束和管理意识，学会灵活运用所学知识与技能分析问题、解决问题；通过对古代四大计时工具的了解，增强民族自豪感。

【信息获取】

学习任务 4-1　按钮控制下三相交流异步电动机顺序控制电路分析与装调

小提示：在工程实际中，约定好的顺序是必须要遵循，如果未按照操作顺序操作，设备应该不会响应。如何通过电气控制电路的设计，确保顺序的严格执行呢？

问题引导 1：什么是三相交流异步电动机的顺序控制？

_____

_____

问题引导 2：三相交流异步电动机的顺序控制有哪些优点？

_____

_____

问题引导 3：实现顺序控制的电气元件的触点又称为什么触点？

_____

_____

问题引导 4：甲、乙两个接触器，若要实现甲起动工作后乙才起动工作，则电气控制电路该如何设计？

_____

_____

_____

问题引导 5：甲、乙两个接触器，若要实现甲停止工作后乙才停止工作，则电气控制电路该如何设计？

_____

_____

_____

问题引导 6：用一个接触器控制两台电动机的起动与停止，会出现哪些问题？

_____

_____

 练一练

某专用机床中有液压泵电动机 M1 和主轴电动机 M2，已知 $U_{1N} = U_{2N} = 380V$、$P_{1N} = 1.5kW$、$P_{2N} = 4kW$、$I_{1N} = 3.2A$、$I_{2N} = 8.8kW$，其控制要求为：1）液压泵电动机 M1 起动后主轴电动机 M2 才能起动，主轴电动机 M2 不能单独先行起动；2）液压泵电动机 M1 不能先于主轴电动机 M2 停止，一旦液压泵电动机 M1 停止，则主轴电动机 M2 也要停止工作；3）具有必要的短路、过载、失电压/欠电压保护措施，电气原理图如图 4-1 所示。认真分析其工作原理后在电气原理图 4-1 中按照等电位原则标注出电位号，选择合适的电气元件，按照工艺要求进行安装并调试成功。

1. 在电气原理图 4-1 中标出等电位号。

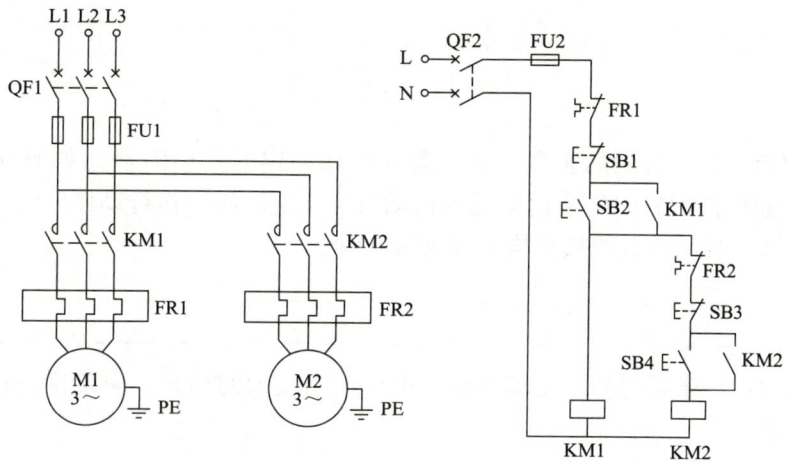

图 4-1　电气原理图

2. 填写主要元件明细表 4-1。

表 4-1　元件明细表

序号	名称	型号与规格	单位	数量	备注
1	断路器 QF1				
2	断路器 QF2				
3	交流接触器 KM1				
4	交流接触器 KM2				
5	热继电器 FR1				
6	热继电器 FR2				
7	按钮 SB1				
8	按钮 SB2				
9	按钮 SB3				
10	按钮 SB4				
11	熔断器 FU1				
12	熔断器 FU2				

3. 参考电气布置图图 4-2 绘出电气安装接线图。

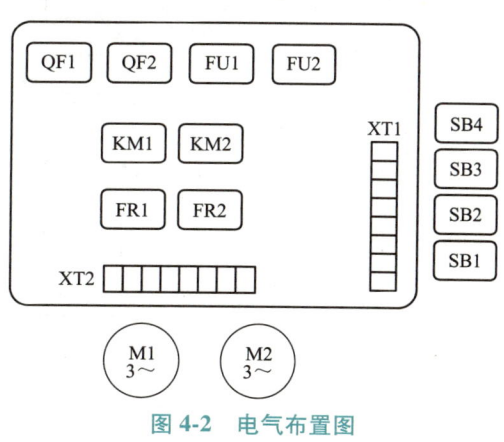

图 4-2　电气布置图

4. 按照工艺要求进行电气控制电路的安装与调试，直至调试成功。

注意：不可带电安装设备或连接导线，断开电源后才能进行故障处理。通电检查和试车时必须通知指导教师及附近人员，在有指导教师现场监护的情况下才能通电试车。

学习任务 4-2　时间继电器控制下三相交流异步电动机顺序控制电路分析与装调

小提示：顺序控制的实现，有时需要依据一定的变量因素（如时间）来自动实现。那么，该如何依据时间的变化使设备自动按照一定的顺序执行动作呢？

问题引导 1：时间继电器从结构上分为哪几种？
_____
_____

问题引导 2：对于延时精度要求不高、电压波动较大的场合，应该优先选用哪种类型的时间继电器？
_____
_____

问题引导 3：电子式时间继电器中一般有没有瞬动触点？如何绘制它的延时触点？
_____
_____

问题引导 4：通电延时时间继电器的常开触点的动作情况是怎样的？
_____
_____

问题引导 5：图 4-3 是某时间继电器接线端子的功能示意图，它是通电延时型还是断电延时型？各接线端子之间如何使用？
_____
_____

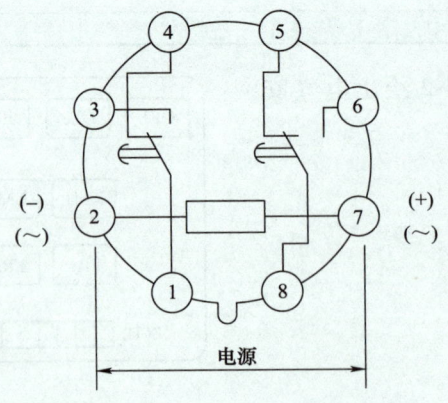

图 4-3　时间继电器接线端子

 练一练

某机床中两台三相交流异步电动机 M1、M2，$U_{1N} = U_{2N} = 380\text{V}$、$P_{1N} = 4\text{kW}$、$P_{2N} = 1.5\text{kW}$，$I_{1N} = 8.8\text{A}$，$I_{2N} = 3.2\text{A}$，电网允许其直接单方向连续起动，但要求 M1 起动 10s 后 M2 才能起动。请利用等电位原则在如图 4-4 所示的电气原理图中标出等电位号，选择合适的电气元件后按照工艺要求进行安装并调试成功。

1. 参考电气原理图 4-4 标出电位号。

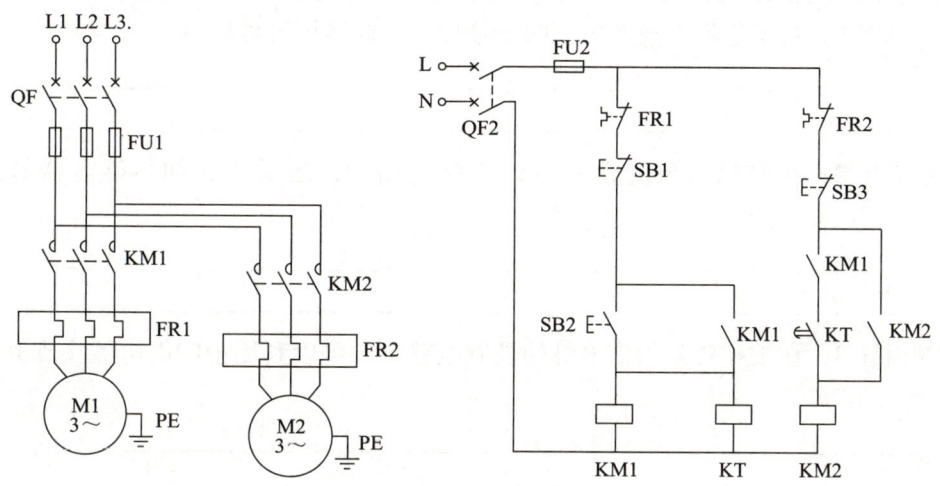

图 4-4 电气原理图

2. 填写主要元件明细，见表 4-2。

表 4-2 元件明细表

序号	名称	型号与规格	单位	数量	备注
1	断路器 QF1				
2	断路器 QF2				
3	交流接触器 KM1				
4	交流接触器 KM2				
5	热继电器 FR1				
6	热继电器 FR1				
7	按钮 SB1				
8	按钮 SB2				
9	按钮 SB3				
10	时间继电器 KT				
11	熔断器 FU1				
12	熔断器 FU2				

3. 绘出电气布置图及电气安装接线图。

4. 按照工艺要求进行电气控制电路的安装与调试，直至调试成功。

注意：不可带电安装设备或连接导线；断开电源后才能进行故障处理。通电检查和试车时必须通知指导教师及附近人员，在有指导教师现场监护的情况下才能通电试车。

学习任务 4-3　信号灯控制电路分析与装调

小提示：在智能控制系统中，为了加强人机之间的交互，有时会使用相应信号灯的亮、灭、闪烁等展示设备的工作状态。在电气控制系统中，如何实现信号灯的控制呢？

问题引导 1：对于危险或报警所用的信号灯，一般选用哪种颜色？
_____
_____

问题引导 2：在被控对象为信号灯的控制电路中，还需要添加热继电器做过载保护吗？
_____
_____

问题引导 3：在被控对象为信号灯的控制电路中，可以利用中间继电器实现其通断控制吗？
_____
_____

练一练

某设备中的三盏信号灯的控制电路如图 4-5 所示，信号灯额定电压为 AC36V。按照等电位的原则标出电位号，然后选出合适的电气元件，按照工艺要求安装并调试成功。

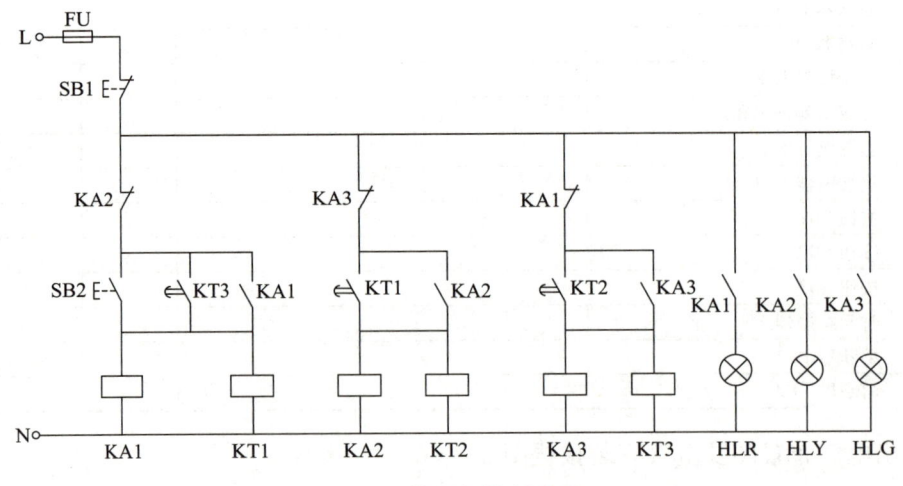

图 4-5　信号灯控制电路

1. 试用一句话阐述该电气控制电路中三盏灯的工作特点。

2. 按照等电位的原则在电气原理图 4-5 中标出电位号。
3. 填写表 4-3，列出主要元件明细并逐一检查电气元件。

表 4-3　元件明细表

序号	名称	型号与规格	单位	数量	备注
1	熔断器 FU				
2	按钮 SB1				
3	按钮 SB2				
4	时间继电器 KT1				
5	时间继电器 KT2				
6	时间继电器 KT3				
7	信号灯 HLR				
8	信号灯 HLY				
9	信号灯 HLG				
10	中间继电器 KA1				
11	中间继电器 KA2				
12	中间继电器 KA3				

（1）时间继电器 KT1 的线圈的电压等级为_____，接线端子的编号为_____，所选常开触头的编号为_____。

（2）KT2 的线圈的电压等级为_____，接线端子的编号为_____，所选常开触点的编号为_____。

（3）KT3 的线圈的电压等级为_____，接线端子的编号为_____，所选常开触点的编号为_____。

（4）中间继电器 KA1 的线圈的电压等级为_____，编号为_____，所选常开触点的编号为_____，所选常闭开触点的编号为_____。

（5）中间继电器 KA2 的线圈的电压等级为_____，编号为_____，所选常开触点的编号为_____，所选常闭开触点的编号为_____。

（6）中间继电器 KA3 的线圈的电压等级为_____，编号为_____，所选常开触点的编号为_____，所选常闭开触点的编号为_____。

4. 绘出电气布置图。
5. 按照工艺要求进行电气控制电路的安装与调试，直至成功。

注意：不可带电安装设备或连接导线；断开电源后才能进行故障处理。通电检查和试车时必须通知指导教师及附近人员，在有指导教师现场监护的情况下才能通电试车。

【项目实施】

1）小组相互讨论三相交流异步电动机顺序控制方法，在充分分析并吸取其他小组汇报的工作计划及教师点评的基础上，小组内部进行多次讨论，对工作计划不断进行修改完善，基本按照如下流程制定相关计划：明确控制要求→设计电气原理图→选用电气元件→准备并检查实训设备及器材→布局并安装实训器材→安装电气控制电路→通电试车→分析并排除故障,直至调试成功。

2)设计并正确绘制电气原理图,然后按等电位原则标注电位号。

注意:小组成员各自初步制定设计方案,然后小组集中讨论并提出自己的看法,最终在教师指导下评出最佳方案。

3)填写表4-4,列出仪器仪表、工具、耗材等所需设备清单。若表格行数不够,请自行增加。

表4-4 物料运输系统控制电路设计与装调项目元件明细表

序号	名称	型号与规格	单位	数量	备注
1					
2					
3					
4					
5					
6					
7					

4)根据所做设计并结合实训实际情况绘制电气布置图及电气安装接线图。

5)按照工艺要求进行电气控制电路的安装与调试,直至调试成功。

注意:不可带电安装设备或连接导线,断开电源后才能进行故障处理。通电检查和试车时必须通知指导教师及附近人员,在有指导教师现场监护的情况下才能通电试车。

【项目评价与反思】

项目完成后,教师综合个人和小组同学在项目完成过程中的表现以及项目完成的情况,对学生做出客观评价,认真填写表4-5。同时指出成功与不足,明确学习的重点和后期的改进方向。

表 4-5　物料运输系统控制电路设计与装调项目评价表

主要内容		评分标准	配分	扣分	得分
职业素养	信息检索	能根据工作需要有效利用网络、图书资源、工作手册查找有用的相关信息	5 分		
	仪态表达	仪态自然，吐字清晰；思路清晰，层次分明，表达准确	5 分		
	团队精神	积极主动参与工作，与教师、同学之间相互尊重、理解，保持多向、丰富、适宜的信息交流；能提出有意义的问题或发表个人见解；能够倾听别人意见、协作共享	5 分		
	学习方法	学习方法得当，有工作计划；探究式学习、自主学习不流于形式，处理好合作学习和独立思考的关系，做到有效学习	5 分		
	工作过程	遵守管理规程，操作过程符合现场管理要求；善于从多角度分析问题，能主动发现、提出有价值的问题；能够正确地完成工作任务	10 分		
知识与技能	原理图设计	1. 电气原理图功能无法实现，每处扣 5 分，扣完为止 2. 电气符号绘制错误，每处扣 2 分，扣完为止 3. 未能按等电位原则进行电位号标记，每处扣 2 分，扣完为止	15 分		
	电气元件的选择及安装	1. 按钮颜色选错，每次扣 2 分，扣完为止 2. 元件规格选择错误，每个扣 2 分，扣完为止 3. 电气元件安装位置不符合要求，每处扣 2 分，扣完为止	10 分		
	电气控制电路安装工艺	1. 导线走线不符合要求，出现交叉，每处扣 1 分，扣完为止 2. 少接或多接一根导线，每处扣 1 分，扣完为止 3. 该过而未过端子排，每处扣 1 分，扣完为止 4. 号码管错误或未套，每处扣 1 分，扣完为止 5. 导线端子有毛刺，每处扣 1 分，扣完为止	10 分		
	电气控制电路功能调试	1. 不能实现 M1 的起动控制，扣 4 分 2. 不能实现 M2 的延时起动控制，扣 4 分 3. 不能实现 M3 的延时起动控制，扣 4 分 4. 不能实现 M1 的延时停止控制，扣 4 分 5. 不能实现 M2 的延时停止控制，扣 4 分 6. 不能实现 M3 的延时停止控制，扣 4 分 7. 没有手动停止控制功能，扣 2 分 8. 每修改一次控制电路，扣 5 分，直至通电成功或扣完为止	25 分		
	安全文明生产	1. 考试过程中，违反安全文明考核要求，每处扣 2 分，扣完为止 2. 当考生被考评员发现有重大事故隐患时，予以制止后，每次扣 5 分，扣完为止	10 分		
备注	考试时间		考评员签字	成绩	
总结与反思					

【思考与提高】

一、选择题

1. 甲、乙两个接触器，若要实现甲工作后乙才工作，则应_____。
   A. 在甲接触器的线圈电路中串入乙接触器的常开触点
   B. 在乙接触器的线圈电路中串入甲接触器的常开触点
   C. 在甲接触器的线圈电路中串入乙接触器的常闭触点

2. 工业控制场景下所要求的设备的顺序控制_____。
   A. 通过操作人员掌控起动与停止的先后顺序
   B. 可以不严格遵守，具有一定的随意性
   C. 需要借助电气控制电路的设计严格遵守，不能违反

3. 在延时精度要求不高、电压波动较大的场合，应选用_____时间继电器。
   A. 空气阻尼式   B. 晶体管式   C. 电动式

4. 时间继电器的作用是_____。
   A. 短路保护   B. 过电流保护   C. 延时通断控制回路

5. 电子式时间继电器的特点包括_____。
   A. 精度高   B. 体积大   C. 工作不可靠

6. 空气阻尼式时间继电器的特点是_____。
   A. 结构复杂   B. 寿命长   C. 价格高

7. 时间继电器具有_____。
   A. 主触点   B. 辅助触点   C. 延时触点

8. 通电延时时间继电器的动作情况是_____。
   A. 线圈通电时触点延时动作，断电时触点瞬时动作
   B. 线圈通电时触点瞬时动作，断电时触点延时动作
   C. 线圈通电时触点不动作，断电时触点瞬时动作

9. 断电延时型时间继电器的线圈通电时，它的常开触点_____。
   A. 延时闭合   B. 瞬间闭合   C. 瞬间断开

10. 通电延时时间继电器_____。
    A. 线圈通电前开始延时   B. 线圈通电时开始延时   C. 线圈断电后开始延时

11. 在下列电气符号中，表示断电延时型时间继电器触点的是_____。

    A.   B.   C.

二、分析题

1. 在断电延时型时间继电器的线圈通电的一瞬间，它的常开触点会不会立即闭合？在其线圈断电的一瞬间，它的常开触点会不会立即断开？

2. 通电延时型时间继电器的线圈通电的一瞬间，它的常开触点会不会立即闭合？在其

线圈断电的一瞬间，它的常开触点会不会立即断开？

3. 时间继电器没有瞬动触点，如果要实现时间继电器线圈的持续带电，该如何实现自锁？

4. 控制电路工作的准确性和可靠性是电路设计的核心和难点，在设计时必须特别重视。试分析如图 4-6 所示的控制电路是否合理。如果不合理，请改之。

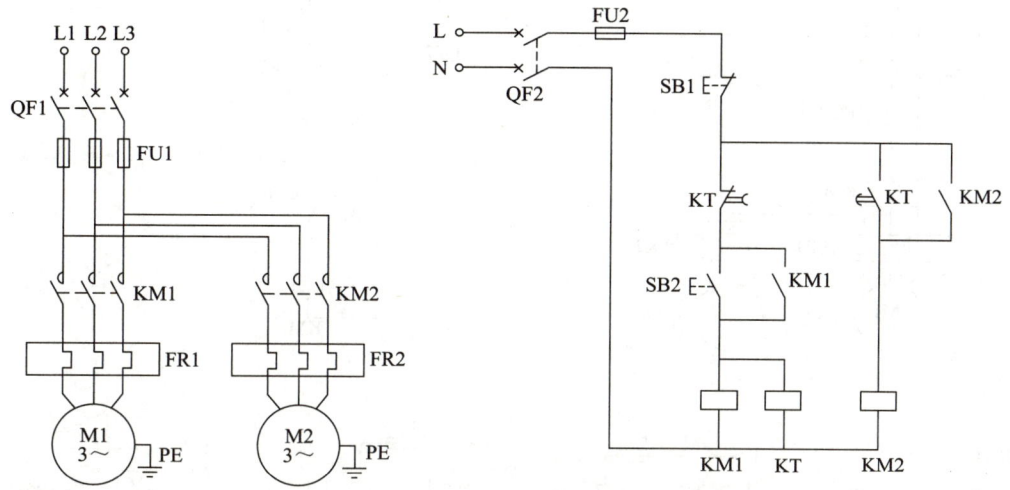

图 4-6 控制电路图

三、设计题

1. 某机床的液压泵电动机 M1 和主轴电动机 M2，电网允许其全压起动，有如下的要求：(1) 必须先起动液压泵电动机 M1，然后才能起动主轴电动机 M2；(2) 主轴电动机 M2 可以单独停转；(3) 液压泵电动机 M1 停转时，主轴电动机 M2 也应自动停转。电气控制电路原理图该如何设计？

2. 有两盏信号灯 HLG 和 HLY，按下起动按钮后，两盏灯交替循环点亮，每盏灯亮的时间是 4s，直到按下停止按钮，两盏灯才会熄灭。那么，信号灯的控制电路应该如何设计？

3. 完成某专用机床中液压泵电动机 M1 和主轴电动机 M2 的控制。试画出电气控制原理图。对电动机 M1、M2 有如下控制要求：(1) 接通电源后，首先起动液压泵电动机 M1，10s 后才能起动主轴电动机 M2；(2) 主轴电动机 M2 可单独停转，但若液压泵电动机 M1 停转，则主轴电动机 M2 一起停；(3) 两台电动机的运转状态均由信号灯进行指示。

【相关知识】

一、按钮控制下三相交流异步电动机顺序控制电路

1. 同时起动、同时停止的控制电路

两台三相交流异步电动机同时起动、同时停止的控制电路如图 4-7 所示。

其中，图 4-7a 所示为一个接触器控制两台（或多台）电动机同时起动、同时停止的控制电路，图 4-7b 所示为两个（或多个）接触器分别控制两台（或多台）电动机同时起动、同时停止的主电路，图 4-7c、d、e 所示为两个（或多个）接触器分别控制两台（或多台）电动机同时起动、同时停止的控制电路，其中图 4-7c 中的自锁触点 KM 表示可以使用 KM1 或 KM2 中的任何一个。

电机与电气控制技术

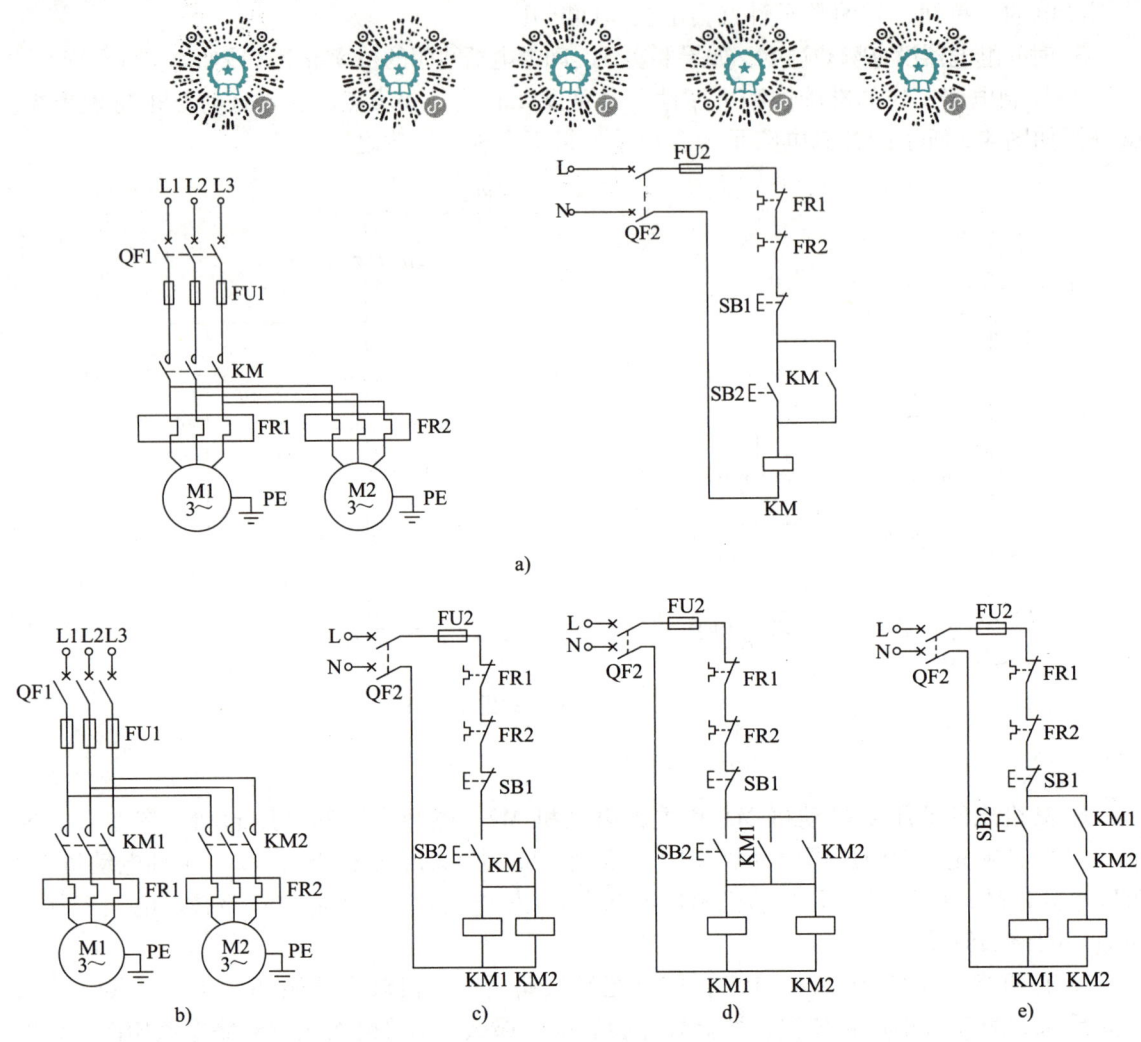

图 4-7 同时起动、同时停止的控制电路

图 4-7a 所示电路的不足之处是接触器的主触点通过两台（或多台）电动机的定子电流，因而对其容量有一定的要求。图 4-7c 所示只用其中一个接触器的常开触点进行自锁控制。图 4-7d 所示用两对（或多对）接触器常开触点并联进行自锁控制，图 4-7e 所示用两对（或多对）接触器常开触点串联进行自锁控制。一般情况下，在工程实际中采用图 4-7e 所示电路的较多。

2. 顺序起动、同时停止的控制电路

三相交流异步电动机顺序起动、同时停止的控制电路如图 4-8 所示。电动机 M1 起动运行之后，电动机 M2 才允许起动，并且两台电动机同时停止。

图 4-8b 所示的控制电路通过接触器 KM1 的自锁触点来制约接触器 KM2 线圈的得电。只有在接触器 KM1 线圈得电使其触点动作后，接触器 KM2 线圈才可能通过按钮 SB3 的命令得电使其触点动作。

图 4-8c 所示的控制电路通过接触器 KM1 的联锁触点来制约接触器 KM2

线圈的得电，也只有在接触器 KM1 线圈得电使其触点动作后，接触器 KM2 线圈才可能通过按钮 SB3 的命令得电使其触点动作。

图 4-8d 所示电路，不仅可以实现两个接触器线圈的顺序得电和同时失电，还可以实现接触器 KM2 线圈的单独失电。

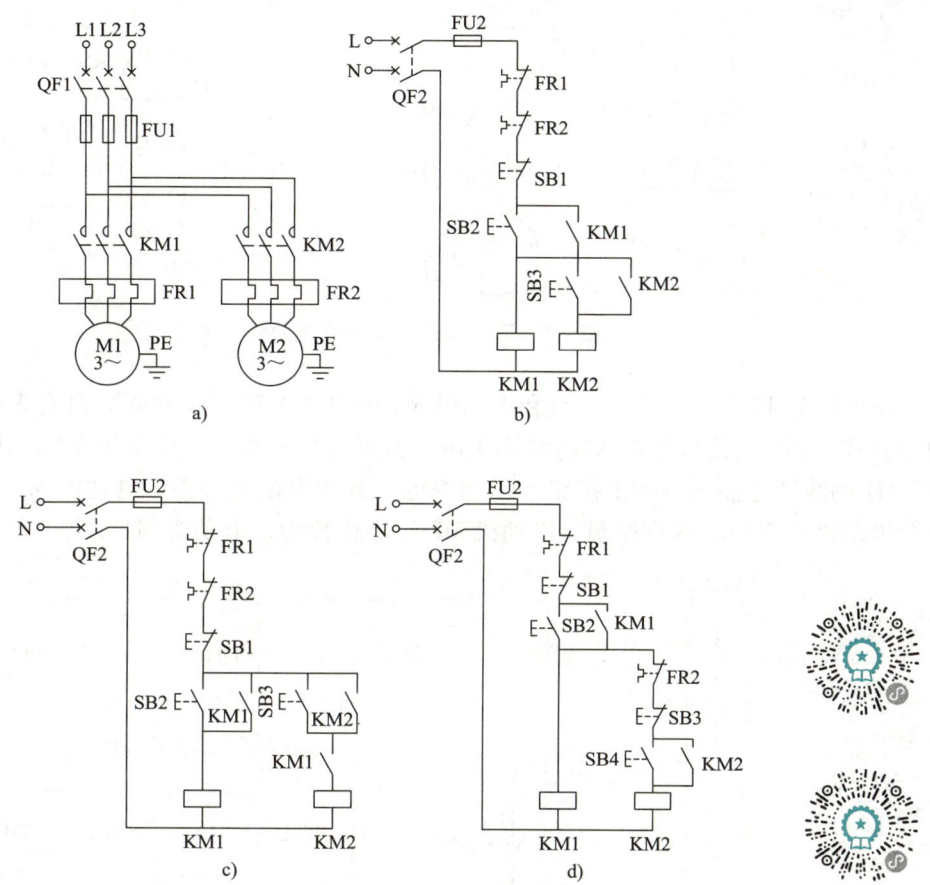

图 4-8 顺序起动、同时停止的控制电路

3. 同时起动、顺序停止的控制电路

两台三相交流异步电动机同时起动、顺序停止的控制电路如图 4-9 所示。

按下起动按钮 SB2，接触器 KM1 线圈得电使其触点状态改变，同时接触器 KM2 线圈得电，二者的主触点闭合，使得两台三相交流异步电动机同时起动。只有接触器 KM1 线圈失电，其触点恢复常态，电动机 M1 断电停止转动后，再按下按钮 SB3，才会使接触器 KM2 线圈失电，其触点恢复常态，电动机 M2 停止转动。

4. 顺序起动、逆序停止的控制电路

两台三相交流异步电动机顺序起动、逆序停止的控制电路如图 4-10 所示。

接触器 KM1 的常开触点串联在接触器 KM2 的线圈支路中。只有按下起动按钮 SB2，使接触器 KM1 线圈得电，其触点状态变化，电动机 M1 先转动起来后，接触器 KM2 的线圈才能通过按下按钮 SB4 而得电，从而其触点状态变化，电动机 M2 才能起动。两台电动机实现顺序起动控制，电动机 M1 先起动，电动机 M2 后起动。

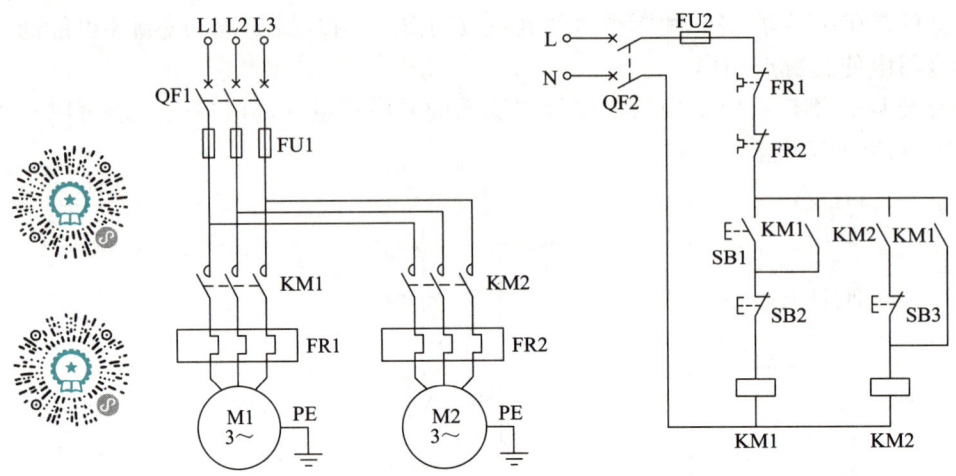

图 4-9　同时起动、顺序停止的控制电路

接触器 KM2 的一对常开触点和电动机 M1 的停止按钮 SB1 并联。只有先按下电动机 M2 的停止按钮 SB3，使接触器 KM2 线圈失电，其触点恢复常态，电动机 M2 停止转动后，接触器 KM1 的线圈才能通过按下按钮 SB1 而失电，其触点恢复常态，电动机 M1 才能停止转动。两台电动机实现逆序停止控制，电动机 M2 先停止转动，电动机 M1 后停止转动。

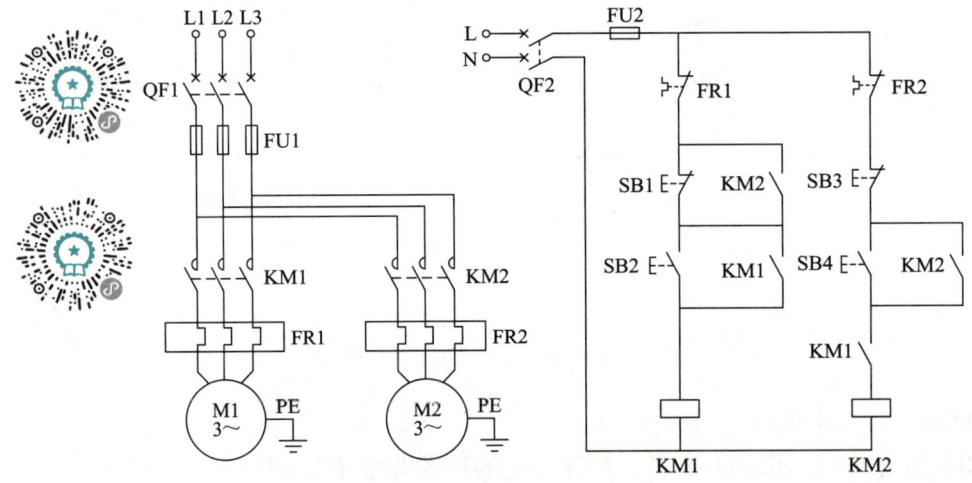

图 4-10　顺序起动、逆序停止的控制电路

5. 顺序起动、顺序停止的控制电路

两台三相交流异步电动机顺序起动、顺序停止的控制电路如图 4-11 所示。

接触器 KM1 的常开触点串联在接触器 KM2 的线圈支路中。只有按下起动按钮 SB2，使接触器 KM1 线圈得电，其触点状态变化，电动机 M1 先转动起来后，接触器 KM2 的线圈才能通过按下按钮 SB4 而得电，其触点状态变化，电动机 M2 才能起动。两台电动机实现顺序起动控制，电动机 M1 先起动，电动机 M2 后起动。

接触器 KM1 的另一对常开触点和电动机 M2 的停止按钮 SB3 并联。只有先按下电动机 M1 的停止按钮 SB1，使接触器 KM1 线圈失电，其触点恢复常态，电动机 M1 停止转动后，接触器 KM2 的线圈才能通过按下按钮 SB3 而失电，其触点恢复常态，电动机 M2 才能停止转动。两台电动机实现顺序停止控制，电动机 M1 先停止转动，电动机 M2 后停止转动。

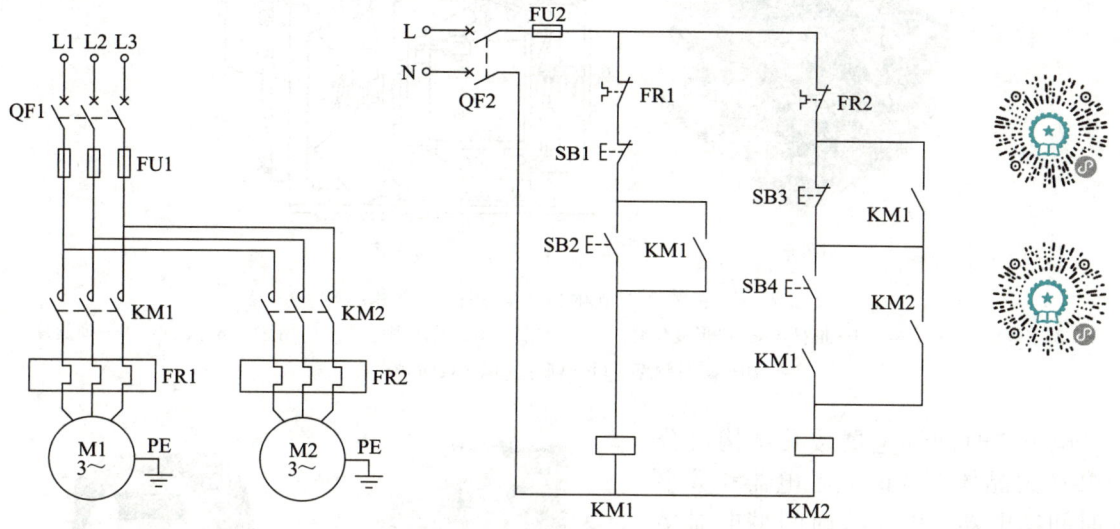

图 4-11　顺序起动、顺序停止的控制电路

总结上述关系，可以得到如下控制规律：

1）若要求甲接触器工作后才允许乙接触器工作，则在乙接触器的工作线圈得电电路中串联甲接触器的常开触点。

2）若要求甲接触器失电后才允许乙接触器失电，则在乙接触器停止按钮的两端并联甲接触器的常开触点。

这种被控设备间的顺序控制，也被称为联锁控制，是电气控制技术中一项重要控制手段。实现联锁控制的触点称为联锁触点。

二、时间继电器控制下三相交流异步电动机顺序控制电路

上述顺序控制是利用接触器自身的辅助触点（联锁触点）来实现的，每一台电动机的起动和停止都还是需要手动命令（按钮 SB）实现。而在某些设备中，不同的部件之间也可以按照时间原则依次起动或者停止。

1. 时间继电器

时间继电器也称为延时继电器，是指从获得信号（命令发布）到触点动作有一定延时，其延时又符合准确度要求的一种继电器。它实际上是一种带有延时触点的电压继电器，一般作为辅助元件用于各种保护和自动装置中，使被控制元件的动作得到所需要的延时。

（1）时间继电器的分类　时间继电器种类繁多，按照不同的标准有许多划分方法。

1）按其工作原理与构造的不同划分，目前常用的时间继电器主要有空气阻尼式、电动式、晶体管式和直流电磁式等几大类。

空气阻尼式时间继电器利用阻尼作用获得延时，线圈电压为交流电压。空气阻尼式时间继电器的外形和结构如图 4-12 所示。空气阻尼式时间继电器的优点是结构简单、寿命长、价格低，允许电网电压有较大波动，还附有不延时（瞬动）的触点，所以应用较为广泛；缺点是延时时间精度低、延时误差大，不适用于要求延时精度高的场合。

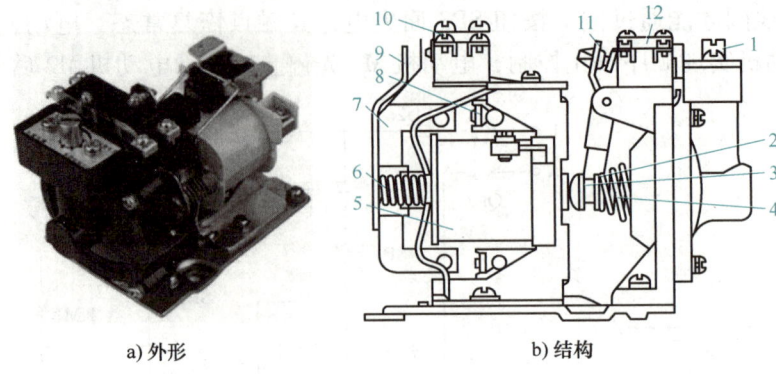

a) 外形　　　　　　　b) 结构

图 4-12　空气阻尼式时间继电器的外形和结构

1—调节螺栓　2—推板　3—推杆　4—塔形复位弹簧　5—线圈　6—反作用弹簧　7—衔铁　8—铁心　9—弹簧片　10—瞬时触点　11—杠杆　12—延时触点

电子式时间继电器按其结构可分为 R-C 式晶体管式时间继电器和数字式时间继电器。电子式时间继电器多用于电力传动、自动顺序控制及各种过程控制系统中，并以其延时范围广、精度高、体积小、工作可靠的优势逐步取代传统的电磁式、空气阻尼式等时间继电器。图 4-13 所示为常见电子式时间继电器的外形。

a) R-C式晶体管式时间继电器(JS14)　b) 数字式时间继电器(JSS14)

图 4-13　常见电子式时间继电器的外形

2）时间继电器按延时工作方式可分为通电延时型和断电延时型。

通电延时型时间继电器通过其感测部分接收到输入信号（一般是时间继电器的线圈通电）后开始延时。一旦延时时间达到设定时间，延时完毕，就通过其执行部分（延时触点）动作输出信号以操纵控制电路。当输入信号消失（一般是时间继电器线圈失电）时，时间继电器的延时触点就立即恢复常态（复位）。

与通电延时型时间继电器相反，断电延时型时间继电器在其感测部分（线圈）接收到输入信号后，执行部分（触点）立即动作；但当输入信号消失后，时间继电器的触点经过设定的延时时间后，才能恢复到常态（复位）。

(2) 时间继电器的工作原理　常用的电子式时间继电器是利用电子电路对阻容回路的充、放电来实现延时的。图 4-14 所示为 JST-A 系列空气阻尼式时间继电器的结构原理示意图。

对于图 4-14a 所示的时间继电器，当线圈 1 通电时，静铁心 2 变成了一块电磁铁，衔铁 3 克服复位弹簧 4 的反力与静铁心 2 立即吸合，在推板 5 的作用下，微动开关 16 的触点的状态立即发生翻转。活塞杆 6 在塔形复位弹簧 8 的作用下向上移动。使与活塞杆 6 相连的橡皮膜 10 也向上移动。但受到进气孔 14 的进气速度及橡皮膜与空气室壁 11 的摩擦力的限制，活塞杆向上移动的速度较慢。经过一段时间，活塞杆才能完成相应的行程，从而利用杠杆 7 使微动开关 15 的触点发生状态的翻转。这段行程时间的长短与进气孔 14 的大小有关，因此调节调节螺钉 13，进而调节进气孔 14 的大小，就可以实现对延时时间长短的调节。当线圈 1 失电时，微动开关 15、16 均立即恢复常态。

如图4-14b所示是断电延时型时间继电器的结构示意图，其工作原理请读者自行分析。

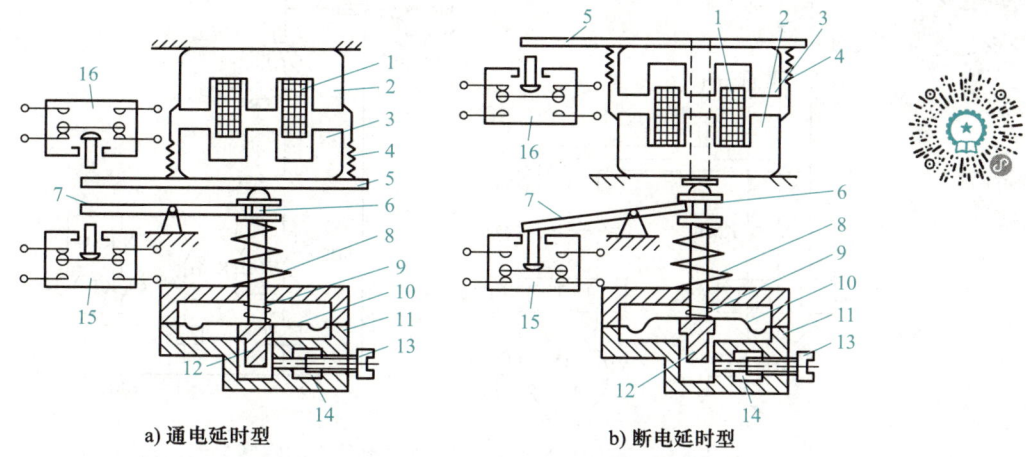

图4-14　JST-A 系列空气阻尼式时间继电器的结构原理示意图

1—线圈　2—静铁心　3—衔铁　4—复位弹簧　5—推板　6—活塞杆　7—杠杆　8—塔形复位弹簧
9—弱弹簧　10—橡皮膜　11—空气室壁　12—活塞　13—调节螺钉　14—进气孔　15、16—微动开关

（3）时间继电器的电气符号　如图4-15所示为时间继电器的电气符号，其文字符号为KT。时间继电器的触点图形符号主要是触点的半圆符号的开口的指向，遵循的原则是：半圆开口方向是触点延时动作的指向。

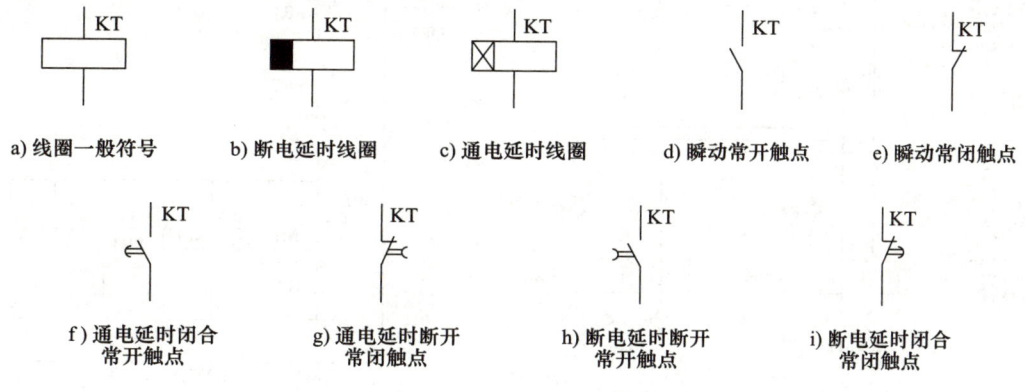

图4-15　时间继电器的电气符号

2. 时间继电器控制下三相交流异步电动机的顺序控制电路

（1）三相交流异步电动机的延时起动控制电路　要实现两台三相交流异步电动机按时间原则进行顺序起动，只要把第二台三相交流异步电动机的起动信号换成通电延时型时间继电器的常开触点的闭合信号就可以了，如图4-16所示。时间继电器的线圈通电时间，即第二台电动机延时起动的时间应根据技术要求来确定。

合上电源引入开关后，按下按钮SB2，接触器KM1的线圈带电并自锁，其主触点闭合，电动机M1开始运行；同时接触器KM1的另一对常开辅助触点闭合，使时间继电器KT的线圈得电，开始计时；时间到后，时间继电器KT的常开触点闭合，接触器KM2的线圈带电并自锁，其主触点闭合，电动机M2开始运转。按下按钮SB1后，电动机停止转动。

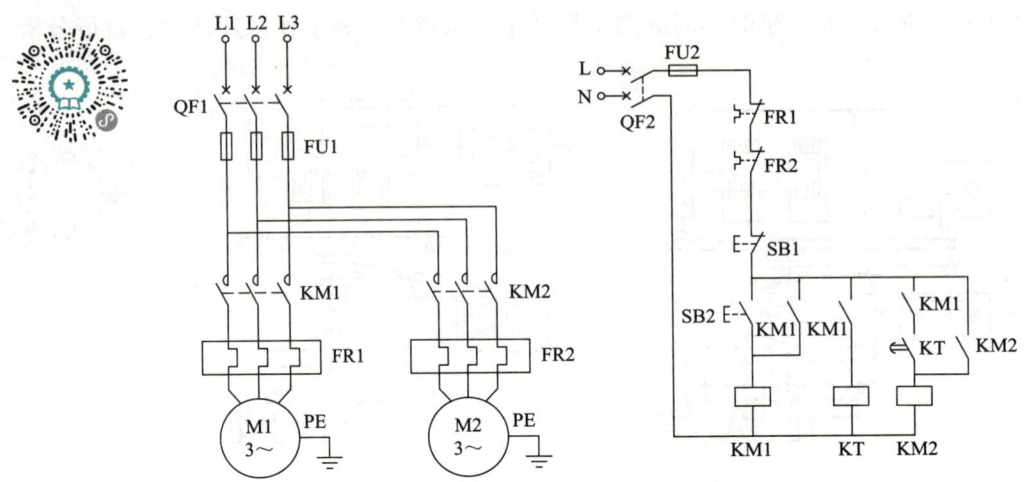

图 4-16　按时间原则进行的两台电动机的顺序起动电路

（2）三相交流异步电动机的延时停止控制电路　要实现两台电动机按时间原则进行顺序停止，只要把电动机 M2 的停止信号换成通电延时型时间继电器的常闭触点的断开信号就可以了，如图 4-17 所示。此时间继电器的线圈的延时时间（即电动机 M2 延时停止的时间）应根据技术要求来确定。

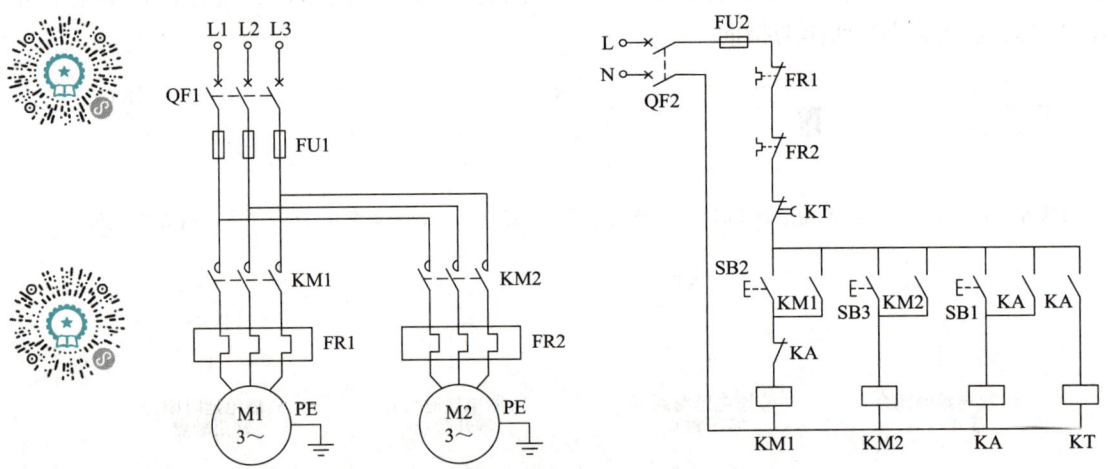

图 4-17　按时间原则进行的两台电动机的顺序停止电路

合上电源引入开关后，按下按钮 SB2，接触器 KM1 的线圈带电并自锁，其主触点闭合，电动机 M1 开始运转；按下按钮 SB3 后，接触器 KM2 的线圈带电并自锁，其主触点闭合，电动机 M2 开始运转。按下按钮 SB1 后，中间继电器 KA 的线圈带电并自锁，它的一对常闭触点立即断开，使接触器 KM1 的线圈失电，电动机 M1 停止运转；同时中间继电器 KA 的另一对常开触点闭合，使时间继电器 KT 线圈得电，时间继电器 KT 开始计时；时间到后，时间继电器 KT 的常闭触点断开，接触器 KM2 的线圈、时间继电器 KT 的线圈失电，电动机 M2 停止。

中间继电器 KA 帮助时间继电器 KT 线圈持续带电完成延时，在接触器 KM2 线圈失电的同时，中间继电器 KA 线圈失电。

注意：电气控制电路完成了控制要求后，一定要将带电电路断电，将控制回路恢复到起动前的状态。

三、信号灯的顺序控制电路

在电气控制技术中，被控对象除了电动机之外，还有各种各样的信号灯。它对设备的运行情况具有指示作用。

1. 信号灯

信号灯又称指示灯，在控制电路中用作灯光指示信号。信号灯由灯泡、灯罩、灯座和外壳组成。部分常用信号灯的外形如图 4-18 所示。

图 4-18　常用信号灯的外形

信号灯的额定电压通常有 6V、12V、24V、36V、48V、110V、127V、220V、380V、660V 等多种，以适应各种控制电压的信号指示。信号灯一般是白炽灯或氖灯，但发展趋势是发光二极管（LED）。发光二极管具有体积小、使用寿命长、工作电流小、温升低、能耗小等优点，是高效节能产品。

信号灯的灯罩由有色玻璃或塑料制成，通常有红色、黄色、绿色、蓝色、白色等六种主要颜色，每种颜色的含义及典型应用见表 4-6。

表 4-6　信号灯颜色的含义及典型应用

颜色	灯亮的含义	说明	典型应用
红色	危险或报警	警报潜在危险或要求立刻执行的情况	1. 润滑系统压力出故障 2. 温度超过规定（安全）极限 3. 命令立即停止机床（如因为过载） 4. 主要设备因保护器件动作而停止 5. 出现容易接触的带电或运动部件的危险
黄色	警告	情况发生变化或即将发生变化	1. 温度（或压力）不正常 2. 出现短时的有限过载 3. 自动循环正在运行
绿色	安全	表示安全，授权开始工作，无障碍	1. 切削液循环正常 2. 机床准备就绪可以工作，所有必需的辅助工作完毕，各种机构处于起动状态，液压或电动发电机组输出电压在额定范围内等 3. 循环完毕，机床准备重新起动
蓝色	按照情况需要赋予的特定含义	上述红、黄、绿三色未包括的任何特定含义都可由蓝色表示	1. 遥控指示 2. 选择开关处于整定状态 3. 装置处于正向状态 4. 刀架或装置微量进给

(续)

颜色	灯亮的含义	说明	典型应用
白色	未赋予特定含义	使用红、绿、黄三色存在问题时，可以用乳白色，如做证明用	1. 开关电源接通 2. 正在选择速度或转向 3. 与工作循环无关的辅助设备正在工作

信号灯的电气符号如图 4-19 所示，文字符号一般由 HL 表示，EL 是电气图中照明灯的电气符号。

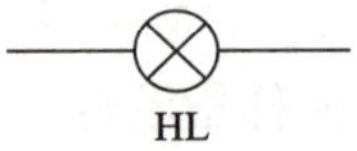

2. 两盏信号灯顺序点亮控制电路

图 4-20 所示为两盏信号灯 HLR、HLG 在组合开关 SA 接通后顺序点亮的控制电路。

图 4-19 信号灯的电气符号

接通组合开关 SA，时间继电器 KT 线圈得电并开始计时。中间继电器 KA1 线圈得电，其常闭触点断开，确保此时中间继电器 KA2 线圈不会得电；中间继电器 KA1 常开触点闭合，信号灯 HLR 亮。

当时间继电器 KT 延时时间到后，它的触点状态发生变化。时间继电器 KT 的常闭触点首先断开，使得中间继电器 KA1 的线圈失电，其触点恢复常态。中间继电器 KA1 常开触点恢复断开状态，使得信号灯 HLR 熄灭；中间继电器 KA1 常闭触点恢复闭合状态，这与时间继电器 KT 常开触点的闭合，使得中间继电器 KA2 线圈得

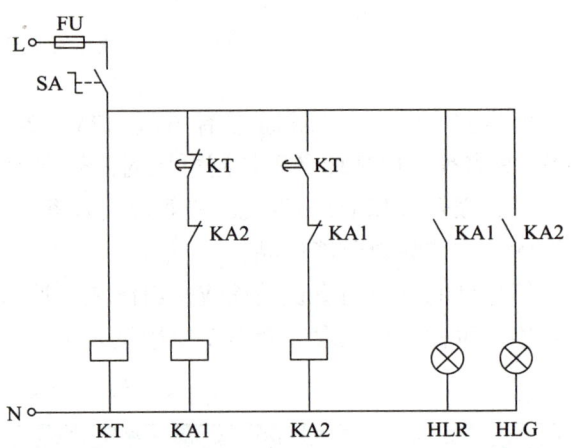

图 4-20 两盏信号灯顺序点亮控制电路

电、触点状态发生变化。中间继电器 KA2 常开触点闭合，使得信号灯 HLG 亮；中间继电器 KA2 常闭触点断开，保证此时中间继电器 KA1 线圈不会得电。

图 4-20 所示电路实现了信号灯 HLR 先亮一段时间后自动熄灭，并在熄灭的同时点亮信号灯 HLG 的顺序点亮控制，中间继电器 KA1、KA2 常闭触点的使用，确保了两盏信号灯不会同时点亮。直到断开组合开关 SA，电路中所有继电器线圈失电，它们的触点恢复常态，信号灯熄灭，电路停止工作。再次接通组合开关 SA，可重复上述步骤。

3. 三盏信号灯循环点亮的控制电路

图 4-21 所示为三盏信号灯在时间继电器的作用下循环点亮的控制电路。

接通电源，按下起动按钮 SB2，中间继电器 KA1 和时间继电器 KT1 的线圈得电，中间继电器 KA1 的触点状态发生变化，时间继电器 KT1 开始延时。中间继电器 KA1 的一对常开触点闭合，实现了自锁控制；它的另一对常开触点闭合，接通了信号灯 HLR；它的常闭触点断开，确保中间继电器 KA3 和时间继电器 KT3 的线圈在此时（HLR 亮）不会得电。

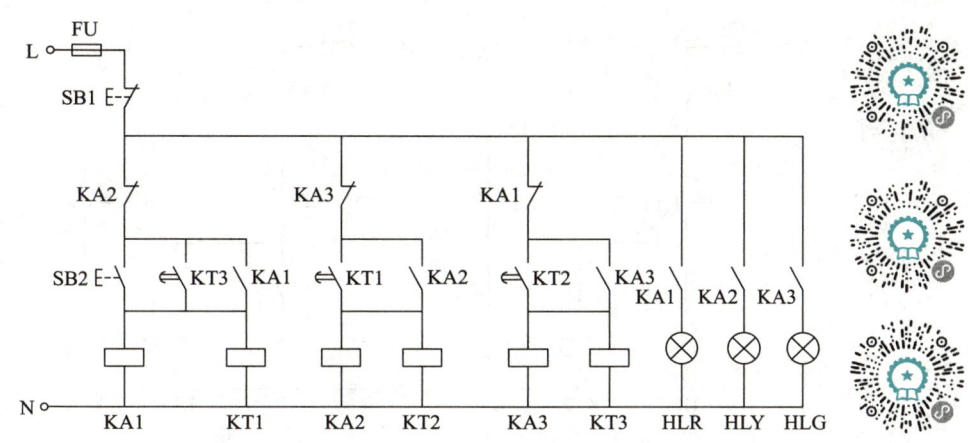

图 4-21　三盏信号灯循环点亮控制电路

时间继电器 KT1 延时时间到后，它的触点状态发生变化，其常开触点闭合，使得中间继电器 KA2 和时间继电器 KT2 的线圈得电，从而使中间继电器 KA2 的触点状态发生变化，且时间继电器 KT2 开始延时。中间继电器 KA2 的一对常开触点闭合，实现了自锁控制；它的另一对常开触点闭合，接通了信号灯 HLY；它的常闭触点断开，使得中间继电器 KA1、时间继电器 KT1 的线圈失电，从而使它们的触点恢复常态，信号灯 HLR 熄灭。

时间继电器 KT2 延时时间到后，它的触点状态发生变化，其常开触点闭合，使得中间继电器 KA3 和时间继电器 KT3 的线圈得电，从而使中间继电器 KA3 的触点状态发生变化，且时间继电器 KT3 开始延时。中间继电器 KA3 的一对常开触点闭合，实现了自锁控制；它的另一对常开触点闭合，接通了信号灯 HLG；它的常闭触点断开，使得中间继电器 KA2、时间继电器 KT2 的线圈失电，从而使它们的触点恢复常态，信号灯 HLR 灭。

时间继电器 KT3 延时时间到后，它的触点状态发生变化，其常开触点闭合，使得中间继电器 KA1 和时间继电器 KT1 的线圈得电，信号灯 HLG 熄灭，接通了信号灯 HLR。开始重复之前步骤，进入循环状态，实现三盏信号灯的循环点亮控制。

直到按下停止按钮 SB1，电路中所有线圈失电，信号灯熄灭，电路停止工作。

4. 信号灯闪烁的控制电路

电气控制设备中除了利用信号灯显示工作状态外，也常利用信号灯制作闪光电源报告电气故障的产生。当发生故障时，事故继电器的触点状态发生变化，从而接通故障信号灯。该信号灯接通后将以 2s 为周期进行闪烁，直到故障解决后故障继电器恢复常态才熄灭。图 4-22a 所示为信号灯闪烁控制方案中的一种。

当事故继电器 KA 接通时，时间继电器 KT1 的线圈通电并开始计时。当时间继电器 KT1 的延时时间到后，时间继电器 KT1 的常开触点闭合，使信号灯 HL 通电点亮，时间继电器 KT2 的线圈开始通电计时。当时间继电器 KT2 的延时时间到后，时间继电器 KT2 的常闭触点断开，时间继电器 KT1 的线圈失电，并且其常开触点恢复断开状态，使得信号灯 HL 和时间断电器 KT2 的线圈失电，进入下一个循环。直到事故继电器断开，信号灯 HL 停止闪烁。

可以自行思考一下，图 4-22b 中，如果事故继电器 KA 的常开触点闭合，信号灯 HL 的工作情况。

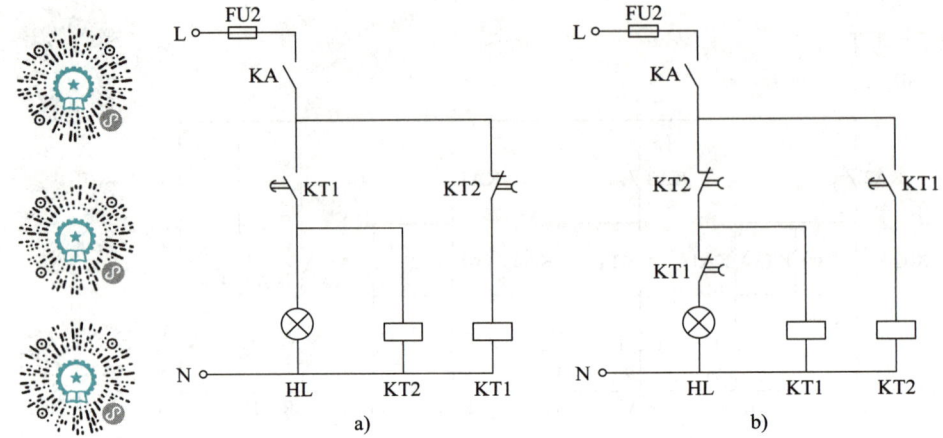

图 4-22 信号灯闪烁控制

【你知道吗】

现代生产设备中,时间继电器被广泛应用你知道吗,在古代也有四大计时工具:日晷、刻漏、沙漏和香篆钟。

日晷是利用太阳的投射方向来测定并划分时间的。日晷通常由铜制的指针和石制的圆盘组成。铜制的指针叫作晷针,垂直地穿过圆盘中心,起着圭表中立竿的作用。因此,晷针又叫作表,石制的圆盘叫作晷面。

刻漏是一种典型的等时计时装置,有泄水型和受水型两种类型,其中受水型的精确度更高。其计时的准确度取决于水流的均匀程度。多级漏刻是使用多只漏壶,上下依次串联成为一组,每只漏壶都依次向其下一只漏壶中滴水。这样一来,对最下端的受水壶来说,其上方的一只泄水壶因为有同样速率的来水补充,壶内液位基本保持恒定,其自身的滴水速度也就能保持均匀。

沙漏在冬天时使用广泛,在明朝的时候就记载有五轮沙漏。沙漏的制造原理与刻漏大体相同,它是根据流沙从一个容器漏到另一个容器的时间来计量时间的。

据宋代学者薛季宣著书记载,香篆钟是一种于 12 世纪中叶在中国流行的古代计时器。

项目 5
PROJECT 5

合箱机动力头系统控制电路设计与装调

【项目导入】

1. 学习任务

在工业生产中,生产设备中的某些部件需要做上和下、左和右、前和后等相反方向的运动。这些部件的相反运动,有时可以通过机械传动链路的改变来完成,有时可以通过改变带动这些部件运动的电动机的转动方向来实现。改变电动机转动方向的控制一般称为正反转控制,也称可逆控制或双向控制。

三相交流异步电动机的正反转控制,可以由手动命令实现;也可以按位置原则实现,比如电梯门的开与关;也可以按时间原则实现,比如搅拌电动机的顺时针搅动与逆时针搅动。

本项目将通过合箱机动力头系统控制电路的设计、分析与装调,学习三相交流异步电动机正反转控制和行程控制的相关知识与技能,具体内容如下。

某合箱控制装置的合箱动力头由一台三相交流异步电动机直接拖动,其 U_N = 380V、P_{1N} = 4kW,I_N = 8.8A,电网允许其直接起动,控制要求为:

1)接通电源,得到起动命令后,动力头由原位开始带动箱盖前进,到达终点合箱完成后自动停留在该位置。

2)动力头在终端停留 2min 后自动返回原位停止。

3)动力头能在前进或后退途中的任意位置停止。

4)动力头系统具有限位保护,失电压、欠电压、短路和过载保护。

试设计满足该控制要求的电气控制原理图,选取合适的电气元件进行安装并调试成功。

2. 学习目标

(1)知识目标

了解生产实际中设备需要相反运动的场景及工作情况;了解行程开关的结构、工作原理、电气符号的绘制方法、选用及使用方法;掌握电气控制电路中互锁的基本概念和应用方法,三相交流异步电动机实现正反转控制的基本方法及电路的组成、工作原理分析方法、电路设计与优化方法;熟悉三相交流异步电动机正反转控制电路的安装与调试方法。

(2)技能目标

能够根据任务要求合理使用电气互锁和机械互锁;能够正确分析三相交流异步电动机正反转控制电路的工作原理;能够根据任务要求设计合理的三相交流异步电动机正反转及往复

控制电路；能够根据电气原理图对三相交流异步电动机正反转及往复控制电路进行安装并调试成功。

（3）素养目标

通过对三相交流异步电动机正反转电气控制电路原理图的分析、设计、装调等相关知识与技能的学习，加强安全意识、规范意识、团队合作意识的培养，懂得取舍，学会选择，加强自我约束和管理意识，培养努力学习知识与技能的使命感。

【信息获取】

学习任务 5-1　三相交流异步电动机正反转控制电路分析与装调

小提示：若要实现三相交流异步电动机的正反转，就需要对调三根电源线中的任意两根，而三相异步电动机的电源电压往往超出了人体安全电压，那么如何才能安全可靠地实现电动机电源相序的调转进而实现三相交流异步电动机的正反转控制呢？

问题引导 1：三相交流异步电动机实现正反转的基本理念是什么？
_____
_____

问题引导 2：若要实现三相交流异步电动机的正反转，有没有规定只能调整哪两相电源相序？需调转几次？如果接触器 KM2 的进、出线端都调了相会怎样？
_____
_____

问题引导 3：根据三相交流异步电动机的工作原理，电动机实现正反转的过程中会不会受到较大的冲击？
_____
_____

问题引导 4：要求 XA6132 型万能铣床主轴正反转时，不用接触器控制，而用倒顺开关控制的原因是什么？
_____
_____

问题引导 5：电气互锁触点是 NO 还是 NC？该如何连接？电气互锁的主要目的是什么？
_____
_____

问题引导 6：机械互锁的触点是如何连接的？为什么说正反转控制电路中仅有单一的机械互锁是不可靠的？
_____
_____

练一练

某机床主轴由一台三相交流异步电动机带动，该电动机的主要技术参数为：$P_N = 3\text{kW}$、$U_N = 380\text{V}$、$I_N = 7.25\text{A}$、$n_N = 740\text{r/min}$、定子绕组接法为Y联结，其控制电路实现双重互锁的正反转控制，如图 5-1 所示。试分析其工作原理，选择合适的电气元件后按照工艺要求进行安装并调试成功。

1. 原理分析。

（1）补充图 5-1 中缺少的电气元件的文字符号。

（2）在图中按照等电位原则标注电位号。

（3）主电路中，接触器 KM2 在_____（进/出）线端对调的_____两相电源线，进而完成相序的调转。

2. 填写主要元件明细表，见表 5-1。

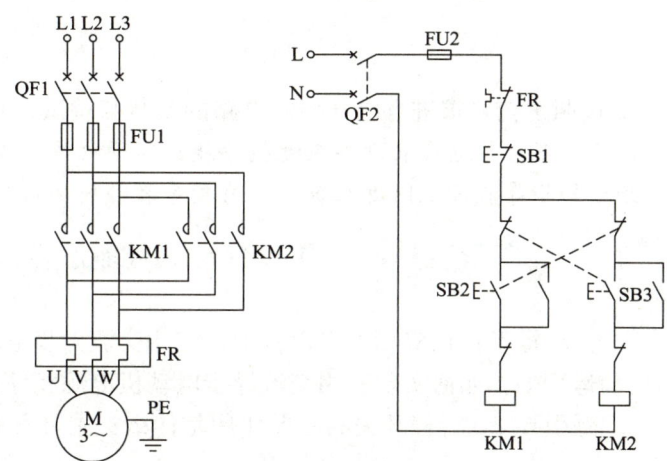

图 5-1　电气原理图

表 5-1　元件明细表

序号	名称	型号与规格	单位	数量	备注
1	断路器 QF1		个		
2	断路器 QF2		个		
3	交流接触器 KM1		个		
4	交流接触器 KM2		个		
5	热继电器 FR		个		
6	按钮 SB1		个		
7	按钮 SB2		个		
8	按钮 SB3		个		
9	熔断器 FU1		个		
10	熔断器 FU2		个		

3. 绘制电气布置图及电气安装接线图。

4. 按照工艺要求进行电气控制电路的安装与调试，直至调试成功。

注意：不可带电安装设备或连接导线；断开电源后才能进行故障处理。通电检查和试车时必须通知指导教师及附近人员，在有指导教师现场监护的情况下才能通电试车。

学习任务 5-2　工作台自动往复运行控制电路分析与装调

小提示：在实际生产设备中，三相交流异步电动机的正反转往往是按照一定的原则自动运行的，如何实现三相交流异步电动机电源相序的自动调转进而实现正反转呢？

问题引导 1：行程开关的主要作用是什么？主要有哪几种形式？

问题引导 2：行程开关与按钮的使用有什么区别？它们的电气符号有什么区别？

问题引导 3：行程开关是如何实现限位停止的控制功能的？

问题引导 4：若行程发生改变，行程开关该如何调整？

问题引导 5：工作台往复运行控制中为什么需要限位保护？限位保护是如何实现的？

 练一练

一台三相交流异步电动机，主要技术参数为：P_N = 4kW、U_N = 380V、I_N = 8.56A、n_N = 740r/min、定子绕组接法为丫联结，其控制电路如图 5-2 所示。试分析其工作原理，选择合适的电气元件后按照工艺要求进行安装并调试成功。

1. 原理图分析。

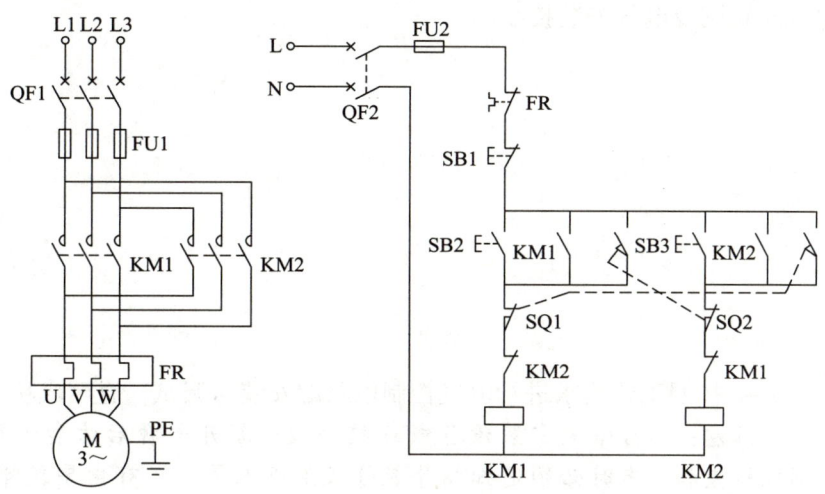

图 5-2 电气控制原理图

（1）按照等电位的原则在图 5-2 中标出电位号。

（2）主电路中，对调的是_____两相电源线，是在_____（进/出）线端做的对调。

（3）如果行程开关 SQ1 的常闭触点因某种原因而即使受到挡铁撞击也不能断开，则有可能发生_____故障。

2. 填写主要元件明细表，见表 5-2。

表 5-2 元件明细表

序号	名称	型号与规格	单位	数量	备注
1	断路器 QF1		个		
2	断路器 QF2		个		
3	交流接触器 KM1		个		
4	交流接触器 KM2		个		
5	热继电器 FR		个		
6	按钮 SB1		个		
7	按钮 SB2		个		
8	按钮 SB3		个		
9	行程开关 SQ1		个		
10	行程开关 SQ2		个		
11	熔断器 FU1		个		
12	熔断器 FU2		个		

3. 绘制电气布置图及电气安装接线图。

4. 按照工艺要求进行电气控制电路的安装与调试，直至成功。

注意：不可带电安装设备或连接导线；断开电源后才能进行故障处理。通电检查和试车时必须通知指导教师及附近人员，在有指导教师现场监护的情况下才能通电试车。

【项目实施】

1）小组成员相互讨论三相交流异步电动机正反转控制方法，在充分分析并吸取其他小组汇报的工作计划及教师点评的基础上，小组内部进行多次讨论，对工作计划不断进行修改完善，基本按照如下流程制定相关计划：明确控制要求→设计电气原理图→选用电气元件→准备并检查设备及器材→布局并安装相关器材→安装电气控制电路→通电试车→调试成功。

2）设计并正确绘制电气原理图，然后按等电位原则标注电位号。

注意：小组成员各自初步制定设计方案，然后小组集中讨论并提出自己的看法，最终在教师指导下评出最佳方案。

3）填写表5-3，列出仪器仪表、工具、耗材等所需设备清单，若表格行数不够，请自行增加。

表5-3 合箱机动力头系统控制电路设计与装调项目元件明细表

序号	名称	型号与规格	单位	数量	备注
1					
2					
3					
4					

(续)

序号	名称	型号与规格	单位	数量	备注
5					
6					
7					
8					

4）根据所做设计并结合实际情况绘制电气布置图及电气安装接线图。

5）按照工艺要求进行电气控制电路的安装与调试，直至调试成功。

注意：不可带电安装设备或连接导线，断开电源后才能进行故障处理。通电检查和试车时必须通知指导教师及附近人员，在有指导教师现场监护的情况下才能通电试车。

【项目评价与反思】

项目完成后，教师综合个人和小组同学在项目完成过程中的表现以及项目完成的情况，对学生做出客观评价，认真填写表5-4。同时指出成功与不足，明确学习的重点和后期的改进方向。

表5-4 合箱机动力头系统控制电路设计与装调项目评价表

主要内容		评分标准	配分	扣分	得分
职业素养	信息检索	能根据工作需要有效利用网络、图书资源、工作手册查找有用的相关信息	5分		
	仪态表达	仪态自然，吐字清晰；思路清晰，层次分明，表达准确	5分		
	团队精神	积极主动参与工作，与教师、同学之间相互尊重、理解，保持多向、丰富、适宜的信息交流；能提出有意义的问题或发表个人见解；能够倾听别人的意见、协作共享	5分		
	学习方法	学习方法得当，有工作计划；探究式学习、自主学习不流于形式，处理好合作学习和独立思考关系，做到有效学习	5分		
	工作过程	遵守管理规程，操作过程符合现场管理要求；善于从多角度分析问题，能主动发现、提出有价值的问题；能够正确地完成工作任务	10分		

(续)

主要内容		评分标准	配分	扣分	得分
知识与技能	原理图设计	1. 电气原理图功能无法实现，每处扣5分，扣完为止 2. 电气符号绘制错误，每处扣2分，扣完为止 3. 未按等电位原则进行电位号标记，每处扣2分，扣完为止	15分		
	电气元件的选择及安装	1. 按钮颜色选错，每次扣2分，扣完为止 2. 元件规格选择错误，每个扣2分，扣完为止 3. 电气元件安装位置不符合要求，每处扣2分，扣完为止	10分		
	电气控制电路安装工艺	1. 导线走线不符合要求，出现交叉，每处扣1分，扣完为止 2. 少接或多接一根导线，每处扣1分，扣完为止 3. 该过而未过端子排，每处扣1分，扣完为止 4. 号码管错识或未套，每处扣1分，扣完为止 5. 导线端子有毛刺，每处扣1分，扣完为止	10分		
	电气控制电路功能调试	1. 不能实现原点起动控制或起动不受原点条件限制，扣2分 2. 不能实现终点停止控制，扣2分 3. 不能实现终点的计时控制或时间设定不符合要求，扣2分 4. 不能实现由终点自动返回控制，扣2分 5. 不能实现终点回到原点的自动停止，扣2分 6. 不能实现任意位置停止控制，扣2分 7. 不能实现手动退回原点控制，扣2分 8. 每修改一次控制电路，扣5分，直至通电成功或扣完为止	25分		
	安全文明生产	1. 考试过程中，违反安全文明考核要求，每处扣2分，扣完为止 2. 当考生被考评员发现有重大事故隐患时，予以制止后，每次扣5分，扣完为止	10分		
备注	考试时间	考评员签字	成绩		
总结与反思					

【思考与提高】

一、选择题

1. 三相交流异步电动机正反转运行控制电路中的两个接触器，必须采用_____。
   A. 联锁　　　　　　　B. 自锁　　　　　　　C. 互锁
2. 若要改变三相交流异步电动机的运转方向，则需要调整电源相序，采取的方法是_____。
   A. 调整其中两相的相序　　B. 调整三相的相序　　C. 定子串联电阻
3. 三相交流异步电动机的旋转方向决定于_____。
   A. 电源电压的大小　　B. 电源频率的高低　　C. 定子电流的相序
4. 在接触器互锁的三相交流异步电动机正反转控制电路中，若同时按下正、反转起动按钮，正、反转接触器_____。

A. 会同时通电动作　　　　B. 不会同时通电动作　　　　C. 会接通正转电路

5. 改变三相交流异步电动机定子绕组输入电源相序的瞬间，电动机的_____立即反向。

   A. 旋转方向　　　　　　　B. 旋转磁场方向　　　　　　C. 定子电流

6. 三相交流异步电动机正反转控制的关键是改变_____。

   A. 电源电压　　　　　　　B. 电源相序　　　　　　　　C. 电源电流

7. 要实现三相交流异步电动机转动方向的直接切换，需采用_____。

   A. 接触器互锁　　　　　　B. 机械互锁　　　　　　　　C. 双重互锁

8. 在三相交流异步电动机正反转控制电路中，为了避免两个接触器同时动作而造成相间短路，控制电路需要采用_____。

   A. 自锁控制　　　　　　　B. 互锁控制　　　　　　　　C. 位置控制

9. 利用交流接触器实现三相交流异步电动机的正反转控制，适用于_____场合。

   A. 频繁正反转　　　　　　B. 不频繁正反转　　　　　　C. 任意

10. 三相交流异步电动机正反转控制中，接触器容量要比同等功率下的电动机单向运转时_____。

    A. 大一些　　　　　　　　B. 小一些　　　　　　　　　C. 没变化

二、分析题

1. 在实际生产中，实现三相交流异步电动机正反转时，双重互锁的选择优先权最大吗？

2. 在电气控制电路中，经常会提到自锁、联锁、互锁，请阐述它们的作用和相互之间的关联。

3. 图5-3所示的电路能实现三相交流异步电动机的正反转控制吗？如果不能，请在图中指出问题所在，然后将正确的电路图画出来。

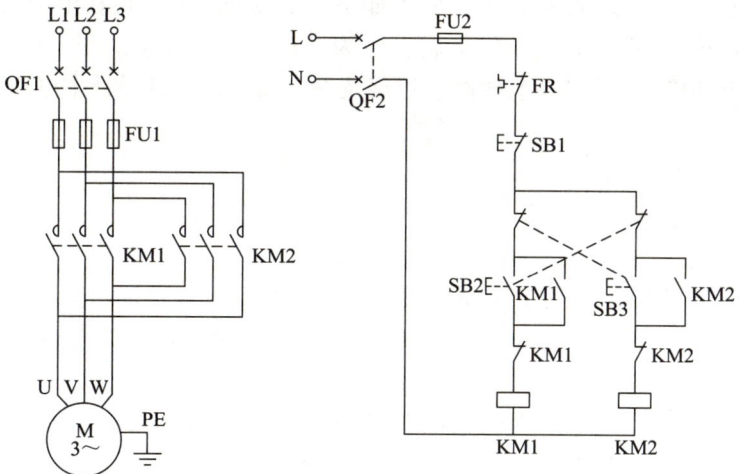

图5-3　电气原理图

4. 若安装了电气互锁正反转控制电路后，通电试车时发现了如下问题：

1）按下正转或者反转起动按钮后，相应的交流接触器不停地吸合与释放，电路无法正常工作；松开起动按钮后，交流接触器不再吸合。

2）当按下正转按钮后，交流接触器平稳吸合，电动机正转，但是一松开起动按钮，电动机就停止。

3）当按下正转按钮后，交流接触器平稳吸合，电动机正转；当按下停止按钮时、电动机停止。当按下反转按钮后，交流接触器平稳吸合，电动机反转；但是按下停止按钮时，电动机无法停止。

试分析出现上述问题的原因。

三、设计题

1. 某机床上的三相交流异步电动机 M，要求其能够在 A、B 两地发出起动命令实现正反转运动进而带动工作台的往复运行，并且为了调整方便，要求其正向运行方向有点动调整功能。试设计满足要求的电气原理图。

2. 某机床中运动部件 A、B 分别由电动机 M1、M2 拖动。运动部件 A 的起始位置为位置 2，压着行程开关 SQ2；运动部件 B 的起始位置为位置 3，压着行程开关 SQ3，如图 5-4 所示。要求按下起动按钮后，运动部件 A、B 在电动机 M1、M2 的拖动下

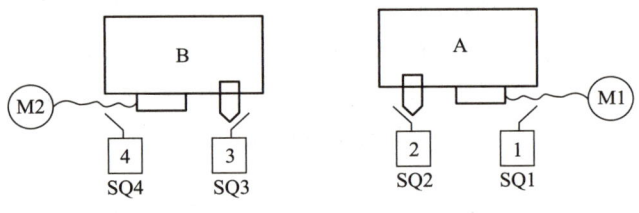

图 5-4　电气原理图

按照下列顺序完成所需动作：运动部件 A 从位置 2 移动到位置 1 停止；运动部件 B 从位置 3 移动到位置 4 停止；运动部件 A 从位置 1 返回到位置 2 停止；运动部件 B 从位置 4 返回到位置 3 停止，系统停止工作。直到再次按下起动按钮，可重复上述动作流程。试设计满足控制要求的电气原理图。

3. 某机床主轴由一台三相交流异步电动机 M1 拖动，润滑油泵由另一台三相交流异步电动机 M2 拖动，电网允许其直接起动，工艺要求如下：电动机 M1 必须在电动机 M2 起动后才能起动；电动机 M1 正常工况为正向连续运转，但为调试方便，要求能正反向点动；电动机 M1 停转后，才允许电动机 M2 停转；有短路、过载及失电压保护。试设计主电路及控制电路。

【相关知识】

一、三相交流异步电动机的正反转控制

1. 三相交流异步电动机正反转控制的工作原理

根据三相交流异步电动机的工作原理可知，三相交流异步电动机的转动受电磁转矩的拉动。电磁转矩的方向与旋转磁场的方向（相序）密切相关。若要改变电动机的转向，必须先改变旋转磁场的方向，也就是相序。电动机在静止状态下受到旋转磁场的作用，磁力线以同步转速切割导体，在绕组中产生较大的起动电流；电动机转动时直接改变旋转磁场的方向，会使得绕组中产生更大的感应电流，电动机受到更大冲击。

2. 三相交流异步电动机正反转控制的基本方法

在实际生产中，三相交流异步电动机对调电源相序的常用控制方式有两种：一种是利用倒顺开关（或组合开关）改变相序，如图 5-5 所示；另一种是利用交流接触器的主触点改变相序，如图 5-6 所示。前者主要适用于不需要频繁正、反转的电动机，而后者则主要适用于需要频繁正、反转的电动机。

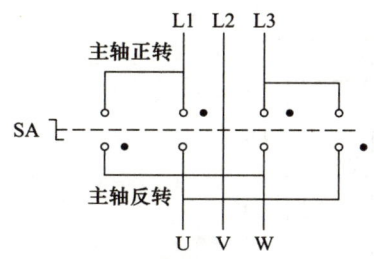

图 5-5 利用倒顺开关改变相序

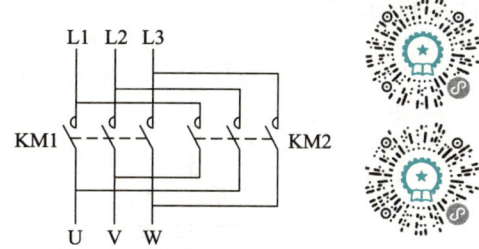

图 5-6 利用接触器的主触点改变相序

二、三相交流异步电动机的正反转控制电路

1. 三相交流异步电动机无任何互锁的正反转控制电路

图 5-7 所示的电气控制电路利用两个交流接触器 KM1、KM2 实现了电动机 U 相和 W 相电源的对调。

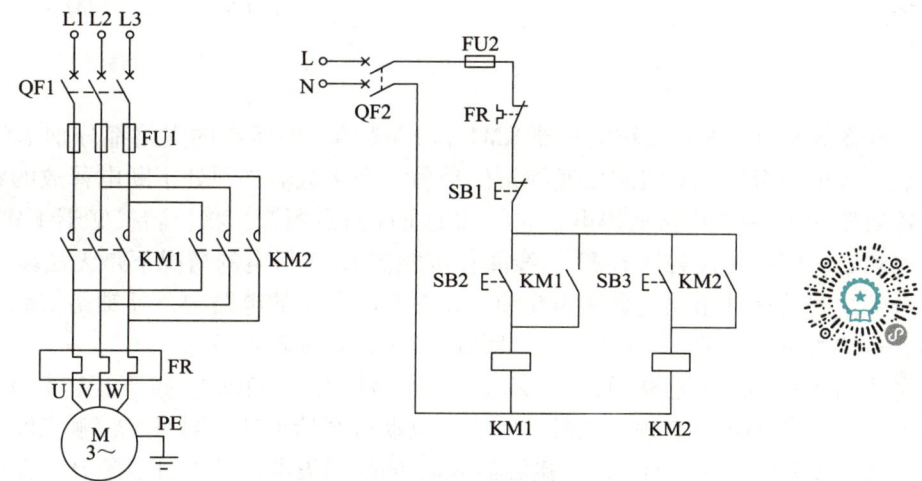

图 5-7 无任何互锁的正反转控制电路

接通电源后,控制电路的工作原理为:当电动机停止时,按下正转按钮 SB2,接触器 KM1 的线圈通电并自锁,接通正序电源,电动机正转;当电动机停止时,按下反转按钮 SB3,接触器 KM2 的线圈通电并自锁,接通反序电源,电动机反转;正向运转和反向运转的停止按钮都是 SB1。

图 5-7 所示的控制电路虽然可以完成正反转控制的任务,但也存在缺点。若在按下按钮 SB2、接触器 KM1 的主触点闭合、电动机正向运转的同时,又按下反转按钮 SB3,则接触器 KM2 的线圈也会通电自锁,其主触点闭合。在这种情况下,接触器 KM1、KM2 的主触点同时闭合,主电路中将发生 U、W 两相电源短路事故。

2. 三相交流异步电动机电气互锁的正反转控制电路

在图 5-8 中,接触器 KM1 为正转接触器,接触器 KM2 为反转接触器。由于在控制电路中,将接触器 KM1 的常闭触点串联在了接触器 KM2 的线圈所在的支路中,将接触器 KM2 的常闭触点串联在了接触器 KM1 的线圈所在的支路中,所以这两个线圈不可能同时带电,也就是说,接触器 KM1 和接触器 KM2 两组主触点无法同时闭合,避免了 U 相和 W 相电源相间短路的发生。

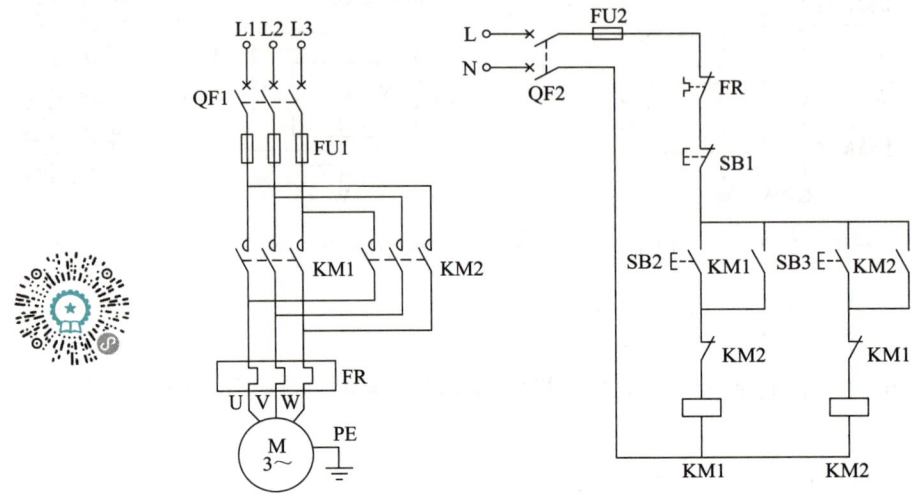

图 5-8 三相交流异步电动机电气互锁正反转控制电路

在图 5-8 中，正、反转接触器 KM1 和 KM2 的线圈所在的支路都分别串联了对方的常闭触点，其中一个接触器线圈接通的条件是另一个接触器必须处于断电释放的状态。例如，正转接触器 KM1 的线圈接通得电，它的辅助常闭触点断开，将反转接触器 KM2 的线圈所在的支路切断，则反转接触器 KM2 的线圈在接触器 KM1 得电的情况下是无法接通得电的。两个接触器之间的这种相互关系称为互锁。在图 5-8 所示的电路中，互锁是依靠电气元件来实现的，也称为电气互锁。实现电气互锁的触点称为互锁触点。

当图 5-8 所示的电路中的三相交流异步电动机需要正转时，按下正转起动按钮 SB2，接触器 KM1 的线圈得电并自锁，主触点闭合，电动机开始正转，同时互锁触点断开，反转起动按钮失效；按下停止按钮 SB1 后，接触器 KM1 的线圈失电，其主触点断开，在电动机停止正转的同时，自锁、互锁触点恢复常态；这时如果按下反转起动按钮 SB3，接触器 KM2 的线圈得电并自锁，其主触点闭合，电动机开始反转，同时互锁触点断开，正转起动按钮 SB2 失效。

根据以上分析，得出以下结论：

1）若要求甲接触器工作时乙接触器不能工作，应在乙接触器的线圈所在的支路中串联甲接触器的常闭触点。

2）若要求甲接触器工作时乙接触器不能工作，而乙接触器工作时甲接触器也不能工作时，应在两个接触器的线圈所在的支路中串联对方接触器的常闭触点。

电气互锁正反转控制电路避免了相间短路的发生，但该电路存在的主要问题是：从一个转向过渡到另一个转向时，要先按停止按钮 SB1，不能直接过渡，即只能实现"正—停—反"的控制。

3. 三相交流异步电动机按钮互锁的正反转控制电路

如图 5-9 所示为按钮互锁的正反转控制电路，该电路利用按钮复合触点在状态发生翻转时常闭触点先断开、常开触点后闭合的特点，可以从正转直接过渡到反转，即可实现"正—反—停"控制。

该电路存在的主要问题是容易产生短路事故。例如，电动机正转接触器 KM1 的主触点

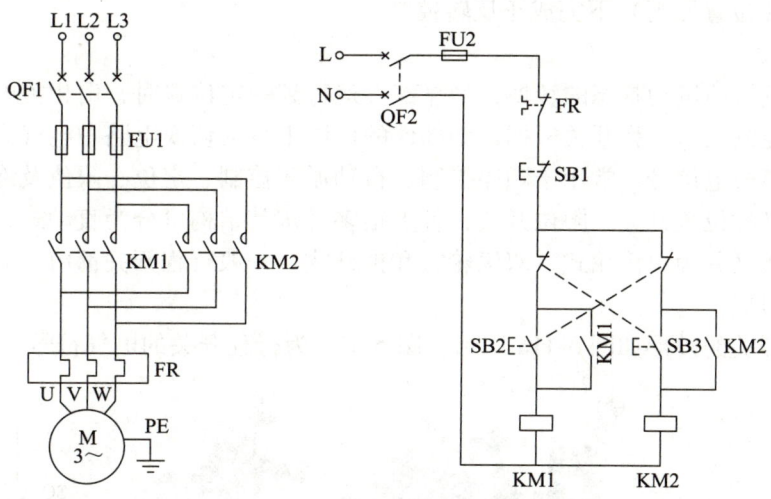

图 5-9 按钮互锁的正反转控制电路

因弹簧老化或剩磁而延迟释放时，或者被卡住导致其即使线圈失电也不能释放时，如果按下反转起动按钮 SB3，接触器 KM2 线圈仍会得电使其主触点闭合，主电路中电源相间短路。所以，当需要电动机直接进行正、反转的过渡时，仅接入机械互锁是不可靠的。

4. 三相交流异步电动机双重互锁的正反转控制电路

三相交流异步电动机双重互锁的正反转控制电路如图 5-10 所示。该电路结合了电气互锁和按钮互锁的优点，是一种比较完善的正反转控制电路，它既能实现正、反转直接起动的要求，又具有较高的安全可靠性。但是，由于电动机直接在两种不同的转向间调转，所以冲击电流较大，会影响电动机的使用性能。

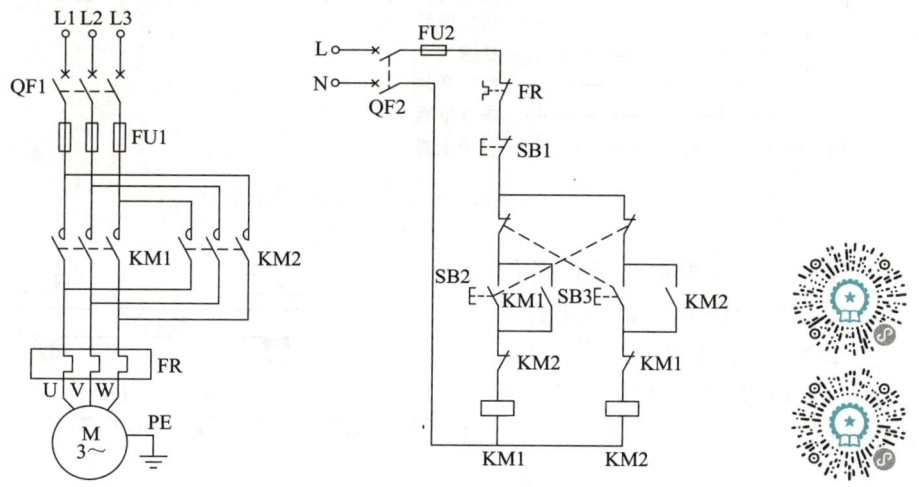

图 5-10 双重互锁的正反转控制电路

三、工作台自动往复运行的控制电路

在上述控制电路中，电动机能够成功地实现正反转控制，但是电动机的起动和停止命令都是由按钮发布的。在实际生产中，不仅需要在手动控制命令下实现正反转控制，有时也需

要在行程原则（位置原则）下完成正反转控制。

1. 行程开关

某些生产机械的运动状态的转换，是靠部件运行到一定位置时，由相关电气元件发出的信号进行自动控制的。行程开关根据运动部件的位置来自动切换电路中电气元件状态，将机械位移信号转换成电信号，常用于顺序控制、自动循环控制、定位、限位及终端保护。

行程开关又称位置开关、限位开关，种类很多，按其结构可分为直动式、微动式和滚轮式三种，滚轮式又分为单滚轮式、双滚轮式和推杆式。一般行程开关都由一对或多对常开触点、常闭触点组成。

常用行程开关的外形如图 5-11a 所示，图 5-11b 为行程开关的电气符号。

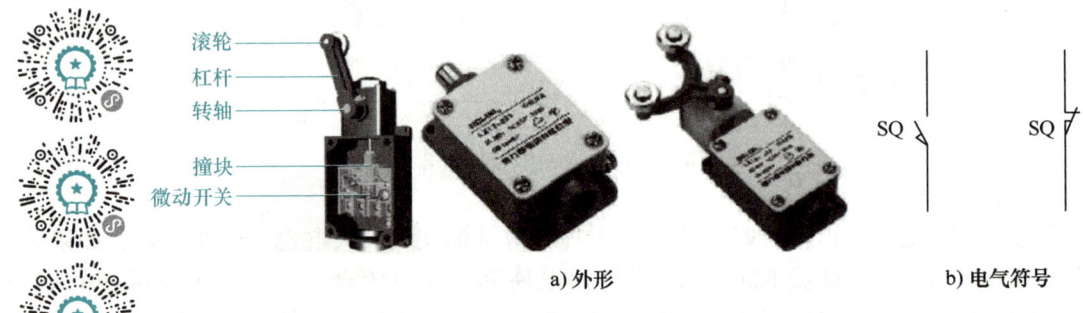

a) 外形　　　　　　　　　　　　b) 电气符号

图 5-11　常用行程开关的外形及电气符号

行程开关的型号含义如图 5-12 所示。

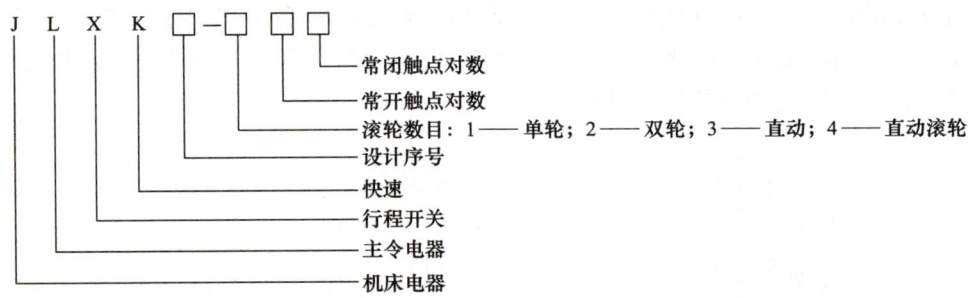

图 5-12　行程开关的型号及含义

行程开关主要根据机械设备的运动方式与安装位置，如挡铁的形状、工作速度、工作力、工作行程、触点数量，以及额定电压、额定电流来选择。

2. 工作台往复运动的控制电路

如图 5-13 所示为一个基本的工作台往复运动示意图，它是利用行程开关控制电动机的正反转来实现的。SQ1、SQ2 为行程开关，将行程开关 SQ1 安装在左端需要进行反向的 A 位置上，将行程开关 SQ2 安装在右端需要进行反向的 B 位置上，机械挡

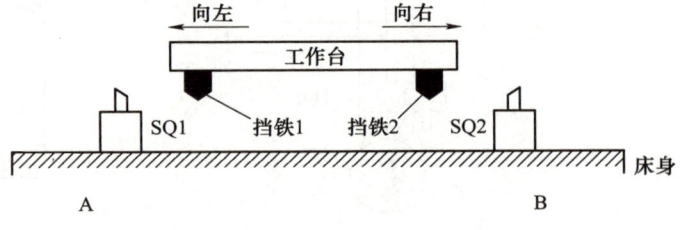

图 5-13　自动往复运动的工作示意图

铁安装在工作台等运动部件上，工作台在行程开关 SQ1 和 SQ2 之间往复运动，调节行程开关 SQ1 和 SQ2 的位置，就可以调节往复行程的区域大小。

（1）工作台限位停止功能的正反转控制电路　具有限位停止功能的电动机正反转控制电路如图图 5-14 所示。结合图 5-13，做出如下关联：①接触器 KM1 控制电动机正转，拖动工作台向左移动；②接触器 KM2 控制电动机反转，拖动工作台向右移动。当工作台不在左端 A 位置时，接通电源，按下起动按钮 SB2，接触器 KM1 线圈得电，其触点状态发生变化，主触点闭合，电动机正转带动工作台向左移动。当工作台运行到 A 位置时，挡铁压下行程

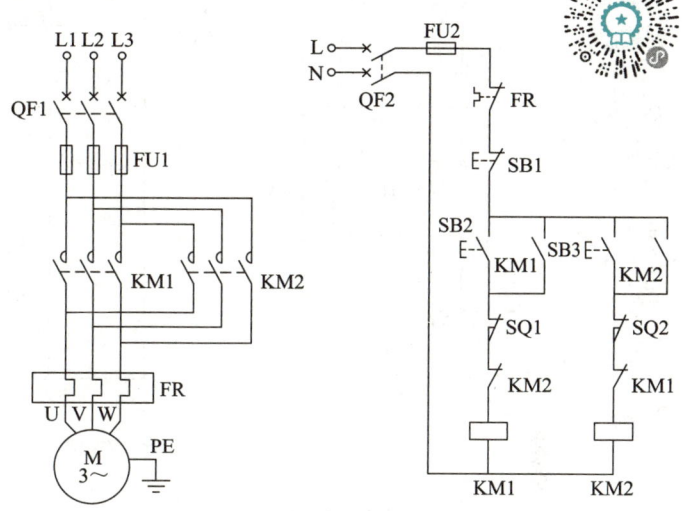

图 5-14　具有限位停止功能的电动机正反转控制电路

开关 SQ1，使得接触器 KM1 线圈失电，电动机停止转动，工作台停在 A 位置。按下起动按钮 SB3，接触器 KM2 线圈得电，其触点状态发生变化，主触点闭合，电动机反转带动工作台向右移动。当工作台运行到 B 位置时，挡铁压下行程开关 SQ2，使得接触器 KM2 线圈失电，电动机停止转动，工作台停在 B 位置。

（2）工作台自动往复运行的控制电路　在实际生产中，有些机械的工作不仅要求电动机带动设备运行到某一位置能自动停止，还要求在到达指定位置时能自动向反方向运动，例如万能铣床的工作台。

如图 5-15 所示为工作台自动往复运行控制电路，结合图 5-13，做出以下关联：①接触器 KM1 控制电动机正转，拖动工作台向左移动；②接触器 KM2 控制电动机反转，拖动工作台向右移动。

当工作台不在左端 A 位置时，接通电源，按下起动按钮 SB2，接触器 KM1 线圈得电，其触点状态发生变化，主触点闭合，电动机正转带动工作台向左移动。

当工作台运行到 A 位置时，挡铁压下行程开关 SQ1，其触点状态发生变化。行程开关 SQ1 常闭触点断开，使得接触器 KM1 线圈失电，电动机停止正转，工作台不再继续向左移动；行程开关 SQ1 常开触点闭合，使得接触器 KM2 线圈得电，其触点状态发生变化，主触点闭合，电动机反转带动工作台向右移动，然后行程开关 SQ1 触点恢复常态。

当工作台运行到 B 位置时，挡铁压下行程开关 SQ2，其触点状态发生变化。行程开关 SQ2 常闭触点断开，使得接触器 KM2 线圈失电，电动机停止反转，工作台不再继续向右移动；行程开关 SQ2 常开触点闭合，使得接触器 KM1 线圈得电，其触点状态发生变化，主触点闭合，电动机反转带动工作台向左移动，然后行程开关 SQ2 触点恢复常态。

重复上述过程，工作台在电动机的带动下在 A、B 两位置间往复运行。直到按下停止按钮 SB1，工作台停止往复运动。

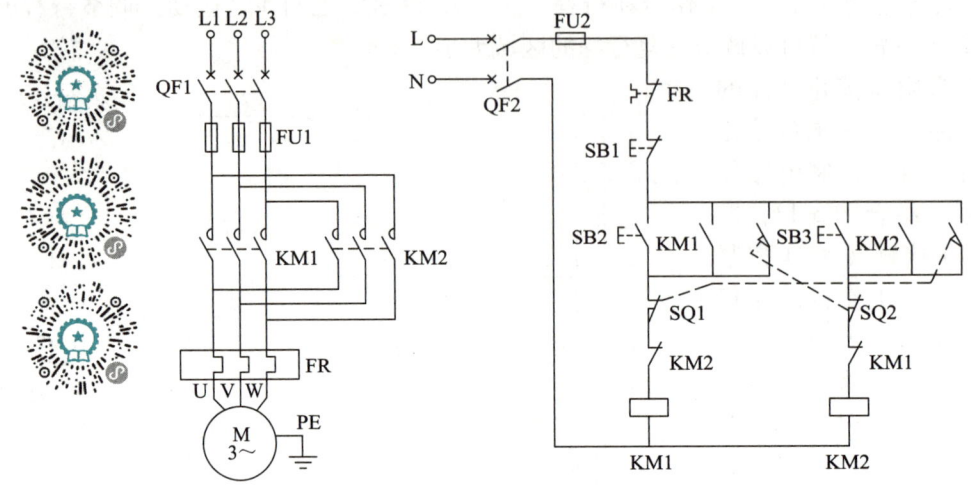

图 5-15 自动往复循环控制电路

（3）具有限位保护功能的工作台往复运行的控制电路　在实际生产中，往往还需要在 A、B 位置的外侧再加两个行程开关分别作为左、右极限保护，如图 5-16 所示。在图 5-17 中，设 KM1 为向右运动的接触器，KM2 为向左运动的接触器。

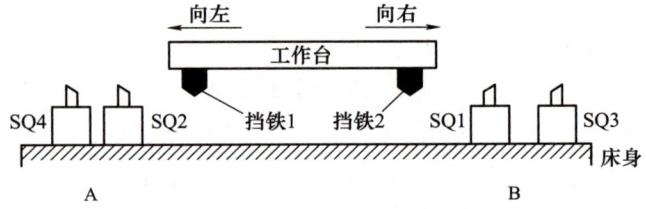

图 5-16 具有极限保护的自动往复工作示意图

具有限位保护的工作台往复运行控制电路如图 5-17 所示。结合图 5-16，接触器 KM1 控制电动机正转，带动工作台向右移动；接触器 KM2 控制电动机反转，带动工作台向左移动。行程开关 SQ3、SQ4 的常闭触点分别串联在接触器 KM1、KM2 的线圈所在的支路上。在工作台往复运行过程中，如果行程开关 SQ1、SQ2 触点没有及时发生变化，导致工作台超出 A、B 位置时，挡铁撞击并压下行程开关 SQ3、SQ4，使其触点发生变化，做出限位保护。

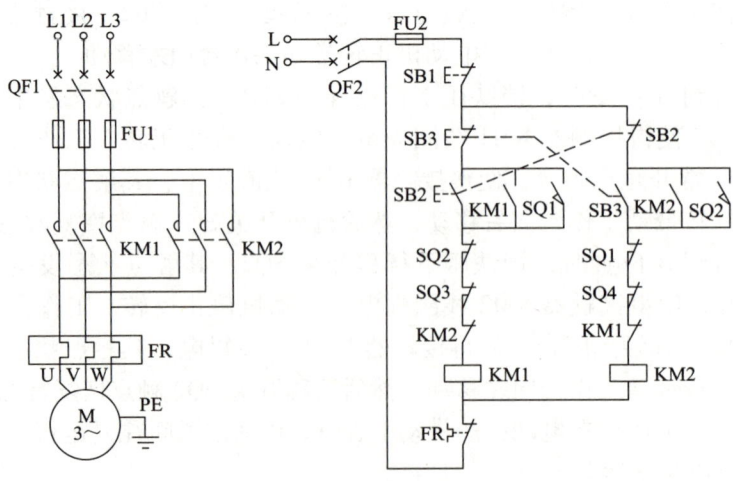

图 5-17 具有限位保护的自动往复控制电路

由上述工作过程可见，运动部件每往返一次，电动机就要经受两次反接制动过程，将出现较大的反接制动电流和机械冲击力。因此，这种电路只适用于循环周期较长的生产机械。并且在选择接触器容量时，应比一般情况下选择的容量大一些。

【你知道吗】

触电的危险程度与哪些因素相关呢？

安全电压是指不致使人直接致死或致残的电压，行业规定安全电压为不高于36V，持续接触安全电压为24V，安全电流为10mA。

人触电后都将对人体产生危害，严重时会威胁触电者的生命安全。触电的危险程度与下列因素紧密相关。

1. 通过人体的电压

较高的电压对人体的危害十分严重，轻的引起灼伤，重的则足以使人致死。即使是36V以下的安全电压，使用者也应该按照规范用电，避免产生安全事故。

2. 通过人体的电流

由于触电者的人体电阻、接触到的电压都不同，因此触电事故发生时，流经人体的电流也有所不同。通过人体的电流只要超过0.1A就能造成触电死亡。

3. 电流通过人体的时间

电流通过人体时间越短、获救的可能性越大；电流通过人体的时间越长，电流对人体的机能破坏越大，获救的可能性也就越小。

4. 电流的频率

一般说来，频率为50~60Hz的电流对人体是最危险的。此外，无线电设备、淬火、烘干和熔炼的高频电气设备辐射出的电磁波，也能引起人体体温升高、身体疲乏、全身无力和头痛失眠等病症。

5. 电流通过人体的途径

电流通过人体时，可使表皮灼伤，并能刺激神经，破坏心脏及呼吸器官的机能。电流通过人体重要器官（心脏）时最为危险。

6. 人体的电阻

人体的电阻一般为10 000~100 000Ω，当皮肤潮湿时或擦破时电阻变小，会加大触电时的危害。

项目 6
PROJECT 6
消防排烟系统控制电路设计与装调

【项目导入】

1. 学习任务

为满足生产需求,常要求拖动机械设备的电动机有多种速度输出。这种根据设备需求人为地改变电动机转动速度的方式,称为调速。根据三相交流异步电动机的特点可知,它本身的调速性能不太好,适用于调速精度要求不高的场合。当对三相交流异步电动机的调速精度要求高时,可以通过变频器的使用完成电动机的变频调速。

本项目通过对消防排烟系统控制电路的设计、分析与装调,学习三相交流异步电动机变极调速的相关知识与技能,具体内容如下。

一消防排烟系统,采用双速电动机进行控制。该电动机的技术参数如下:$U_{1N} = U_{2N} = 380V$,$P_{1N} = 5.5kW$,$P_{2N} = 10kW$,$I_{1N} = 19.6A$,$I_{2N} = 20.6A$,采用△/丫丫联结,电网允许其直接启动。无消防报警时采用低速运行(空调送风),有消防报警时采取高速运行(消防排烟),高速运行时要求信号灯以 0.5Hz 的频率闪烁以发出警示。试设计满足该控制要求的电气控制原理图,选取合适的电气元件进行安装并调试成功。

2. 学习目标

(1) 知识目标

了解三相交流异步电动机调速的方法及特点、三相交流异步电动机变极调速的种类和特点,熟悉三相交流异步电动机变极调速控制电路的组成、工作原理及装调方法。

(2) 技能目标

能够分析三相交流异步电动机变极调速控制电路的工作原理,能够根据任务要求设计合理的三相交流异步电动机变极调速控制电路,能够根据电气原理图对三相交流异步电动机变极调速控制电路进行安装并调试成功。

(3) 素养目标

通过对三相交流异步电动机变极调速电气控制原理图的分析、设计与装调等相关知识与技能的学习，加强多角度分析问题的意识，分析调速的手段和技术，形成节能减排意识、环保意识，增强使命感与责任感。

【信息获取】

学习任务 6-1　三相交流异步电动机变极调速认识

小提示：在一些对调速要求不高的场合，可以通过改变电动机的磁极对数来改变它的转动速度。磁极对数的改变是通过改变定子绕组的连接形式来实现的。那么，如何安全可靠地改变三相交流异步电动机定子绕组的连接形式进而改变磁极对数和转速呢？

问题引导 1：三相交流异步电动机的调速方法有哪些？
_____
_____

问题引导 2：三相交流异步电动机变频调速有什么优缺点？
_____
_____

问题引导 3：三相交流异步电动机改变转差率调速的手段是什么？有什么优缺点？
_____
_____

问题引导 4：三相交流异步电动机变极调速主要有哪些方式？各有什么优缺点？
_____
_____

问题引导 5：所有的电动机都可以采用变极调速吗？
_____
_____

问题引导 6：丫/丫丫变极调速中，电动机在丫联结下的运行速度比丫丫联结下的运行速度高吗？
_____
_____

练一练

图 6-1 所示为双速三相交流异步电动机的绕组接线控制电路图。如果要利用接触器 KM1 将其定子绕组接为△，利用接触器 KM2、KM3 将其定子绕组接为丫丫，则该如何接线？请在图中画出。

电机与电气控制技术

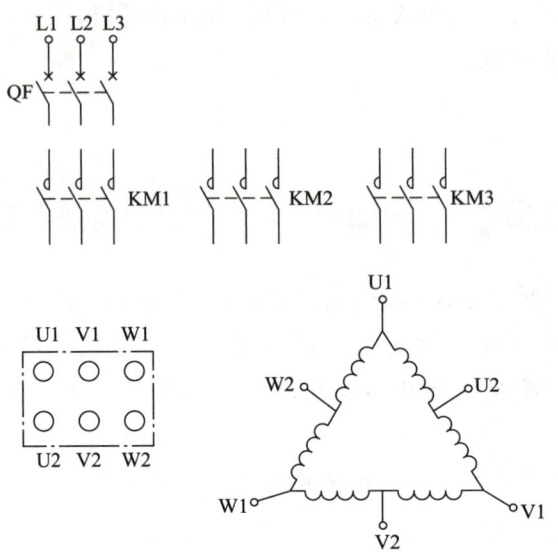

图 6-1　双速三相交流异步电动机的绕组接线控制电路图

学习任务 6-2　三相交流异步电动机变极调速控制电路分析与装调

小提示：三相交流异步电动机变极调速时，两种绕组的接法是不允许同时接通的，控制电路是如何实现两种绕组接法的可靠调换的呢？

问题引导 1：若三相交流异步电动机采用变极调速，则切换转速时主电路是否需要换相？
_____
_____

问题引导 2：三相交流异步电动机变极调速时，主电路中需要使用两个热继电器在不同转速时分别做过载保护吗？
_____
_____

问题引导 3：三相交流异步电动机变极调速控制的电路与正反转控制的电路有什么异同？
_____
_____

问题引导 4：在如图 6-5 所示的三相交流异步电动机变极调速控制电路中，中间继电器 KA1 的主要作用是什么？
_____
_____

 练一练

一台双速三相交流异步电动机，其主要技术参数为：$U_{1N} = U_{2N} = 380V$，$P_{1N} = 7.5kW$，$P_{2N} = 13kW$，$I_{1N} = 24.5A$，$I_{2N} = 26.4A$，采用△/丫丫联结，其控制电路如图6-4所示，试根据该电气原理图，选择合适的电气元件，按工艺要求进行安装并调试。

1. 分析原理图。
（1）按照等电位的原则在原理图中标出电位号。
（2）主电路中，高速运行时使用的是接触器_____，低速运行时使用的是接触器_____。

2. 填写主要元件明细表，见表6-1。

表6-1 元件明细表

序号	名称	型号与规格	单位	数量	备注
1	断路器 QF1		个		
2	断路器 QF2		个		
3	交流接触器 KM1		个		
4	交流接触器 KM2		个		
5	交流接触器 KM3		个		
6	热继电器 FR1		个		
7	热继电器 FR2		个		
8	按钮 SB1		个		
9	按钮 SB2		个		
10	按钮 SB3		个		
11	信号灯 HL1		个		
12	信号灯 HL2		个		
13	熔断器 FU1		个		
14	熔断器 FU2		个		

3. 绘制电气布置图及电气安装接线图。

4. 按照工艺要求进行电气控制电路的安装与调试，直至成功。

注意：不可带电安装设备或连接导线，断开电源后才能进行故障处理。通电检查和试车时必须通知指导教师及附近人员，在有指导教师现场监护的情况下才能通电试车。

【项目实施】

1)小组成员相互讨论三相交流异步电动机双速运行控制方法,在充分分析并吸取其他小组汇报的工作计划及教师点评的基础上,小组内部进行多次讨论,对工作计划不断进行修改完善,基本按照如下流程制定相关计划:明确控制要求→设计电气原理图→选用电气元件→准备并检查实训设备及器材→布局并安装实训器材→安装电气控制电路→通电试车→分析并排除故障,直至调试成功。

2)设计并正确绘制电气原理图,然后按等电位原则标注电位号。

注意:小组成员各自初步制定设计方案,然后小组集中讨论并提出自己的看法,最终在教师指导下评出最佳方案。

3)列出仪器仪表、工具、耗材等所需设备清单,见表6-2。若表格行数不够,请自行增加。

表6-2 消防排烟系统控制电路设计与装调项目元件明细表

序号	名称	型号与规格	单位	数量	备注
1					
2					
3					
4					
5					
6					
7					
8					

4)根据所做设计并结合实际情况绘制电气布置图和电气安装接线图。

5)按照工艺要求进行电气控制电路的安装与调试,直至调试成功。

注意:不可带电安装设备或连接导线,断开电源后才能进行故障处理。通电检查和试车时,必须通知指导教师及附近人员,在有指导教师现场监护的情况下才能通电试车。

【项目评价与反思】

项目完成后,教师综合个人和小组同学在项目完成过程中的表现以及项目完成的情况,对学生做出客观评价,认真填写表 6-3。同时指出成功与不足,明确学习的重点和后期的改进方向。

表 6-3 消防排烟系统控制电路设计与装调项目评价表

主要内容		评分标准	配分	扣分	得分
职业素养	信息检索	能根据工作需要有效利用网络、图书资源、工作手册查找有用的相关信息	5分		
	仪态表达	仪态自然,吐字清晰;思路清晰,层次分明,表达准确	5分		
	团队精神	积极主动参与工作,与教师、同学之间相互尊重、理解,保持多向、丰富、适宜的信息交流;能提出有意义的问题或发表个人见解;能够倾听别人的意见、协作共享	5分		
	学习方法	学习方法得当,有工作计划;探究式学习、自主学习不流于形式,处理好合作学习和独立思考关系,做到有效学习	5分		
	工作过程	遵守管理规程,操作过程符合现场管理要求;善于从多角度分析问题,能主动发现、提出有价值的问题;能够正确地完成工作任务	10分		
知识与技能	原理图设计	1. 电气原理图功能无法实现,每处扣5分,扣完为止 2. 电气符号绘制错误,每处扣2分,扣完为止 3. 未按等电位原则进行电位号标记,每处扣2分,扣完为止	15分		
	电气元件的选择及安装	1. 按钮颜色选错,每次扣2分,扣完为止 2. 元件规格选择错误,每个扣2分,扣完为止 3. 电气元件安装位置不符合要求,每处扣2分,扣完为止	10分		
	电气控制电路安装工艺	1. 导线走线不符合要求,出现交叉,每处扣1分,扣完为止 2. 少接或多接一根导线,每处扣1分,扣完为止 3. 该过而未过端子排,每处扣1分,扣完为止 4. 号码管错误或未套,每处扣1分,扣完为止 5. 导线端子有毛刺,每处扣1分,扣完为止	10分		
	电气控制电路功能调试	1. 速度切换时发生换相或其他安全事故,扣10分 2. 不能实现低速起动控制,扣2分 3. 不能实现高速起动控制,扣2分 4. 不能实现低速停止控制,扣2分 5. 不能实现高速停止控制,扣2分 6. 不能实现消防排烟警示控制,扣5分 7. 消防排烟警示闪烁频率不符合要求,扣2分 8. 每修改一次控制电路,扣5分,直至通电成功或扣完为止	25分		
	安全文明生产	1. 考试过程中,违反安全文明考核要求,每处扣2分,扣完为止 2. 当考生被考评员发现有重大事故隐患时,予以制止后,每次扣5分,扣完为止	10分		
备注	考试时间		考评员签字	成绩	
总结与反思					

【思考与提高】

一、填空题

1. 三相交流异步电动机的调速方法主要有_____、_____和_____。

2. 三相交流异步电动机采用变频调速时，调速范围比较_____，调速平滑性比较_____。

3. 三相交流异步电动机的变极调速属于_____调速，平滑性很差，精度不高。

4. 三相交流异步电动机采用△/丫丫变极调速时，速度比较高时的绕组接法为_____。这种调速适合_____负载。

二、选择题

1. 在对一台三相交流异步电动机进行变极调速时，若把磁极对数 p 由 2 变为 1，则同步转速_____。

    A. 增加一倍　　　　B. 减小一半　　　　C. 不变

2. 若对一台三相交流异步电动机进行△/丫丫变极调速，则在改变绕组接法的同时使外加电源相序_____。

    A. 不变　　　　　　B. 改变　　　　　　C. 变不变都可

3. 三相交流异步电动机的丫/丫丫变极调速方法适用于_____负载。

    A. 恒转矩　　　　　B. 恒功率　　　　　C. 通风机类

三、分析题

1. 三相交流异步电动机定子绕组改接为丫/△联结时，转子的转速也会发生变化，这种属于调速吗？

2. 在双速运行控制电路中，如果接线时没有调转相序，换速时会发生什么情况？

【相关知识】

一、三相交流异步电动机的调速

1. 三相交流异步电动机的调速方法

根据三相交流异步电动机的转速公式

$$n = (1-s)n_1 = (1-s)\frac{60f}{p}$$

可知，若要改变三相交流异步电动机的转速，可以从以下几个方面入手：

1）改变电动机的电源频率，以改变同步转速 n_1 进行调速，称为变频调速。
2）改变电动机的转差率 s 来进行调速，称为改变转差率调速。
3）改变电动机的磁极对数 p，以改变同步转速 n_1 进行调速，称为变极调速。

变频调速的调速范围很大，而且具有很好的调速平滑性和足够的机械特性，但是需要专门的变频电源；改变转差率调速包括定子调压调速、三相绕线式异步电动机转子回路串电阻调速和串极调速，该方法的调速范围不大，稳定性差，平滑性不是很好；变极调速只能在倍数关系下进行，切换比例关系为整数，对于调速精度要求不高的场合，可以采用变极调速。

2. 三相交流异步电动机的变极调速方法

（1）三相交流异步电动机变极调速的方式

1）三相交流异步电动机定子绕组 △/丫丫 联结方式。双速电动机定子绕组 △/丫丫 联结如图 6-2 所示。

如图 6-2a 所示，定子绕组接成了 △，磁极对数为 $2p$，L1、L2、L3 分别向 U1、V1、W1 供电，电动机慢速运转；如图 6-2b 所示，定子绕组接成了 丫丫，磁极对数为 p，L1、L2、L3 分别向 U2、V2、W2 供电，电动机快速运转。这种调速方式近似为恒功率，适用于恒功率负载。

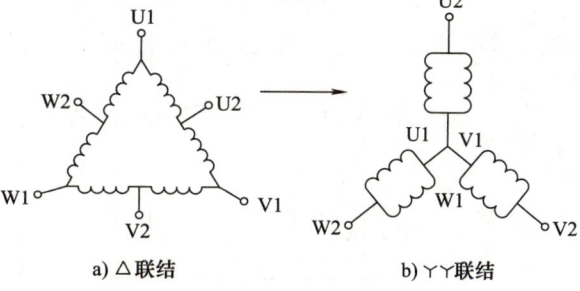

图 6-2 双速三相交流异步电动机 △/丫丫 联结

2）双速三相交流异步电动机定子绕组 丫/丫丫 联结方式。双速电动机定子绕组 丫/丫丫 联结如图 6-3 所示。

如图 6-3a 所示，定子绕组接成了 丫（磁极对数为 $2p$），L1、L2、L3 分别向 U1、V1、W1 供电，电动机慢速运转；如图 6-3b 所示，定子绕组接成了 丫丫（磁极对数为 p），L1、L2、L3 分别向 U2、V2、W2 供电，电动机快速运转。这种调速方式适用于恒转矩负载。

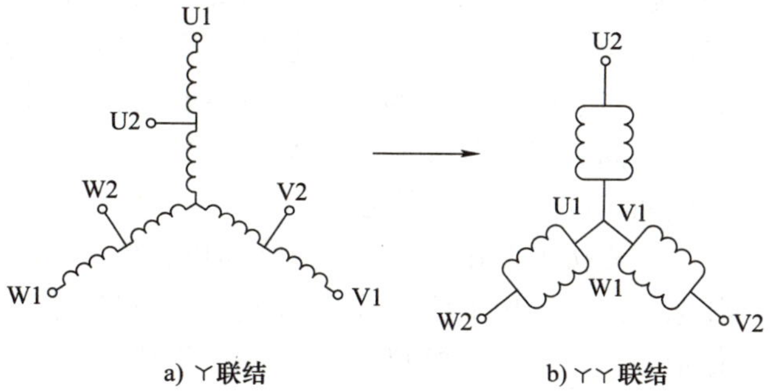

图 6-3 双速三相交流异步电动机 丫/丫丫 联结

（2）双速三相交流异步电动机运行控制方案

1）自由控制。功率较小、负载不大的双速三相交流异步电动机在运行时，通常对低速、高速起停和运行没有太严格的限制，即该电动机在低速、高速下可以随意起动、停止。

2）低速起动控制。功率较大、负载也较大的双速三相交流异步电动机通常采用低速起动，但是停止不受限制。

3）低速起停控制。功率较大、负载较大且对机械设备有冲击的双速三相交流异步电动机必须采用低速起动和停止控制。

二、三相交流异步电动机双速运行的控制电路

1. 三相交流异步电动机自由换速的双速运行控制电路

三相交流异步电动机自由换速（直接换速）的双速运行控制电路如图 6-4 所示。

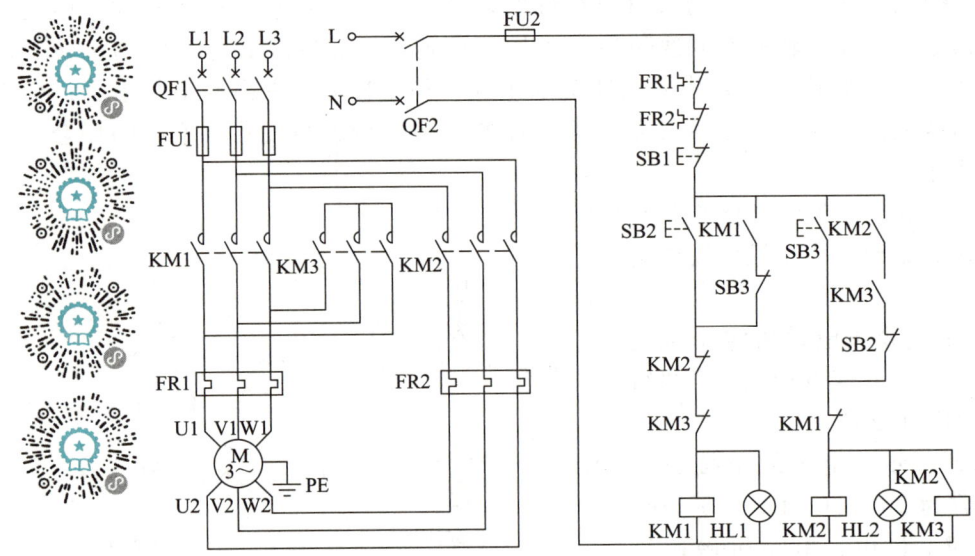

图 6-4　双速三相交流异步电动机自由换速（直接换速）的双速运行控制电路

接通电源后，该控制电路的工作原理为：

1）按下起动按钮 SB2，接触器 KM1 的线圈得电，触点状态发生变化，三相交流异步电动机接通外接电源，电动机定子绕组采用三角形或者星形联结，低速起动，信号灯 HL1 亮。

2）按下按钮 SB3，接触器 KM1 的线圈失电，其触点恢复常态，低速运行结束，信号灯 HL1 熄灭。同时接触器 KM2 和 KM3 的线圈得电，电动机定子绕组改为丫丫联结的同时外接电源，电动机高速运行，信号灯 HL2 亮。

反之，先按下按钮 SB3，高速起动后，再按下按钮 SB2 进入低速运行状态。

任意状态下，按下停止按钮 SB1，电动机停止转动。

仔细分析，发现该控制电路中的按钮 SB3、SB2 的常闭触点与自锁触点相串联，形成了机械互锁，使得电动机可以实现自由换速控制。这里接触器 KM2 和 KM3 的线圈是同时得、失电的，如果将其看成一体，则该电路结构和双重互锁正反转控制电路是类似的。

2. 三相交流异步电动机低速起停的双速运行控制电路

三相交流异步电动机低速起停的双速运行控制电路如图 6-5 所示。

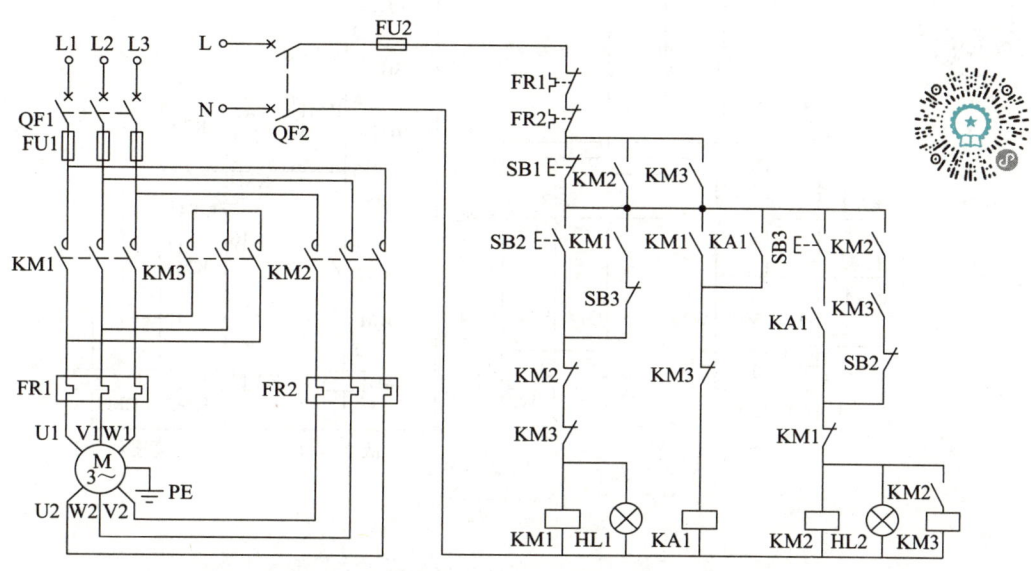

图 6-5　三相交流异步电动机低速起停的双速运行控制电路

接通电源后，该电路的工作原理为：

（1）电动机的起动　按下起动按钮 SB2，交流接触器 KM1 的线圈得电，其触点状态改变，定子绕组采用丫或者△联结，电动机低速起动，信号灯 HL1 亮。同时中间继电器 KA1 的线圈得电并自锁，为高速运行打下基础。

假如是先按下按钮 SB3，由于中间继电器 KA1 的触点没闭合，电动机无法起动。所以，该电路控制下的电动机只能低速起动。

（2）速度的切换　低速运行起来后，再按下按钮 SB3，交流接触器 KM1 的线圈失电，其触点恢复常态，低速联结接法解除，信号灯 HL1 熄灭；同时交流接触器 KM2、KM3 的线圈得电，将定子绕组改为丫丫联结，电动机开始高速运行，信号灯 HL2 亮。在电动机高速运行时，按下按钮 SB2，使得交流接触器 KM2、KM3 的线圈失电，丫丫联结断开，信号灯 HL2 熄灭，同时再次接通交流接触器 KM1 的线圈和信号灯 HL1，将电动机定子绕组改为丫或者△联结，回到低速运行状态。

（3）电动机的停止　当电动机在高速运转时，停止按钮 SB1 被交流接触器 KM1、KM2 的触点短接，所以无法使电动机停止。只能在电动机处于低速运转时，按下停止按钮 SB1，电动机才能失电停止运转。

根据上述电动机双速运行控制电路的工作原理，可以自行分析只要求低速起动且对停止控制不做要求的双速电动机电气控制电路的组成。

电动机自动双速运行控制电路如图 6-6 所示，试分析电气控制电路的工作原理。

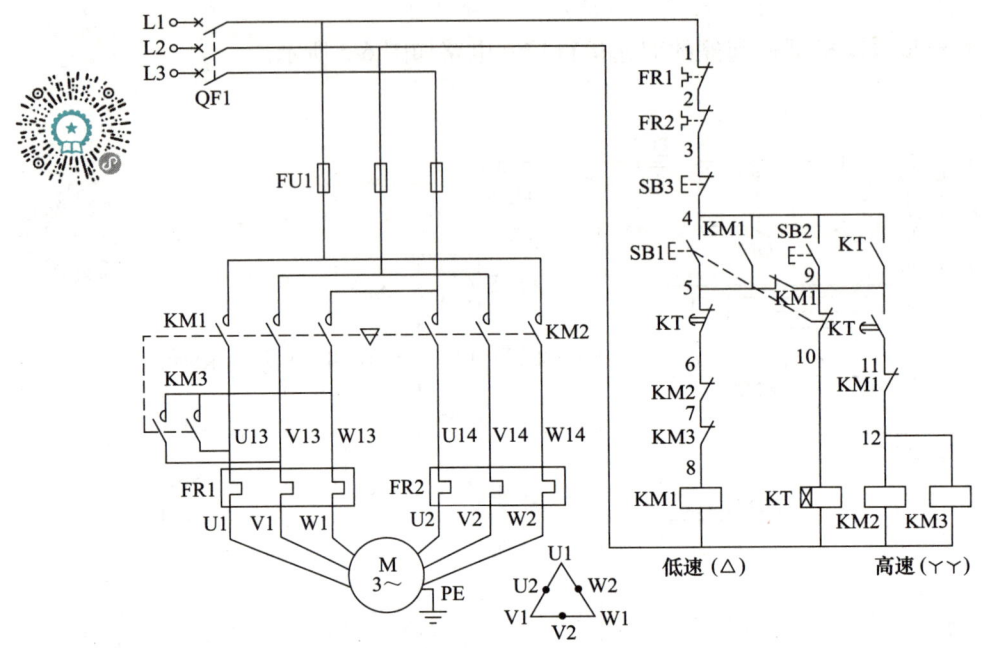

图 6-6 三相交流异步电动机自动双速运行控制电路

【你知道吗】

能源短缺和环境污染是人类当前面临的共同的重大难题，已引起世界各国对节能技术的广泛关注。国际国内公认的电机节能的最佳方式就是调速技术。

近几年来，科学技术的不断发展为调速技术的发展创造了极为有利的技术条件和物质基础，尤其是变频调速技术的应用，使电机调速节能技术取得了突破。

目前，我国的变频器技术已经达到了世界先进水平，在功率密度、效率和可靠性等方面都有了长足的进步。技术上，我国的变频器厂家已经掌握了关键的变频器控制技术和智能化控制技术，能够生产出各种不同功率级别的高性能变频器产品。而在市场上，我国变频器产品已经通过了 ISO9001 质量体系认证，产品运行稳定可靠，能够满足各种应用场合的需求。

未来，我国的变频器技术将继续发展，主要表现在以下几个方面。

1）提高产品中的集成度和可靠性。变频器厂家将会努力使变频器在更小的空间中具有强大而稳定的控制能力，同时保证其具有更高的电气和机械可靠性。

2）研发更高性能、更高效率的产品。随着电机技术和应用的不断发展，用户对变频器的要求也会相应增加，未来变频器产品需要更高的效率和更大的功率密度。

3）更广泛的应用领域。随着自动化、智能化的发展，未来变频器将会在更多的应用领域中得到应用。例如在风力发电、电动汽车、智能网联等领域，变频器将会发挥更大的作用。

总之，我国的变频器技术已经迈上了高水平发展的道路。未来，随着电机技术和应用的进一步发展，变频器技术也将会实现飞速的发展，为我国的工业发展做出更大的贡献。

项目 7
PROJECT 7
工业用水泵系统控制电路设计与装调

【项目导入】

1. 学习任务

三相交流异步电动机功率较大时,直接起动的电流不仅会对电动机自身造成一定的影响,也可能会影响同一电网中其他电气设备的正常运行。所以当电动机的功率与所在电网容量不满足要求时,需要根据实际情况对三相交流异步电动机采用适合的减压起动控制方式。

本项目通过工业用水泵系统控制电路的设计、分析与装调,学习三相交流异步电动机减压起动控制电路的相关知识与技能,具体内容如下。

某工业用水泵的工作泵为一台三相交流异步电动机,其 P_N = 37kW、U_N = 380V、I_N = 72A、n_N = 985r/min、定子绕组为△联结、起动转矩倍数 α_{sT} = 1.8、起动电流倍数 α_{sI} = 6,要求起动电流小于 120A、起动转矩必须大于 30N·m。当水池水位低于某一位置时,要求停泵并报警,正常运行时要求具有起动信号灯、运行信号灯,试设计满足该控制要求的电气原理图,选取合适的电气元件进行安装并调试成功。

2. 学习目标

(1) 知识目标

了解三相交流异步电动机减压起动的特性及限制条件、方式选择的计算方法,熟悉三相交流异步电动机减压起动控制电路的组成、工作原理及装调方法。

(2) 技能目标

能够根据铭牌数据及电网容量判断三相交流异步电动机是否需要减压起动,能够根据任务要求合理选用三相交流异步电动机减压起动方案,能够根据任务要求正确设计三相交流异步电动机减压起动控制电路;能够根据电气原理图对三相交流异步电动机减压起动控制电路进行安装调试。

(3) 素养目标

通过对三相交流异步电动机降压起动控制电路图的分析、设计、装调等相关知识与技能的学习,学会处理个体与集体的关系,了解事物的绝对性和相对性,加强自我约束、管理意识、创新意识、工匠精神的培养。

【信息获取】

学习任务 7-1　三相交流异步电动机减压起动控制认识

小提示：功率较大的三相交流异步电动机直接起动电流很大，可能会导致自身受到冲击，也可能影响同电网中的其他用电设备。那么，如何才能够实现较大功率电动机安全可靠地起动呢？

问题引导 1：三相交流异步电动机的起动方式与哪些因素相关？
_____
_____

问题引导 2：三相交流异步电动机直接起动时，较大的起动电流会对电路产生什么样的影响？
_____
_____

问题引导 3：为什么三相交流异步电动机直接起动时的起动电流很大而起动转矩并不大？
_____
_____

问题引导 4：三相交流异步电动机减压起动的目的主要是什么？适用于重载起动吗？
_____
_____

问题引导 5：三相交流异步电动机减压起动的主要方法有哪些？
_____
_____

问题引导 6：三相交流异步电动机通过定子串联电阻来减压起动的方法有哪些优缺点？
_____
_____

问题引导 7：三相交流异步电动机Y/△减压起动有哪些优缺点？
_____
_____

问题引导 8：三相交流异步电动机自耦变压器减压起动有哪些优缺点？
_____
_____

练一练

已知一台三相交流异步电动机的部分参数为：$P_N = 20\text{kW}$，$U_N = 380\text{V}$，定子绕组为△联结，$\cos\phi_N = 0.85$，$\eta_N = 0.866$，$n_N = 1460\text{r/min}$，起动转矩倍数 $\alpha_{sT} = 1.5$，起动电流倍数 $\alpha_{sI} = 6.5$，供电变压器要求起动电流小于 120A。试求：（1）I_N 是多少？（2）最大能起动多大转矩的负载？（3）全压起动电流是多少？（4）Y/△减压起动电流是多少？

学习任务 7-2　三相交流异步电动机减压起动控制电路分析与装调

小提示：三相交流异步电动机的减压起动仅存在于起动时的短时间内，起动过程结束后，电动机仍要获取额定电压进行工作。那么，如何安全可靠地实现三相交流异步电动机的减压起动与全压运行控制呢？

问题引导 1：三相交流异步电动机定子串联电阻实现电动机减压起动后，因某种原因电阻未能从电路中切除，会导致电动机损坏吗？
_____
_____

问题引导 2：三相交流异步电动机Y/△减压起动时降低的是线电压还是相电压？
_____
_____

问题引导 3：定子绕组为Y联结的三相交流异步电动机，能采用Y/△减压起动方式吗？
_____
_____

问题引导 4：三相交流异步电动机采用自耦变压器减压起动方式时，起动电流和起动转矩是怎样变化的？
_____
_____

问题引导 5：三相交流异步电动机采用自耦变压器减压起动时，降低的是线电压还是相电压？
_____
_____

练一练

一台三相交流异步电动机，$U_N = 380V$、$P_N = 20kW$、$I_N = 26.4A$。其控制电路如图 7-9 所示，试根据该电气原理图选择合适的电气元件进行安装并调试成功。

1. 分析原理图。

（1）按照等电位的原则在原理图中标出电位号。

（2）主电路中，减压起动时使用的是接触器_____，全压运行时使用的是接触器_____。

2. 填写主要元件明细，见表 7-1。

表 7-1 元件明细表

序号	名称	型号与规格	单位	数量	备注
1	断路器 QF1		个		
2	断路器 QF2		个		
3	交流接触器 KM1		个		
4	交流接触器 KM2		个		
5	交流接触器 KM3		个		
6	热继电器 FR1		个		
7	热继电器 FR2		个		
8	熔断器 FU1		个		
9	熔断器 FU2		个		
10	按钮 SB1		个		
11	按钮 SB2		个		
12	信号灯 HL1		个		
13	信号灯 HL2		个		
14	时间继电器 KT		个		

3. 绘制电气布置图及电气安装接线图。

4. 按照工艺要求进行电气控制电路的安装与调试，直至成功。

注意：不可带电安装设备或连接导线，断开电源后才能进行故障处理。通电检查和试车时必须通知指导教师及附近人员，在有指导教师现场监护的情况下才能通电试车。

【项目实施】

1）小组成员相互讨论三相交流异步电动机减压起动控制方法,在充分分析并吸取其他小组汇报的工作计划及教师点评的基础上,小组内部进行多次讨论,对工作计划不断进行修改完善,基本按照如下流程制定相关计划:明确控制要求→设计电气原理图→选用电气元件→准备并检查设备及器材→布局并安装相关器材→安装电气控制电路→通电试车→调试成功。

2）选择水泵起动方式。

3）设计并正确绘制电气原理图并按等电位原则标注电位号。

注意:小组成员各自初步制定设计方案,然后小组集中讨论并提出自己的看法,最终在教师指导下评出最佳方案。

4）填写 7-2,列出仪器仪表、工具、耗材等所需设备清单。若表格行数不够,请自行增加。

表 7-2 工业用水泵系统控制电路设计与装调项目元件明细表

序号	名称	型号与规格	单位	数量	备注
1					
2					
3					
4					
5					
6					
7					
8					

5）根据所做设计并结合实际情况绘制电气布置图和电气安装接线图。

6）按照工艺要求进行电气控制电路的安装与调试，直至调试成功。

注意：不可带电安装设备或连接导线，断开电源后才能进行故障处理。通电检查和试车时，必须通知指导教师及附近人员，在有指导教师现场监护的情况下才能通电试车。

【项目评价与反思】

项目完成后，教师综合个人和小组同学在项目完成过程中的表现以及项目完成的情况，对学生做出客观评价，认真填写表7-3。同时指出成功与不足，明确学习的重点和后期的改进方向。

表 7-3 工业用水泵系统控制电路设计与装调项目评价表

主要内容		评分标准	配分	扣分	得分
职业素养	信息检索	能根据工作需要有效利用网络、图书资源、工作手册查找有用的相关信息	5分		
	仪态表达	仪态自然，吐字清晰；思路清晰，层次分明，表达准确	5分		
	团队精神	积极主动参与工作，与教师、同学之间相互尊重、理解，保持多向、丰富、适宜的信息交流；能提出有意义的问题或发表个人见解；能够倾听别人的意见、协作共享	5分		
	学习方法	学习方法得当，有工作计划；探究式学习、自主学习不流于形式，处理好合作学习和独立思考的关系，做到有效学习	5分		
	工作过程	遵守管理规程，操作过程符合现场管理要求；善于从多角度分析问题，能主动发现、提出有价值的问题；能够正确地完成工作任务	10分		
知识与技能	原理图设计	1. 电气原理图功能无法实现，每处扣5分，扣完为止 2. 电气符号绘制错误，每处扣2分，扣完为止 3. 未按等电位原则进行电位号标记，每处扣2分，扣完为止	15分		
	电气元件的选择及安装	1. 按钮颜色选错，每次扣2分，扣完为止 2. 元件规格选择错误，每只扣2分，扣完为止 3. 电气元件安装位置不符合要求，每处扣2分，扣完为止	10分		
	电气控制电路安装工艺	1. 导线走线不符合要求，出现交叉，每处扣1分，扣完为止 2. 少接或多接一根导线，每处扣1分，扣完为止 3. 该过而未过端子排，每处扣1分，扣完为止 4. 号码管错或未套，每处扣1分，扣完为止 5. 导线端子有毛刺，每处扣1分，扣完为止	10分		

(续)

主要内容		评分标准	配分	扣分	得分
知识与技能	电气控制电路功能调试	1. 不能实现电动机减压起动控制，扣5分 2. 减压起动后不能实现全压运行控制，扣5分 3. 不能实现水泵故障报警控制，扣3分 4. 不能实现电动机的停止控制，扣2分 5. 减压起动过程中不能实现信号指示控制，扣2分 6. 全压运行过程中不能实现信号指示控制，扣2分 7. 每修改一次控制电路，扣5分，直至通电成功或扣完为止	25分		
	安全文明生产	1. 考试过程中，违反安全文明考核要求，每处扣2分，扣完为止 2. 当考生被考评员发现有重大事故隐患时，予以制止后，每次扣5分，扣完为止	10分		
备注	考试时间	考评员签字	成绩		
总结与反思					

【思考与提高】

一、选择题

1. 三相交流异步电动机采用Y/△减压起动，适用于正常工作时定子绕组为_____联结的电动机。

　　A. △　　　　　　B. Y　　　　　　C. 两种都行

2. 三相交流异步电动机Y/△减压起动电路中，Y联结起动电压为△联结的_____。

　　A. $1/\sqrt{3}$　　　B. $1/\sqrt{2}$　　　C. 1/3

3. 三相交流异步电动机Y/△减压起动电路中，Y联结起动电流为△联结的_____。

　　A. $1/\sqrt{3}$　　　B. $1/\sqrt{2}$　　　C. 1/3

4. 三相交流异步电动机采用自耦变压器减压起动，适用于正常工作时_____联结的电动机。

　　A. △　　　　　　B. Y　　　　　　C. 两种都行

5. 三相交流异步电动机的延边三角形起动方法，是改变_____的接法以实现减压起动的。

　　A. 电源相序　　　B. 电动机端子　　　D. 电动机定子绕组

6. 三相交流异步电动机Y/△减压起动可使起动转矩减少到直接起动时的_____。

　　A. 1/2　　　　　B. 1/3　　　　　C. 1/4

7. 三相交流异步电动机的减压起动方式包括_____。

　　A. 串电阻减压起动　B. Y/△减压启动　C. 以上都有

8. 三相交流异步电动机Y/△减压起动适合于_____的场合。

　　A. 起动转矩大　　B. 起动转矩小　　C. 起动负载小

9. 当功率与电网容量比小于 0.35 时，三相交流异步电动机可以采用_____起动方式。

    A. 全压　　　　　　C. Y/△降压　　　　C. 自耦变压器降压

10. 三相交流异步电动机自耦变压器减压起动适合于其额定功率与电网容量的比_____0.58。

    A. 大于　　　　　　B. 小于　　　　　　C. 等于

二、分析题

1. 找出如图 7-1 所示的三相交流异步电动机 Y/△减压起动控制电路中的错误，并画出正确的电路。

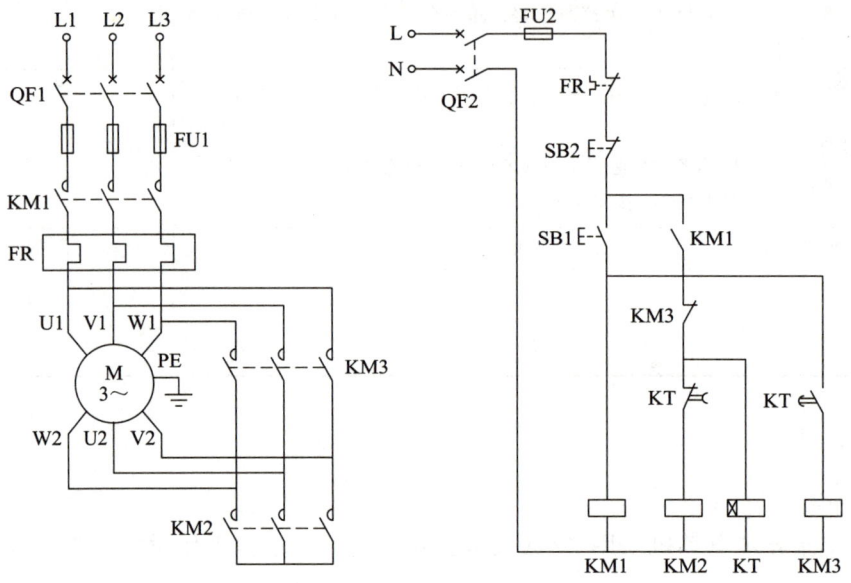

图 7-1　电气原理图（一）

2. 如图 7-2 所示为抽水泵电动机控制电路，它属于什么起动方式？请分析其工作过程。

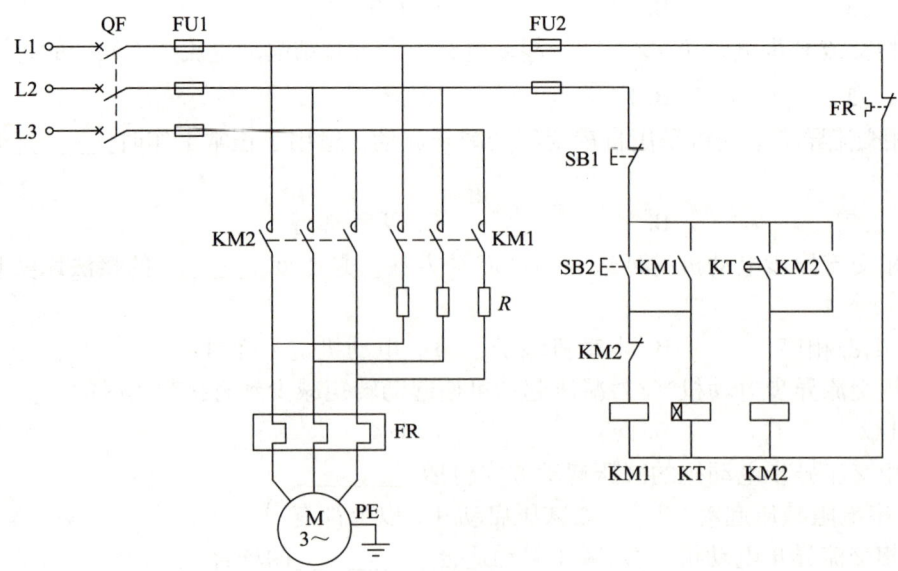

图 7-2　电气原理图（二）

3. 在如图 7-3 所示的电路中标出交流接触器的符号，指出它是什么控制电路、写出它的控制原理。

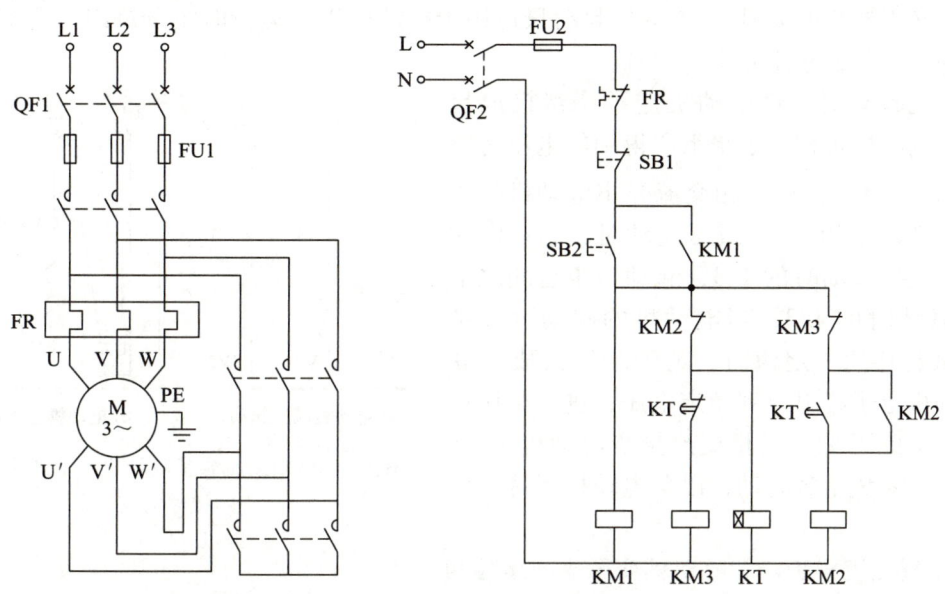

图 7-3　电气原理图（三）

【相关知识】

一、三相交流异步电动机的减压起动

三相交流异步电动机减压起动是指在起动时降低定子绕组上的相电压，起动过程结束后再把电压恢复到额定值的起动方式。减压起动时，起动电流会减小，根据三相交流异步电动机的机械特性，起动转矩也会减少，因此减压起动只适合于轻载或者空载起动。

三相交流异步电动机减压起动包括定子串电阻（或电抗）减压起动、自耦变压器减压起动、丫/△减压起动、延边三角形减压起动等方式。

1. 三相交流异步电动机定子串电阻减压起动

三相交流异步电动机定子串电阻减压起动的接线方法如图 7-4 所示。

根据串联分压的原理，在三相交流异步电动机定子绕组与外接电源之间串联电阻（或电抗）后，三相交流异步电动机在起动过程中得不到全部电压，从而减小了定子绕组上的起动电压、起动电流，使实际加到电动机定子绕组中的电压低于额定电压；待电动机转速上升到一定值，起动过程结束后，再将串联的电阻（或电抗）切除，使电动机在额定电压下运行。

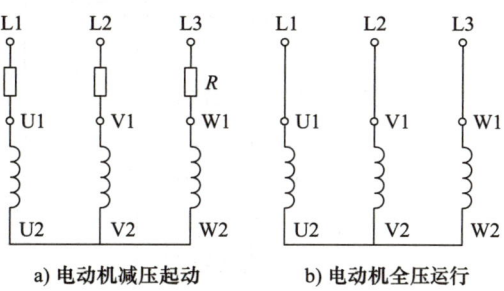

a) 电动机减压起动　　b) 电动机全压运行

图 7-4　三相交流异步电动机定子串电阻减压起动的接线方法

2. 三相交流异步电动机丫/△减压起动

三相交流异步电动机丫/△减压起动的接线方法如图 7-5 所示。

三相交流异步电动机丫/△减压起动只适用于电动机正常运行时定子绕组的接法为△的三相交流异步电动机。

电动机起动时，将电动机定子绕组接成星形，这时电动机每相定子绕组所得到的电压为额定电压的 $1/\sqrt{3}$。根据三相交流异步电动机的机械特性可知，采用丫/△减压起动时，起动电流为△联结直接起动时的 1/3，起动转矩也随之下降为△联结时的 1/3；当电动机的起动过程结束，转速上升到一定值时，定子绕组换成△联结，电动机定子绕组得到额定电压，进入全压运行状态。由此可见，三相交流异步电动机丫/△减压起动要避免重载起动，以免电动机因过载而损坏。

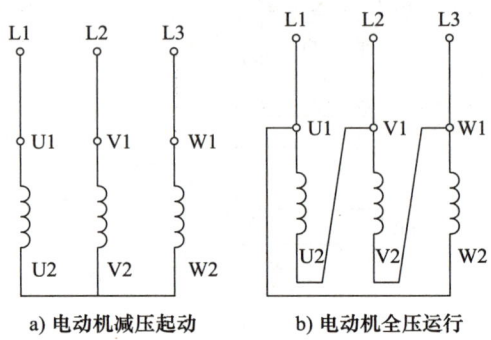

a) 电动机减压起动　　b) 电动机全压运行

图 7-5　三相交流异步电动机丫/△减压起动的接线方法

3. 三相交流异步电动机自耦变压器减压起动

三相交流异步电动机自耦变压器减压起动的接线方法如图 7-6 所示。

三相交流异步电动机自耦变压器减压起动是将自耦变压器接入电动机的定子回路，电动机起动时，通过变压器的输出端的低压抽头将一部分电压加到电动机定子绕组上；待电动机的起动过程结束，转速上升到一定值时，再切除自耦变压器，使电动机定子绕组获得全部工作电压。

这样，采用自耦变压器减压起动的电动机在起动时每相绕组电压为正常工作电压的 $1/k$（k 是自耦变压器的匝数比，$k = N_1/N_2$），起动电流为全压起动电流的 $1/k^2$，起动转矩为全压起动转矩的 $1/k^2$。三相交流异步电动机自耦变压器减压起动时的起动转矩比丫/△减压起动时的高，但因自耦变压器费用高，一般只有在大型或特殊用途的电动机中才使用。

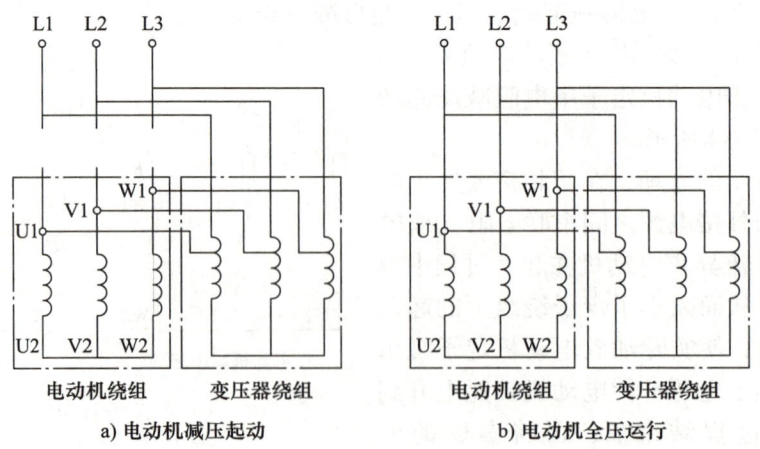

a) 电动机减压起动　　b) 电动机全压运行

图 7-6　三相交流异步电动机自耦变压器减压起动的接线方法

【例题】 一台三相交流异步电动机,定子绕组为△联结、$P_N = 28\text{kW}$、$U_{1N} = 380\text{V}$、$I_{1N} = 58\text{A}$、$cos\phi_{1N} = 0.88$、$n_N = 1455\text{r/min}$、起动转矩倍数 $\alpha_{sT} = 1.1$、起动电流倍数 $\alpha_{sI} = 6$。供电变压器要求起动电流小于 150A,起动转矩必须大于 70N·m。试问:

(1) 该电动机能否直接起动?
(2) 该电动机能否用丫/△减压起动?
(3) 能否采用 $k = 0.8$ 的自耦变压器减压起动?

解:(1) 电动机额定转矩为:

$$T_N = 9550\frac{P_N}{n_N} = 9550 \times \frac{28}{1455}\text{N·m} = 183.8\text{N·m}$$

直接起动时的起动转矩和起动电流为:

$$T_{st} = \alpha_{ST}T_N = 1.1 \times 183.8\text{N·m} = 202.2\text{N·m}$$

$$I_{st} = \alpha_{SI}I_N = 6 \times 58\text{A} = 348\text{A}$$

虽然 $T_{st} > 70\text{N·m}$,但 $I_{st} > 150\text{A}$,所以不能采用直接起动。

(2) 丫/△降压起动时的起动转矩和起动电流为:

$$T_{stY} = \frac{1}{3}T_{st} = \frac{1}{3} \times 202.2\text{N·m} = 67.4\text{N·m}$$

$$I_{stY} = \frac{1}{3}I_{st} = \frac{1}{3} \times 348\text{A} = 116\text{A}$$

虽然 $I_{stY} < 150\text{A}$,但 $T_{stY} < 70\text{N·m}$,所以不能采用丫/△减压起动。

(3) $k = 0.8$ 自耦变压器减压起动时的起动转矩和起动电流为:

$$T_{sta} = k^2T_{st} = 0.8^2 \times 202.2\text{N·m} = 129.4\text{N·m}$$

$$I_{sta} = k^2I_{st} = 0.8^2 \times 348\text{A} = 222.7\text{A}$$

虽然 $T_{sta} > 70\text{N·m}$,但 $I_{sta} > 150\text{A}$,所以不能采用 $k = 0.8$ 的自耦变压器减压起动。

在实际生产中,三相交流异步电动机可根据电动机的功率与电源变压器容量之比来初步选择电动机的减压起动方式,见表 7-4。

表 7-4 不同电动机功率与电源变压器容量之比下的电动机起动方式

电动机功率/电源变压器容量	0.35 以下	0.35~0.58	0.58 以上
起动方式	直接起动	定子串电阻(电抗)或丫/△减压起动	延边三角形或自耦变压器减压起动

二、三相交流异步电动机减压起动的控制电路

1. 三相交流异步电动机定子串电阻减压起动的控制电路

(1) 按钮控制的三相交流异步电动机定子串电阻减压起动的控制电路 按钮控制的电动机定子串电阻减压起动电路如图 7-7 所示。

接通电源电压后,电路的工作原理是:

1) 按下起动按钮 SB2,接触器 KM1 的线圈得电,其触点状态发生变化,通过电阻 R 将电源电压加在电动机定子绕组上,接触器 KM1 的常开触点闭合实现自锁,信号灯 HL1 变亮,指示电动机减压起动。

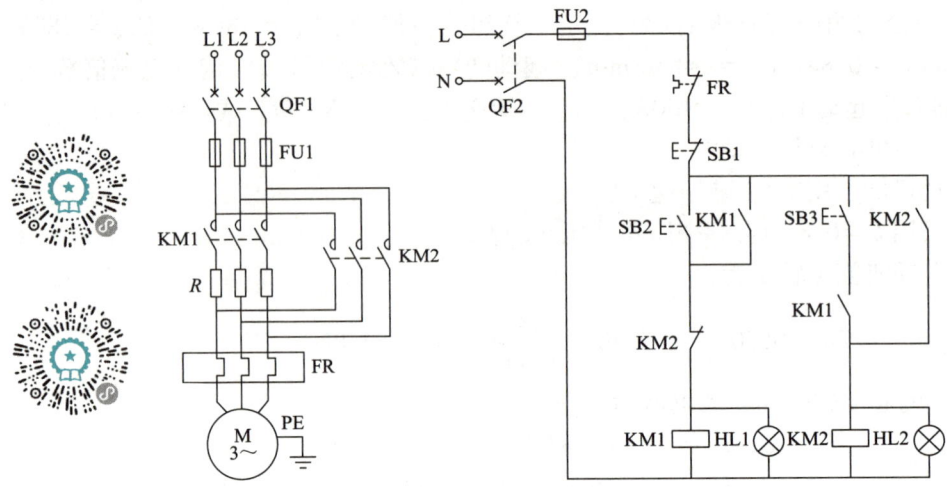

图 7-7　按钮控制的三相交流异步电动机定子串电阻减压起动电路

2）起动过程结束后，按下按钮 SB3，接触器 KM2 的线圈得电，其触点状态发生变化，将接触器 KM1 的主触点及电阻一起短接，信号灯 HL2 变亮，指示电动机进入全压运行状态。此时接触器 KM2 的常闭触点断开，使得接触器 KM1 的线圈失电，其触点恢复常态，信号灯 HL1 熄灭。全压运行时，不管接触器 KM1 的线圈是否失电，电动机都会通过接触器 KM2 的主触点得到全部电压。

3）按下停止按钮 SB1，控制电路失电，电动机停止运行。

在该电路中，接触器 KM1 的常开触点与按钮 SB3 常开触点相串联形成的联锁，使电动机不能直接全压起动；接触器的 KM1 线圈与接触器 KM2 的常闭触点相串联形成的联锁，避免了电动机在进入全压运行后接触器 KM1 的线圈和信号灯 HL1 继续得电，减少了不必要的能量消耗。

该控制电路的优点是结构简单，缺点是不能实现起动全过程自动化。

（2）时间继电器控制的三相交流异步电动机定子串电阻减压起动的控制电路　时间继电器控制的电动机定子串电阻减压起动的主电路不变，控制电路如图 7-8 所示。

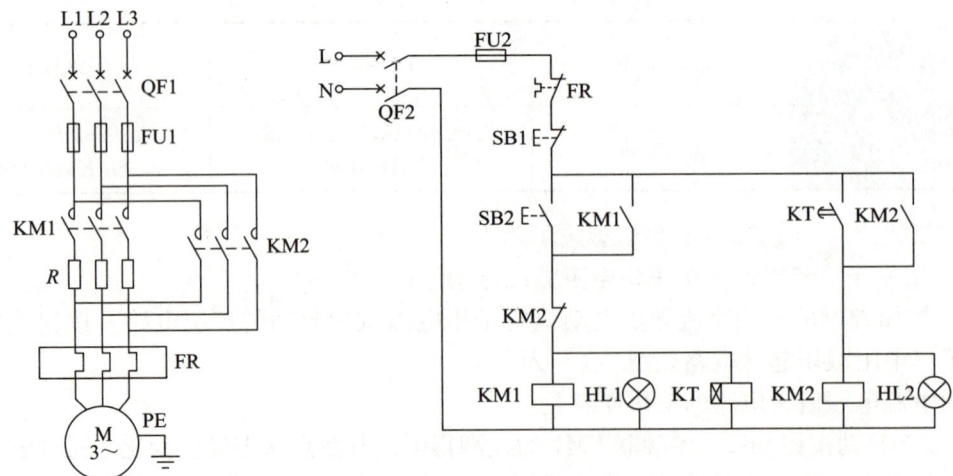

图 7-8　时间继电器控制的电动机定子串电阻减压起动控制电路

接通电源后，电路的工作原理如下：

1）按下起动按钮 SB2 后，接触器 KM1 的线圈得电，其触点状态发生变化，电动机串电阻减压起动，信号灯 HL1 变亮，时间继电器 KT 的线圈得电开始计时。

2）经过一定延时（由时间继电器 KT 设定）后，KT 的常开触点闭合，接触器 KM2 的线圈得电，信号灯 HL2 变亮，电动机进入全压运行状态。同时，KM2 的常闭触点使得接触器 KM1 的线圈、信号灯 HL1、时间继电器 KT 的线圈失电，减少了电能的损耗，延长了电器的使用寿命。

3）按下停止按钮 SB1，控制电路失电，电动机停止运行。

如果接触器 KM1 的触点足够，也可以将接触器 KM1 的常开触点与时间继电器 KT 的常开触点串联，确保减压起动后再进入全压运行状态，实现减压起动-全压运行的顺序控制。

2. 三相交流异步电动机Y/△减压起动的控制电路

（1）三个接触器控制的三相交流异步电动机Y/△减压起动的控制电路 采用三个接触器控制的三相交流异步电动机Y/△减压起动电路如图 7-9 所示。

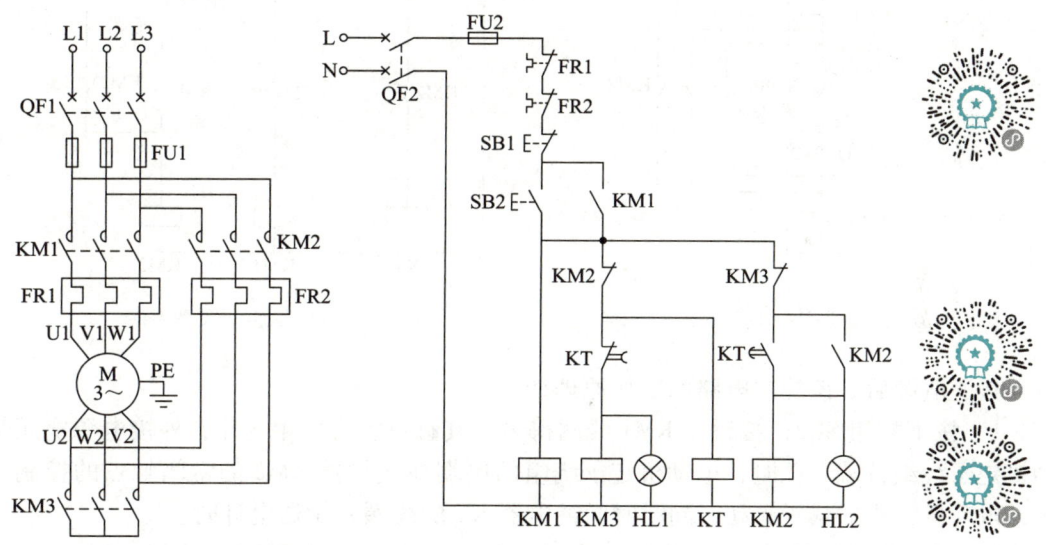

图 7-9　三个接触器控制的三相交流异步电动机Y/△减压起动电路

接通电源后，电路的工作原理如下：

1）按下起动按钮 SB2，接触器 KM1 和 KM3 的线圈得电，其触点状态发生变化接触器 KM3 的主触点闭合，将电动机定子绕组接成Y联结，接触器 KM1 的主触点闭合，将电源电压加在定子绕组首端，信号灯 HL1 亮，表示电动机Y减压起动，同时时间继电器 KT 的线圈得电并开始计时。

2）计时时间到，时间继电器 KT 的常闭触点先断开，使接触器 KM3 的线圈失电，其触点状态发生变化，其主触点断开，电动机的Y联结解除，信号灯 HL1 熄灭；时间继电器 KT 的常开触点闭合，接触器 KM3 的常闭触点闭合，使接触器 KM2 的线圈得电，其触点状态发生变化，信号灯 HL2 变亮，电动机定子绕组变为△联结，进入全压运行状态。

3）按下停止按钮 SB1，控制电路失电，电动机停止运行。

该控制电路中电动机 M 处于减压起动时，接触器 KM3 的常闭触点断开，使接通电动机 M 全压运行的接触器 KM2 的线圈、信号灯 HL2 不会得电；当电动机 M 处于全压运行状态时，接触器 KM2 的常闭触点断开，使减压起动时所用的接触器 KM3 的线圈、时间继电器 KT 的线圈、信号灯 HL1 不会得电。接触器 KM2、KM3 常闭触点形成互锁应用，使得接触器 KM2、KM3 不会同时得电，避免了电动机定子绕组的丫、△两种联结型式同时成立而造成短路事故，同时也减少了不必要的能量损耗。

（2）两个接触器控制的三相交流异步电动机丫/△减压起动的控制电路　采用两个接触器自动控制的电动机丫/△减压起动控制电路如图 7-10 所示。

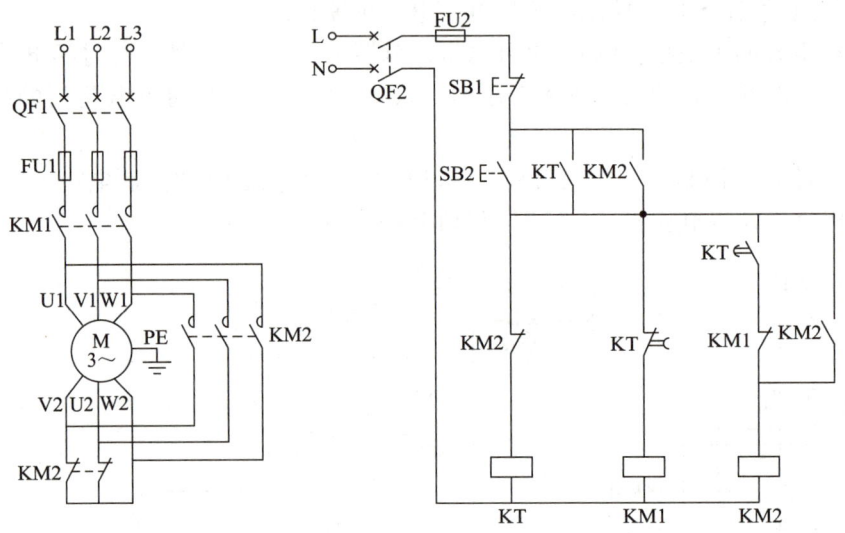

图 7-10　采用两个接触器自动控制的电动机丫/△减压起动的控制电路

接通电源后，该控制电路的工作原理如下：

1）按下按钮 SB2，接触器 KM1 线圈得电，其触点状态发生变化，外接电源电压加到电动机定子绕组首端。此时，电动机定子绕组的尾端在接触器 KM2 的常闭触点的控制下接成丫，电动机完成丫减压起动，同时时间继电器 KT 的线圈开始通电计时。

2）经一段时间延时（KT 的延时决定）后，时间继电器 KT 的常闭触点断开，接触器 KM1 线圈失电，其触点恢复常态；时间继电器 KT 的常开触点闭合，使接触器 KM2 线圈得电，电动机定子绕组接成△，同时时间继电器 KT 线圈失电，其触点恢复常态，接触器 KM1 再次得电，电动机的定子绕组变为△全压运行状态。

该电路不仅只采用了两个接触器 KM1、KM2，而且电动机定子绕组的丫联结转为△联结的切换由接触器 KM2 的常开与常闭触点完成，确保了二者不会同时出现。

3. 三相交流异步电动机自耦变压器减压起动的控制电路

（1）两个接触器控制的三相交流异步电动机自耦变压器减压起动的控制电路　如图 7-11 所示为自耦变压器减压起动自动控制电路，它是依靠接触器和时间继电器实现自动控制的。其中，信号灯指示电路中的信号灯 HL1 表示"接通电源，但电动机尚未起动"，信号灯 HL2 表示"电动机起动"，信号灯 HL3 表示"电动机运行"。接通电源，电源信号灯 HL1 变亮后该电路的工作原理如下：

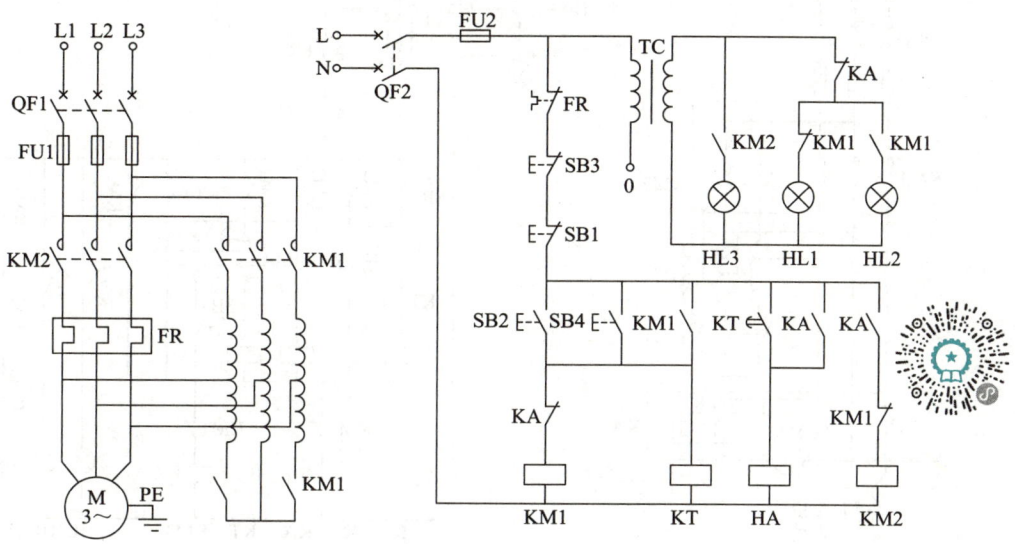

图 7-11 自耦变压器减压起动自动控制电路

1）按下起动按钮 SB2 或 SB4，接触器 KM1 的线圈得电，其触点状态发生变化，经过自耦变压器后一部分电源电压加到电动机定子绕组上，电动机减压起动。同时时间继电器 KT 开始计时，信号灯 HL2 亮，信号灯 HL1 熄灭。

2）计时结束后，中间继电器 KA 的线圈得电并自锁。中间继电器 KA 的常闭触点断开，使接触器 KM1 和时间继电器 KT 的线圈失电，它们的触点恢复常态，电动机减去了由接触器 KM1 加上的电压，信号灯 HL1、HL2 熄灭；经中间继电器 KA 闭合的常开触点和接触器 KM1 的常闭触点，接触器 KM2 的线圈得电，其触点状态发生变化，电动机定子绕组得到全部电源电压，信号灯 HL3 亮，表示电动机进入全压运行状态。

3）按下停止按钮 SB1 或 SB3，控制电路失电，电动机停止转动。在不断开外接电源的前提下，信号灯 HL1 亮，表示系统通电。

在该控制电路中，中间继电器 KA 的使用不仅确保了电动机不会直接进入全压起动，也保证了接触器 KM1、KM2 的线圈不能同时得电。

（2）三个接触器控制的三相交流异步电动机自耦变压器减压起动的控制电路　如图 7-12 所示为三个接触器控制的自耦变压器减压起动控制电路。电路由三个接触器控制，主电路增加了电流互感器 TA，它一般用于容量为 100kW 以上的电动机减压起动控制电路中，热继电器 FR 的发热元件与中间继电器 KA 的常开触点并联。起动时，中间继电器 KA 的线圈得电，常开触点闭合，将热继电器的发热元件短接，以防止因起动电流过大而造成误动作；而运行时，中间继电器 KA 的触点断开，主电路经电流互感器串入发热元件，又达到过载保护的目的。三个信号灯 HL1、HL2、HL3 分别表示停机且电路通电、减压起动和全压运行三种状态。SA 为选择开关，有自动和手动两种方式。有兴趣的同学可以自行分析该电路的工作原理。

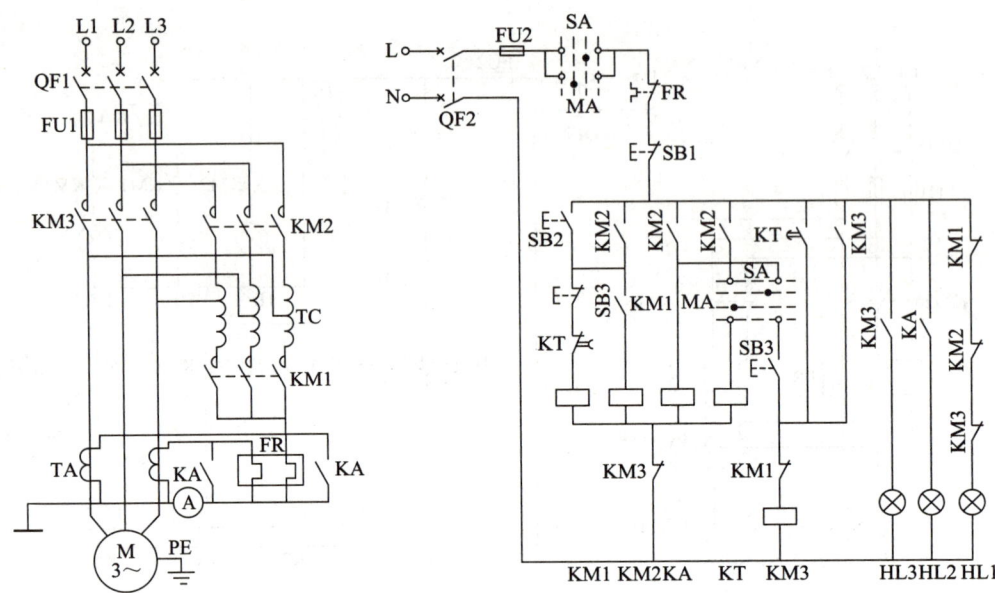

图 7-12　三个接触器控制的自耦变压器减压起动控制电路

【你知道吗】

什么是工匠精神？

工匠精神是追求卓越的创造精神、精益求精的品质精神、用户至上的服务精神。工匠精神包括敬业、精益、专注、创新等方面的内容。相信随着国家产业战略和教育战略的调整，人们的求学观念、就业观念以及单位的用人观念都会随之转变，工匠精神将成为普遍追求。

某机床主轴电动机制动系统控制电路设计与装调

【项目导入】

1. 学习任务

一般情况下，由于惯性，三相交流异步电动机从切断电源到转轴完全停止旋转总要经过一段时间，这就使非生产时间拖长。如果设备对停止的要求不高，可以采用直接切断电源的方法让电动机自由停止。但在某些设备中，为了保证设备的可靠性，实现设备的快速、准确停车，需要对电动机的惯性作用采取措施，强制其迅速停车，这就是制动。

本项目将通过某机床主轴电动机制动控制电路的设计、分析与装调，学习三相交流异步电动机制动的相关知识与技能，具体内容如下。

某机床中的主轴电动机，$P_N = 7.5\mathrm{kW}$、$U_N = 380\mathrm{V}$、$I_N = 15.4\mathrm{A}$、$\cos\phi_N = 0.85$、$n_N = 1450\mathrm{r/min}$、定子绕组的接法为△、起动电流倍数 $\alpha_{sI} = 6$。要求主轴电动机具有正反转控制、反接制动控制功能。试设计满足该控制要求的电气原理图，选取合适的电气元件进行安装并调试成功。

2. 学习目标

（1）知识目标

了解三相交流异步电动机制动的方法、种类和基本特性，熟悉速度继电器的结构、工作原理、电气符号及选用方法，以及三相交流异步电动机电气制动控制电路的组成、工作原理及装调方法。

（2）技能目标

能够正确分析三相交流异步电动机制动控制电路的工作原理，并根据电气原理图对控制电路进行安装调试；能够根据任务要求设计合理的三相交流异步电动机直接起动控制电路。

（3）素养目标

通过对三相交流异步电动机制动电气控制原理图的分析、设计、装调等相关知识与技能的学习，加强安全意识、规范意识、团队合作意识的培养；通过三相交流异步电动机正反转控制与反接制动环节的对比，学会分析事物内在的关联，加强自我约束和管理意识；通过对

智能制造系统的了解，增强使命担当。

【信息获取】

学习任务 8-1　三相交流异步电动机制动认识

小提示：在断开电源后，由于惯性，三相交流异步电动机需要一定的时间才能完全停下来。那么，如何才能使三相交流异步电动机在得到停止命令后快速停止转动呢？

问题引导 1：三相交流异步电动机制动时转矩与转速之间有什么样的关系？
_____
_____

问题引导 2：三相交流异步电动机制动时，转差率在什么范围？
_____
_____

问题引导 3：三相交流异步电动机机械制动有哪些优缺点？
_____
_____

问题引导 4：三相交流异步电动机常用的电气制动方式有哪几种？
_____
_____

问题引导 5：三相交流异步电动机反接制动与正反转之间有什么关联？
_____
_____

问题引导 6：三相交流异步电动机反接制动会对电动机造成较大冲击吗？为什么？
_____
_____

问题引导 7：三相交流异步电动机制动时，制动电流非常大的原因是什么？
_____
_____

 练一练

分析图 8-1 所示电气控制电路图，判别其可能的控制方式。

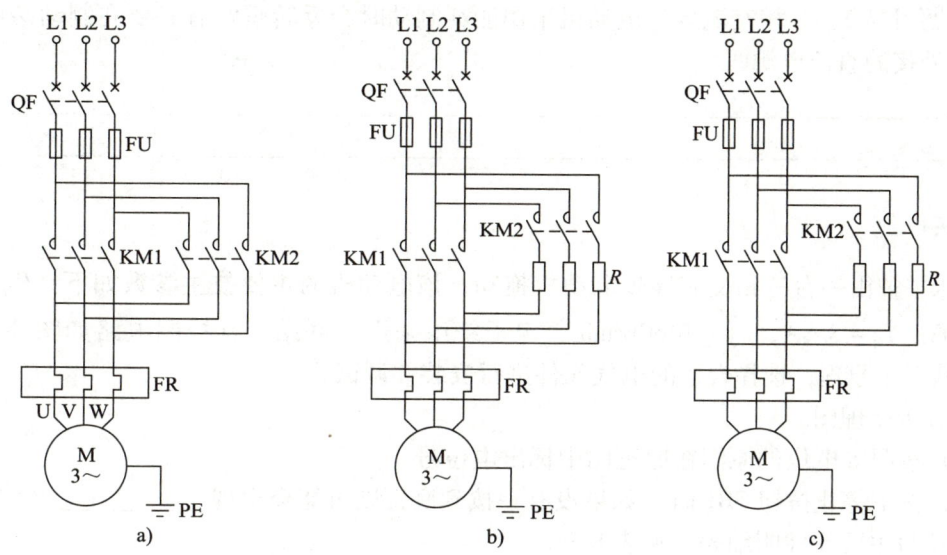

图 8-1 电气控制电路

（1）图 8-1a 所示是_____控制的主电路。
（2）图 8-1b 所示是_____控制的主电路。
（3）图 8-1c 所示是_____控制的主电路。

学习任务 8-2　三相交流异步电动机制动控制电路分析与装调

小提示：三相交流异步电动机采用制动控制时，在何时又是如何提供反向电磁力矩的？如何实现反向力矩的适时消失并减少能量损耗呢？

问题引导 1：速度继电器的触点动作与哪些因素有关？
_____
_____

问题引导 2：速度继电器中的旋转磁场是如何产生的？
_____
_____

问题引导 3：反接制动时，若未在转速近似为零时及时切断外加电源，三相交流异步电动机会怎样运行？
_____
_____

问题引导 4：三相交流异步电动机采用时间继电器控制反接制动时，若停止时间仍然比较长，初步判定产生该现象的原因是什么？
_____
_____

问题引导 5：三相交流异步电动机采用能耗制动时会反转吗？有必要在制动结束时立即切断外接的直流电源吗？
_____
_____

 练一练

机床主轴由一台三相交流异步电动机拖动，该电动机的主要技主参数如下：$P_N = 4kW$，$U_N = 380V$，$I_N = 8.8A$，$n_N = 1460r/min$，定子绕组采用△联结。其控制电路如图 8-9 所示，试分析其工作原理，选择合适的电气元件进行安装并调试。

1. 分析原理图。
（1）按照等电位的原则在原理图中标出电位号。
（2）按下停止按钮 SB1 时，如果没有一按到底，则可能会出现_____停车方式。
2. 填写主要元件明细表，见表 8-1。

表 8-1 元件明细表

序号	名称	型号与规格	单位	数量	备注
1	断路器 QF1		个		
2	断路器 QF2		个		
3	交流接触器 KM1		个		
4	交流接触器 KM2		个		
5	热继电器 FR		个		
6	熔断器 FU1		个		
7	熔断器 FU2		个		
8	按钮 SB1		个		
9	按钮 SB2		个		
10	时间继电器 KT		个		
11	变压器 TC		个		
12	滑动电阻器 R（0~500Ω）		个		
13	桥式整流电路 BR		个		

3. 绘制电气布置图及电气安装接线图。

4. 按照工艺要求进行电气控制电路的安装与调试，直至成功。
注意：不可带电安装设备或连接导线；断开电源后才能进行故障处理。通电检查和试车

某机床主轴电动机制动系统控制电路设计与装调 项目8

时必须通知指导教师及附近人员,在有指导教师现场监护的情况下才能通电试车。

【项目实施】

1)小组成员相互讨论三相交流异步电动机电气制动的控制方法,在充分分析并吸取其他小组汇报的工作计划及教师点评的基础上,小组内部进行多次讨论,对工作计划不断进行修改完善,基本按照如下流程制定相关计划:明确控制要求→设计电气原理图→选用电气元件→准备并检查设备及器材→布局并安装相关器材→安装电气控制电路→通电试车→分析并排除故障,调试成功。

2)设计并正确绘制电气原理图并按等电位原则标注电位号。

注意:小组成员各自初步制定设计方案,然后小组集中讨论并提出自己的看法,最终在教师指导下评出最佳方案。

3)填写表8-2,列出仪器仪表、工具、耗材等所需设备清单。若表格行数不够,请自行增加。

表8-2 某机床主轴电动机制动系统控制电路设计与装调项目元件清单

序号	名称	型号与规格	单位	数量	备注
1					
2					
3					
4					
5					
6					
7					
8					

4)根据所做设计并结合实际情况绘制电气布置图和电气安装接线图。

5）按照工艺要求进行电气控制电路的安装与调试，直至调试成功。

注意：不可带电安装设备或连接导线，断开电源后才能进行故障处理。通电检查和试车时，必须通知指导教师及附近人员，在有指导教师现场监护的情况下才能通电试车。安装时，速度继电器的连接头与电动机轴直接相连，并且应使两轴保持同心。

【项目评价与反思】

项目完成后，教师综合个人和小组同学在项目完成过程中的表现以及项目完成的情况，对学生做出客观评价，认真填写表 8-3。同时指出成功与不足，明确学习的重点和后期的改进方向。

表 8-3　某机床主轴电动机制动系统控制电路设计与装调项目评价表

主要内容		评分标准	配分	扣分	得分
职业素养	信息检索	能根据工作需要有效利用网络、图书资源、工作手册查找有用的相关信息	5分		
	仪态表达	仪态自然，吐字清晰；思路清晰，层次分明，表达准确	5分		
	团队精神	积极主动参与工作，与教师、同学之间相互尊重、理解，保持多向、丰富、适宜的信息交流；能提出有意义的问题或发表个人见解；能够倾听别人的意见、协作共享	5分		
	学习方法	学习方法得当，有工作计划；探究式学习、自主学习不流于形式，处理好合作学习和独立思考的关系，做到有效学习	5分		
	工作过程	遵守管理规程，操作过程符合现场管理要求；善于从多角度分析问题，能主动发现、提出有价值的问题；能够正确地完成工作任务	10分		
知识与技能	原理图设计	1. 电气原理图功能无法实现，每处扣5分，扣完为止 2. 电气符号绘制错误，每处扣2分，扣完为止 3. 未按等电位原则进行电位号标记，每处扣2分，扣完为止	15分		
	电气元件的选择及安装	1. 按钮颜色选错，每次扣2分，扣完为止 2. 元件规格选择错误，每个扣2分，扣完为止 3. 电气元件安装位置不符合要求，每处扣2分，扣完为止	10分		
	电气控制电路安装工艺	1. 导线走线不符合要求，出现交叉，每处扣1分，扣完为止 2. 少接或多接一根导线，每处扣1分，扣完为止 3. 该过而未过端子排，每处扣1分，扣完为止 4. 号码管错误或未套，每处扣1分，扣完为止 5. 导线端子有毛刺，每处扣1分，扣完为止	10分		

（续）

主要内容		评分标准	配分	扣分	得分
知识与技能	电气控制电路功能调试	1. 不能实现电动机的起动控制，扣5分 2. 起动后不能实现自锁，扣5分 3. 不能实现电动机的反接制动控制，扣5分 4. 反接制动控制的效果不理想，扣5分 5. 制动结束后不能及时断电，扣2分 6. 电动机误进入反转状态，扣3分 7. 每修改一次控制电路，扣5分，直至通电成功或扣完为止	25分		
	安全文明生产	1. 考试过程中，违反安全文明考核要求，每处扣2分，扣完为止 2. 当考生被考评员发现有重大事故隐患时，予以制止后，每次扣5分，扣完为止	10分		
备注	考试时间		考评员签字		成绩
总结与反思					

【思考与提高】

选择题

1. 为了准确停车，三相交流异步电动机采用_____方式停车速度最快。
   A. 回馈制动　　　　　B. 反接制动　　　　　C. 能耗制动
2. 三相交流异步电动机反接制动，制动电流大的原因是_____。
   A. 通入定子绕组的制动电流大
   B. 通入转子绕组的制动电流大
   C. 旋转磁场与转子导体的相对速度高
3. 能耗制动是三相交流异步电动机脱离电源后，在定子绕组_____以消耗转子的动能进行制动。
   A. 通入直流电流　　　B. 接入制动电阻　　　C. 接入大电感
4. 下列关于三相交流异步电动机反接制动的说法正确的是_____。
   A. 反接制动有两种：倒拉反接制动和电源反接制动
   B. 起重机下放重物时，需限制其重物下降的速度，这时需要倒拉反接制动
   C. 将定子绕组两相对调连接，定子电流的相序改变，开始反接制动
5. 下列关于三相交流异步电动机能耗制动的说法正确的是_____。
   A. 能耗制动是在电动机脱离电源后，将一直流电源接入定子绕组，使定子绕组产生一个恒定的静止磁场
   B. 当电动机在惯性作用下继续旋转时，在转子中产生一个与其旋转方向相同的电磁转矩，对转子起制动作用
   C. 能耗制动可以频繁使用

6. 若三相交流异步电动机采用能耗制动，当切断交流电源时，将_____。
　　A. 转子回路串入电阻
　　B. 定子任意两相绕组反接
　　C. 直流电源接入定子绕组
7. 三相交流异步电动机反接制动时，旋转磁场与转子相对运动速度很大，使定子绕组中的电流一般为额定电流的_____倍左右。
　　A. 5　　　　　　　　B. 7　　　　　　　　C. 10
8. 三相交流异步电动机常采用的机械制动方法是_____。
　　A. 电磁抱闸　　　　B. 定子串电阻　　　　C. 能耗制动
9. 速度继电器的动作速度一般为_____。
　　A. 20r/min　　　　B. 100r/min　　　　C. 500r/min
10. 速度继电器的复位转速一般为_____。
　　A. 120r/min　　　　B. 60r/min　　　　C. 500r/min
11. 三相交流异步电动机的反接制动的特点是_____。
　　A. 制动迅速　　　　B. 冲击电流小　　　　C. 制动平稳
12. 三相交流异步电动机的能耗制动的特点是_____。
　　A. 制动准确　　　　B. 制动不够平稳　　　　C. 能量消耗大
13. 三相交流异步电动机的反接制动比能耗制动_____。
　　A. 制动迅速　　　　B. 制动平稳　　　　C. 能量消耗小
14. 三相交流异步电动机的反接制动是通过改变_____来实现的。
　　A. 电源的相序　　　　B. 电源的频率　　　　C. 电源的大小
15. 三相交流异步电动机制动中的速度继电器的作用是_____。
　　A. 调速　　　　B. 完成制动　　　　C. 改变电动机旋转方向
16. 三相交流异步在电动机反接制动中，如果接通反向电源后不断开，电动机会_____。
　　A. 反向越转越快　　　　B. 反向越转越慢　　　　C. 迅速停止
17. 三相交流异步电动机的能耗制动中转速越高，制动转矩_____。
　　A. 越大　　　　B. 越小　　　　C. 不变
18. 三相交流异步电动机的反接制动适用于_____。
　　A. 经常起动和制动的小容量电动机
　　B. 不经常起动和制动的小容量电动机
　　C. 经常起动和制动的大容量电动机
19. 能耗制动适用于_____。
　　A. 起动频繁的、容量较大的电动机
　　B. 起动频繁的、容量较小的电动机
　　C. 起动不频繁的、容量较大的电动机
20. 把运行中的三相交流异步电动机三相定子绕组出线端的任意两相电源接线对调，电动机的运行状态变为_____。
　　A. 反接制动

B. 反转运行
C. 先是反接制动随后是反转运行

【相关知识】

一、三相交流异步电动机的制动

1. 三相交流异步电动机制动的基本原理

根据三相交流异步电动机的机械特性，当其工作在电动状态时，电磁转矩的方向与转子的转动方向相同；而当其工作在制动状态时，转子所受到的转矩的方向与转子的转动方向相反。

三相交流异步电动机的制动，一般是指电动机断开三相电源后，在转轴上施加一个与转动方向相反的力矩来阻止其继续运转。这个力矩可能是机械力矩也可能是电磁力矩，但无论是哪种力矩，一般都应该在转子转速为零时消失，以避免电动机反转等现象。

2. 三相交流异步电动机制动的基本种类

根据所受阻力矩的性质，三相交流异步电动机的制动可分为两大类：机械制动和电气制动。

（1）机械制动　机械制动是在电动机断电后，利用机械装置的摩擦力对转轴施加相反的转矩（制动转矩）来进行制动。机械制动时，电动机的转速越大，所受到的制动转矩就越大，制动效果就越好；当电动机的转速近似为零时，制动转矩也近似为零，制动过程结束。机械制动有电磁抱闸和电磁离合器等控制方式。

（2）电气制动　电气制动是在电动机停车时产生一个与转子原来的实际运行方向相反的电磁转矩（制动转矩）来进行制动。常用的电气制动方式有反接制动、能耗制动和反馈制动。

1）反接制动。反接制动是在电动机断开三相电源后，立即对调任意两相电源线，并将与原相序相反的三相交流电源接入定子绕组。电源相序反了后，旋转磁场立即反向，转子绕组中的感应电动势、电流都改变了方向，形成了与电动机原旋转方向相反的电磁转矩。这个电磁转矩使电动机迅速停止转动。

设电动机工作于电动状态时，工作在固有机械特性曲线 1 上的 a 点，如图 8-2 所示。调转了相序后，虽然电磁转矩立即反向，但由于惯性问题，转子的转速 n 不能突变，所以工作点由 a 点跳变到反向机械特性曲线 2 上的 b 点。在制动转矩的作用下，转速很快下降，到达 c 点，$n=0$，制动过程结束。此时，如果不立即断开电源，电动机有可能在反向电磁转矩的作用下反向起动。

根据三相交流异步电动机的工作原理可知，在反接制动开始时，由于机械惯性，电动机仍按原方向转动，$n≈n_1$，$s≈2$，制动电流比起动电流还要大，甚至电动机定子绕组流过的

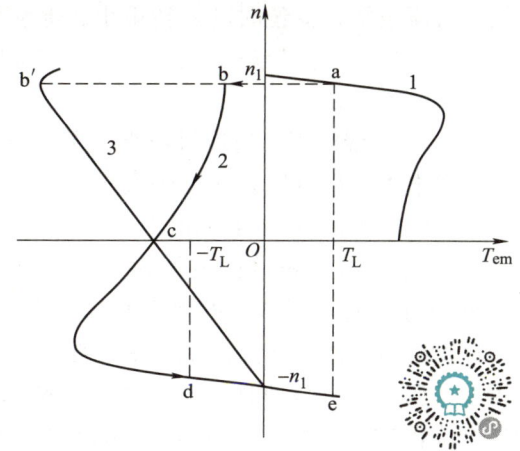

图 8-2　三相交流异步电动机反接
制动时的机械特性曲线

制动电流相当于全电压起动时电流的两倍。但因转子电流频率很高,转子电抗比较大,功率因数很小,所以制动转矩不大。为了限制制动电流对电动机转轴的冲击力,在对功率较大的电动机进行制动时,必须在定子回路中接入限流电阻。限流电阻 R 的大小可参考下述经验计算公式进行计算。

当电动机额定电源电压为 380V 时,为使反接制动电流不大于直接起动电流,三相电路每相应串联的限流电阻值可取为

$$R = 1.5\frac{220}{I_{st}}$$

式中,R 是串联电阻值,单位为 Ω;I_{st} 是直接起动电流,单位为 A。

三相交流异步电动机的这种制动方法简单可靠,效果较好,但振动和冲击也大,对加工精度有影响,常用于起停不频繁、功率较小的机床主轴电动机的制动,如铣床。

2)能耗制动。三相交流异步电动机的能耗制动是将运转的电动机脱离三相交流电源的同时,给定子绕组加上一个直流电源,以产生一个静止磁场。

根据三相交流异步电动机的工作原理,原旋转磁场变为恒定不动的磁场,而电动机的转子在惯性作用下,仍沿原方向转动,因此转子导体切割磁力线的方向改变,电磁转矩方向改变。利用转子感应电流与静止磁场的作用,产生反向电磁转矩,使电动机制动。

三相交流异步电动机的能耗制动时制动转矩的大小与转速有关,转速越高,制动转矩就越大;随着转速的降低,制动转矩也减小;当转速为零时,制动转矩消失。这种制动方法是将转子的动能转变为电能,并消耗在转子回路的电阻上,所以称为能耗制动。

对于同一台三相交流异步电动机,其制动转矩的值与定子绕组所加直流电源的电压值成正比。通常所加直流电源以在定子绕组中产生 2.5 倍的额定电流值为宜。按照这一原则,在设计制动回路时,可通过查阅电机手册或直接测量来获得定子绕组的直流电阻值,据此即可确定变压器 TC 二次绕组的电压值,而 2.5 倍额定电流值则是选择 BR 元件电流指标的依据(BR 通常为全波整流桥),变压器 TC 的容量由 2.5 倍额定电流值与二次绕组电压共同确定。

能耗制动的优点是制动能力强,制动平稳,无大冲击,对电网影响小;缺点是需要一套专门的直流电源,低速时制动转矩小,电动机功率较大时制动设备投资较大。

二、三相交流异步电动机电气制动的控制电路

1. 常用电气元件

(1) 速度继电器 速度继电器主要用于三相交流异步电动机的反接制动控制,也称反接制动继电器。根据输入速度的大小和方向,可改变速度继电器触点的状态。

速度继电器的外形结构如图 8-3a 所示,它主要由转子、定子和触点三部分组成。转子是一个圆柱形永久磁铁;定子是一个笼形空心圆环,由硅钢片叠成,并装有笼形绕组。图 8-3b 所示为速度继电器的电气符号,文字符号用 KS 表示。

速度继电器的动作原理如图 8-4 所示。它的转轴与电动机的轴相连接,而定子隔空套在转子上。当电动机转动时,速度继电器的转子随之转动,在空间产生旋转磁场。定子绕组被动切割旋转磁场,并在其中感应出电流。此电流又在旋转磁场作用下产生转矩,使定子随转子一起同向旋转,与定子装在一起的摆锤推动动触头动作,使常闭触点断开、常开触点闭合。当电动机转速低于某一值时,定子产生的转矩减小,动触头复位。

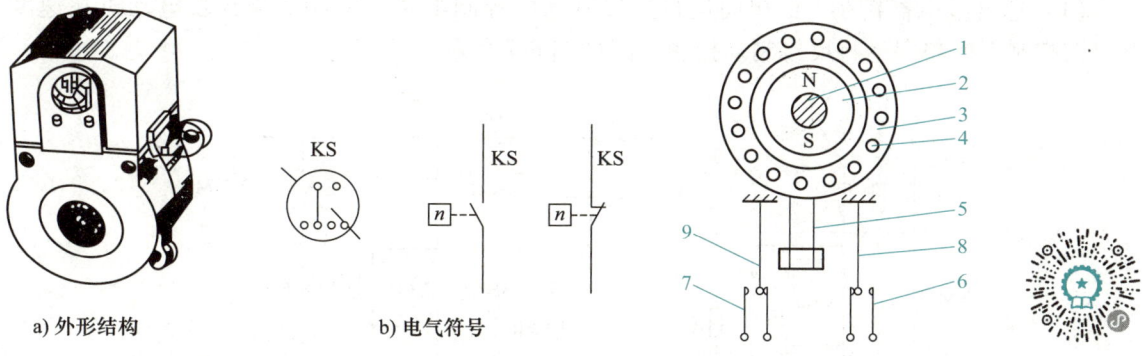

a) 外形结构　　　　　　b) 电气符号

图 8-3　速度继电器的外形结构及电气符号

图 8-4　速度继电器的动作原理
1—转轴　2—转子　3—定子　4—绕组
5—摆锤　6、7—静触头　8、9—动触头

一般速度继电器的动作转速为 120r/min，触点的复位转速在 100r/min 以下。在电动机转速为 3000~3600r/min 及以下时，速度继电器能根据转速变化及时做出反应，可靠工作。

常用的速度继电器有 JY1 型和 JFZ0 型，其型号及含义如下：

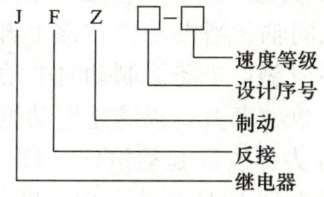

（2）单相桥式整流装置　单相桥式整流装置由变压器和四个二极管组成，如图 8-5 所示。由图可知，四个二极管连成桥式，在四个顶点中，极性相同且连在一起的一对顶点接直流负载 R_L，极性不同且接在一起的一对顶点接交流电源。桥式整流电路的简化画法如图 8-6 所示，其文字符号为 BR。

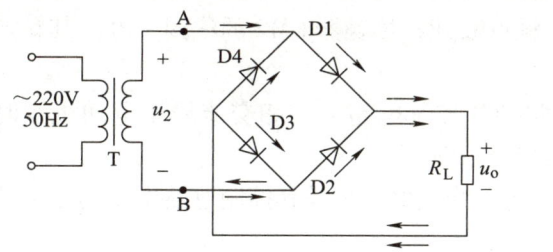

图 8-5　单相桥式整流电路

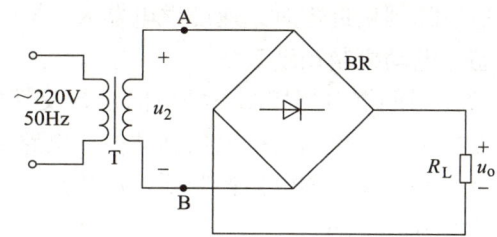

图 8-6　单相桥式整流电路简化图

在交流电压的正半周期，A 端电位高，D1、D3 导通，负载 R_L 得到上正下负的电压；在交流电压的负半周期，B 端电位高，D2、D4 导通，负载 R_L 得到上正下负的电压。

2. 三相交流异步电动机反接制动的控制电路

反接制动必须要在电动机转速降到接近零时切除电源，否则电动机在反向转矩的作用下可能会反向运行，造成事故。按照断开外接反向电源的方式，反接制动可分为以下两种情况。

（1）速度继电器控制下的单向运行反接制动的控制电路　三相交流异步电动机在速度继电器控制下的单向运行反接制动控制电路如图8-7所示。

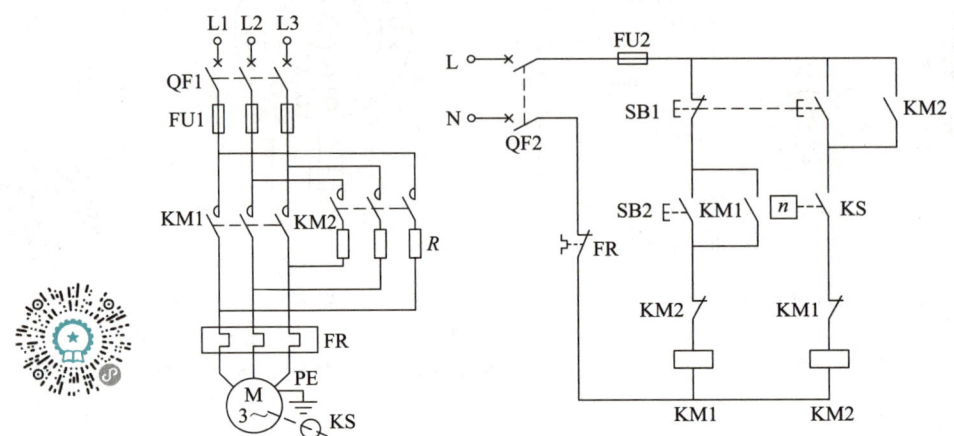

图8-7　三相交流异步电动机在速度继电器控制下的单向运行反接制动控制电路

主电路中所串电阻 R 为制动限流电阻，以防止在反接制动瞬间的电流过大而造成电动机损坏。速度继电器 KS 与电动机同轴，当电动机转速上升到一定数值时，速度继电器 KS 对应方向上的常开触点闭合，为制动做好准备。制动时电动机转速迅速下降，当其转速下降到接近零时，速度继电器常开触点恢复断开，以防止电动机反转。

接通电源后，电路的工作原理为：按下起动按钮 SB2，接触器 KM1 的线圈得电，其触点状态发生变化，电动机起动，接触器 KM1 的常闭触点断开，确保了此时接触器 KM2 的线圈不能得电，避免了相间断路；当电动机转子转速上升到一定值时，速度继电器的常开触点闭合，为反接制动奠定基础；当电动机需要停止时，按下停止按钮 SB1，按钮 SB1 的常闭触点首先断开，接触器 KM1 线圈失电，使接触器 KM1 的触点恢复常态，然后按钮 SB1 的常开触点闭合，使接触器 KM2 的线圈得电，其触点状态发生变化，实现反接制动；当电动机转子转速下降到接近零时，速度继电器 KS 常开触点断开，接触器 KM2 的线圈失电，其触点恢复常态，电动机制动结束。

（2）时间继电器控制下的单向运行反接制动的控制电路　三相交流异步电动机在时间继电器控制下的单向运行反接制动控制电路如图8-8所示。

该电路与速度继电器控制下的反接制动控制电路类似，只是其控制电路中制动接触器断开电源的方式不同。

接通电源后，电路的工作原理为：按下起动按钮 SB2，接触器 KM1 的线圈得电，其触点状态发生变化，电动机起动，接触器 KM1 常闭触点断开，确保了此时接触器 KM2 的线圈不会得电；当电动机需要停止时，按下停止按钮 SB1，按钮 SB1 的常闭触点首先断开，使接触器 KM1 的线圈失电，其触点恢复常态，然后按钮 SB1 的常开触点闭合，使接触器 KM2、时间继电器 KT 的线圈得电，接触器 KM2 主触点闭合，电动机开始反接制动；接触器 KM2 常闭触点断开，确保了此时接触器 KM1 的线圈不得电。时间继电器 KT 计时时间到后，其常闭触点断开，使接触器 KM2 的线圈失电，其触点恢复常态，电动机反接制动过程结束，同时时间继电器 KT 的线圈失电，控制电路停止运行。

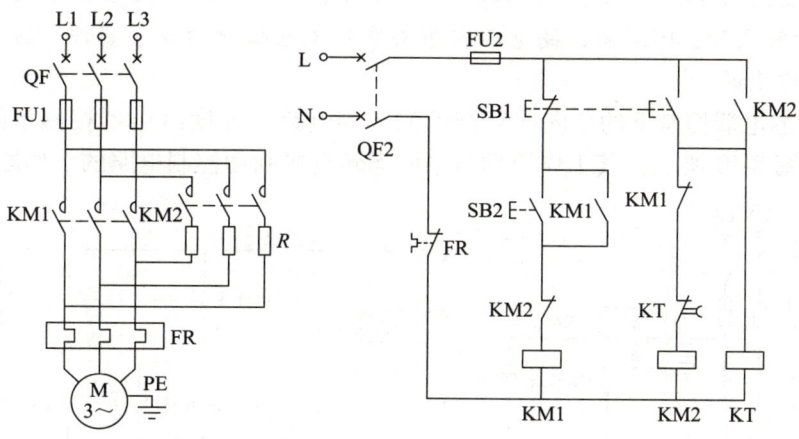

图 8-8　三相交流异步电动机在时间原则下的单向运行反接制动控制电路

3. 三相交流异步电动机能耗制动的控制电路

（1）时间继电器控制下的单向能耗制动的控制电路　时间继电器控制下的单向能耗制动控制电路如图 8-9 所示。图中，主电路在进行能耗制动时所需的直流电源由四个二极管组成单相桥式整流电路通过接触器 KM2 引入，交流电源与直流电源的切换是由接触器 KM1、KM2 来完成的，制动时间由时间继电器 KT 决定。

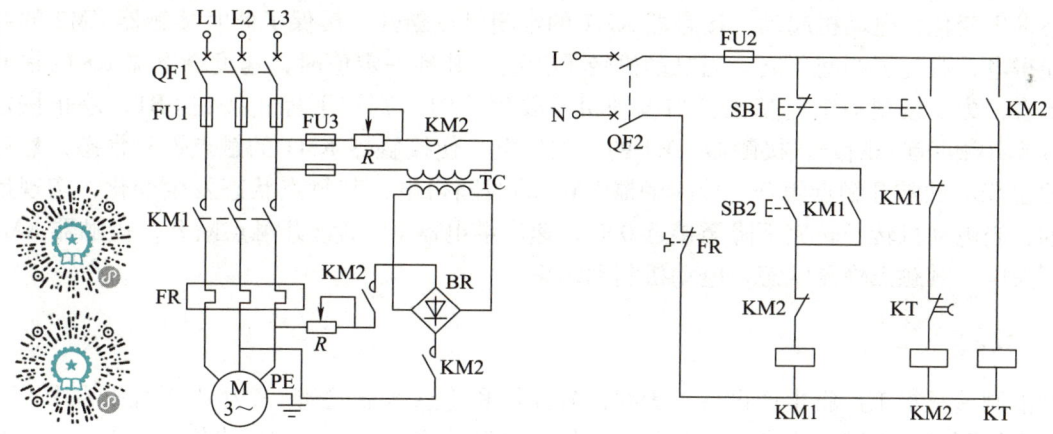

图 8-9　时间继电器控制下的单向能耗制动控制电路

接通电源后，电路的工作原理为：按下起动按钮 SB2，接触器 KM1 的线圈得电，其触点状态发生变化，电动机起动，接触器 KM1 的常闭触点断开，使此时接触器 KM2 的线圈不会带电，当电动机需要停止时，按下停止按钮 SB1，按钮 SB1 的常闭触点首先断开，使接触器 KM1 的线圈失电，其触点恢复常态，然后按钮 SB1 常开触点闭合，使接触器 KM2、时间继电器 KT 的线圈得电，接触器 KM2 触点状态发生变化，电动机开始反接制动；接触器 KM2 常闭触点断开，确保此时接触器 KM1 的线圈不得电，时间继电器 KT 计时时间到后，其常闭触点断开，使接触器 KM2 的线圈失电，其触点恢复常态，电动机反接制动过程结束。同时时间继电器 KT 的线圈失电，控制电路停止运行。

注意：在变压器 TC 一次绕组和二次绕组两端还应各跨接一只阻容串联吸收元件。否则，在 KM2 的触点开、闭瞬间，高电压容易击穿整流电路中的电子器件。这一因素在实用电路中是必须考虑的。

（2）速度继电器控制下的单向能耗制动的控制电路　速度继电器控制下的单向能耗制动控制电路如图 8-10 所示，其工作原理与单向运转反接制动控制电路的工作原理相似。

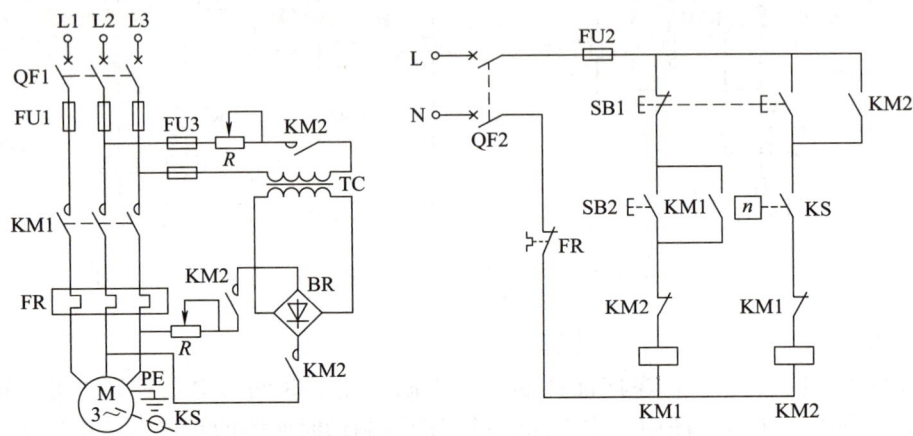

图 8-10　速度继电器控制下的单向能耗制动控制电路

接通电源后，电路的工作原理为：按下起动按钮 SB2，接触器 KM1 的线圈得电，其触点状态发生变化，电动机起动，接触器 KM1 的常闭触点断开，确保了此时接触器 KM2 的线圈不能得电，避免了相间断路；当电动机转子转速上升到一定值时，速度继电器 KS 的常开触点闭合，为反接制动奠定基础；当电动机需要停止时，则按下停止按钮 SB1，停止按钮 SB1 的常闭触点首先断开，接触器 KM1 的线圈失电，使接触器 KM1 的触点恢复常态，然后起动按钮 SB2 的常开触点闭合，使接触器 KM2 的线圈得电，其触点状态发生变化，实现反接制动；当电动机转子转速下降至接近 0 时，速度继电器 KS 的常开触点断开，接触器 KM2 的线圈失电，其触点恢复常态，电动机制动结束。

【你知道吗】

智能制造是指工厂将生产设备、无线信号连接和传感器集成到一个生态系统平台中，这个生态系统可以监督整个生产线流程并自主执行决策。这个系统是在现代传感技术、网络技术、自动化技术、拟人化智能技术等先进技术的基础上，通过智能化的感知、人机交互、决策和执行技术，实现设计过程、制造过程和制造装备智能化，是装备制造技术、信息技术以及智能技术的集成与深度融合。

提高篇

电气设备控制电路常见电气故障分析与排除

在当今的电气控制技术中，一些典型的通用机床设备仍然采用传统的继电器-接触器控制技术，即使是采用了以可编程逻辑控制器（PLC）技术或数控技术为核心的机床电气控制系统，外围电路也仍然是继电器-接触器控制。因此，对于电气技术人员而言，继电器-接触器控制系统常见电气故障的检修仍然是一项必须学会的、非常重要的技术技能。本篇基于国家《电气自动化技术应用岗位职业标准》，融合《电工-国家职业技能标准》以及国家一级职业技能大赛《电工》等赛项要求，以典型通用机床继电器-接触器控制系统常见电气故障的检修为例，介绍各基本电气控制环节在机床控制系统中的综合应用、复杂电气原理图的识读方法、常见电气故障的分析与排除方法，为实际工作岗位中的电气控制系统的装调、维修与维护等奠定基础。

项目 9
PROJECT 9
车床控制电路常见电气故障分析与排除

【项目导入】

1. 学习任务

车床是一种用途极广而且很普遍的金属切削机床，主要用来车削外圆、内圆、端面、螺纹和定型面，也可安装钻头、铰刀等工具进行钻孔、镗孔、倒角、切槽及切断等加工。

本项目以 CA6140 型车床控制电路常见电气故障的分析与排除为例，熟悉 CA6140 型车床的机构、运动形式、电力拖动特点以及电气工作原理图，掌握必要的机床电气故障检修方法和技巧，能够根据观察到的故障现象，分析出故障的范围，借助相应的工具和仪器仪表准确地查找到故障点，并进行排除，具体内容如下。

一台 CA6140 型车床使用一段时间后，发现刀架快速移动电动机 M3 转动很慢并发出"嗡嗡"的声音；主轴电动机 M1 能起动但不能自锁；冷却泵电动机、信号灯与照明电路工作正常。试按照《电工》国家职业技能标准，根据故障现象分析故障范围，并借助一定的工具准确查找到故障点后进行故障排除。

2. 学习目标

（1）知识目标

了解 CA6140 型车床的结构、电力拖动特点以及其电气控制系统的工艺要求，熟悉机床电气故障检修方法、CA6140 型车床电气控制电路的组成及工作原理，掌握机床控制电路常见电气故障的分析与排除方法。

（2）技能目标

能够正确操作 CA6140 型车床并明确电路导通路径；能够根据 CA6140 型车床的故障现象分析出故障范围，借助仪器仪表准确找到故障点并进行故障排除。

（3）素养目标

通过对 CA6140 型车床电气原理图的分析和电气故障的排除，加强学习方法和学习能力的培养，增强安全意识和职业规范意识，提高发现问题和解决问题的能力。

【信息获取】

学习任务 9-1　CA6140 型车床认识

小提示：CA6140 型车床是一种应用非常广泛的加工生产机械，它具有哪些结构和哪些电力拖动特征呢？

问题引导 1：CA6140 型车床的主要功能是什么？
_____
_____

问题引导 2：CA6140 型车床的型号中，40 指的是什么？
_____
_____

问题引导 3：CA6140 型车床中，"三箱刀架尾座床身"中的三箱是指哪三箱？
_____
_____

问题引导 4：CA6140 型车床的主运动、进给运动和辅助运动各指什么？
_____
_____
_____

问题引导 5：CA6140 型车床的主轴电动机需要变速控制吗？
_____
_____

问题引导 6：如果 CA6140 型车床没有处于加工状态，那还需要起动冷却泵电动机吗？
_____
_____

 练一练

CA6140 型车床的结构如图 9-1 所示，指出各部件的名称并阐述各主要部件的运动形式，描述各主要部件的运动采用的拖动手段。

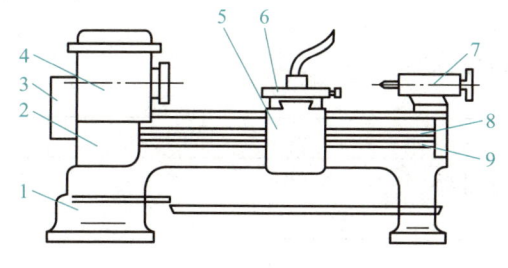

图 9-1　CA6140 型车床的结构

1. _____； 2. _____；
3. _____； 4. _____；
5. _____； 6. _____；
7. _____； 8. _____；
9. _____。

学习任务 9-2　CA6140 型车床控制电路分析

小提示：机床设备需要机和电的紧密结合，电气控制电路中也往往不止一台电动机，那么如何才能准确描述机床控制电路的各项功能呢？

问题引导 1：在机床控制电路中，为什么需要变压器输送出多种电压等级？

_____

_____

问题引导 2：在机床电气原理图中，上方的文字框有什么作用？下方的数字框有什么作用？接触器的线圈的下方表格的三列数字又有什么含义？

_____

_____

问题引导 3：在 CA6140 型车床电气控制电路中，为什么能用中间继电器 KA 来控制冷却泵电动机和快速移动电动机的通断电？

_____

_____

问题引导 4：在 CA6140 型车床控制电路中，冷却泵电动机和主轴电动机之间为什么采用顺序联锁控制？

_____

_____

问题引导 5：CA6140 型车床的刀架快移控制电路为什么不需要自锁？

_____

_____

 练一练

某车床的电气原理图如图 9-2 所示。与 CA6140 型车床不同，该车床主轴电动机采用了正反转控制和反接制动，请分析该车床控制电路原理。

学习任务 9-3　CA6140 型车床常见故障检修

小提示：机床工作一段时间后可能会出现一些电气故障，那么如何才能快速准确、安全可靠地排除电气故障呢？

问题引导 1：机床电气故障检修的基本顺序是什么？

_____

_____

问题引导 2：机床电气故障检修的基本方法有哪些？

_____

_____

问题引导3：各种机床电气故障检修方法是独立存在的吗？

问题引导4：根据观察的故障现象，能否利用逻辑分析法找到故障范围？能否准确找到故障点？

问题引导5：对机床进行电气故障的检修，应该具备哪三项基本技能？

问题引导6：机床电气故障主要包括哪两大类？

问题引导7：根据故障现象，利用逻辑分析法查找机床电气故障检修范围时，该范围应该是尽可能大还是小？

问题引导8：CA6140型车床的主轴发生故障时，为什么无法检查冷却泵电动机？

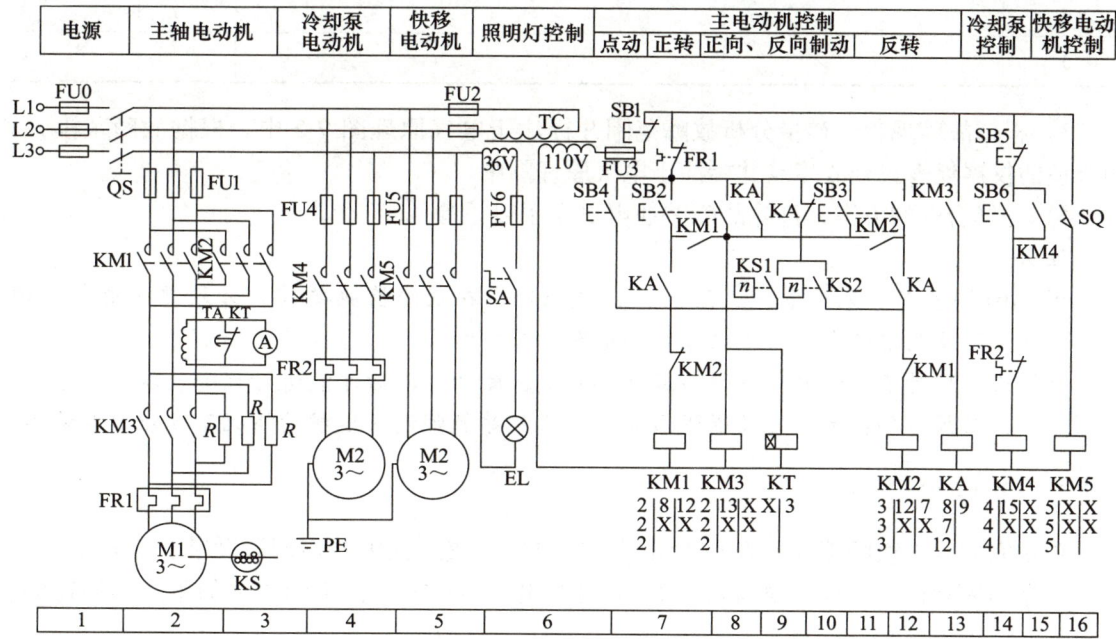

图 9-2　某车床电气原理图

练一练

首先在 CA6140 型车床模拟训练设备中设置一个与下述现象一致的电气故障，然后让学生进行操作。要求能够在规定时间内根据如下故障现象的描述，结合电气原理图 9-5 分析出故障范围并在图中圈画出来，然后借助仪器仪表找到并排除故障。

1. 现象描述：合上电源引入开关 QS，信号灯正常；刀架快移电动机工作正常；主轴电动机工作正常；冷却泵电动机无法起动。

2. 现象描述：合上电源引入开关 QS，信号灯正常；主轴电动机工作正常；冷却泵电动机工作正常；刀架快移电动机不能起动。

【项目实施】

1）明确电气原理图的结构及其工作原理；规范操作电气控制电路，并观察故障现象→结合电气原理图及故障现象在图样上标注出故障范围；按照规范的检修方法检测故障点；排除故障，并在图样上准确标出故障点；通电试车检验故障是否排除。

2）填写表 9-1，列出所用仪器仪表、工具、耗材等所需设备清单。若表格行数不够，请自行增加。

表 9-1 车床控制电路常见电气故障分析与排除项目工具清单

序号	名称	型号与规格	单位	数量	备注
1					
2					
3					
4					
5					

3）根据故障现象，初步分析故障范围并标注于电气原理图 9-5 中。根据故障范围，利用合适的仪器仪表找到故障点并标注于电气原理图中。

4）选择合适的方案，排除故障并通电试车予以检验。

注意：

①CA6140 型车床采用电气、液压、机械控制，在故障检测之前，必须熟知电气原理，清楚元件位置及电路走向，熟悉电气控制电路的工作特点。

②排除故障时不可带电安装设备或连接导线，断开电源后才能进行故障处理。通电检查和试车时，必须通知指导教师及附近人员，在有指导教师现场监护的情况下才能通电试车。

【项目评价与反思】

项目完成后，教师综合个人和小组同学在项目完成过程中的表现以及项目完成的情况，对学生做出客观评价，认真填写表 9-2。同时指出成功与不足，明确学习的重点和后期的改进方向。

表 9-2　车床控制电路常见电气故障分析与排除项目评价表

主要内容		评分标准	配分	扣分	得分
职业素养	信息检索	能根据工作需要有效利用网络、图书资源、工作手册查找有用的相关信息	5 分		
	仪态表达	仪态自然，吐字清晰；思路清晰，层次分明，表达准确	5 分		
	团队精神	积极主动参与工作，与教师、同学之间相互尊重、理解，保持多向、丰富、适宜的信息交流；能提出有意义的问题或发表个人见解；能够倾听别人的意见、协作共享	5 分		
	学习方法	学习方法得当，有工作计划；探究式学习、自主学习不流于形式，处理好合作学习和独立思考的关系，做到有效学习	5 分		
	工作过程	遵守管理规程，操作过程符合现场管理要求；善于从多角度分析问题，能主动发现、提出有价值的问题；能够正确地完成工作任务	10 分		
知识与技能	设备基本操作	1. 未能模拟实际生产过程，对电气设备做正确操作，每处扣 2 分，扣完为止 2. 未能正确描述与所做操作相对应的生产实际情况，每处扣 2 分，扣完为止 3. 未能正确阐述所做操作的带电路径，每条扣 2 分，扣完为止	10 分		
	故障范围分析	1. 故障分析前未进行调查研究，每次扣 5 分 2. 未能根据试车的状况说出故障现象，每处扣 5 分，扣完为止 3. 根据故障现象，未能在电气原理图中标出故障范围或故障范围标错，每处扣 10 分，扣完为止 4. 根据故障现象，在电气原理图中标出的故障范围过大或过小，每处扣 5 分，扣完为止	30 分		
	电气故障的排除	1. 排除故障过程中，思路不正确，每点扣 3 分，扣完为止 2. 未能查出所有故障点，每个扣 5 分，扣完为止 3. 排除方法不正确，每次扣 2 分，扣完为止 4. 排除故障过程中，产生自己无法修复的新故障，每处扣 5 分，扣完为止 5. 损坏仪器仪表，每次扣 3 分，扣完为止 6. 损坏电气元件，每次扣 2 分，扣完为止	20 分		
	安全文明生产	1. 考试过程中，违反安全文明考核要求，每处扣 2 分，扣完为止 2. 当考生被考评员发现有重大事故隐患时，予以制止后，每次扣 5 分，扣完为止 3. 劳动保护用品穿戴不整齐，扣 5 分 4. 电工工具摆放不整齐，每处扣 5 分，扣完为止 5. 不尊重考评员，不讲文明礼貌，扣 5 分 6. 未清理场地，扣 5 分	10 分		
备注	考试时间		考评员签字		成绩
总结与反思					

【思考与提高】

一、填空题

1. 车床是一种用途极广并且很普遍的_____机床。
2. 车削螺纹时,为避免乱牙,要反转退刀,因此要对电动机实行_____控制。
3. 机床控制电路的设计中,照明、显示及报警电路的电压等级是_____。

二、判断题

1. 车床主要用来车削外圆、内圆、端面、螺纹和定型面,也可安装钻头、铰刀等刀具进行钻孔、镗孔、倒角、切槽及切断等加工工作。（ ）
2. 用电阻检查法检查电路时,可以不关断电源直接检查。（ ）

三、分析题

电动葫芦的电气原理图如图 9-3 所示,试分析其工作原理。

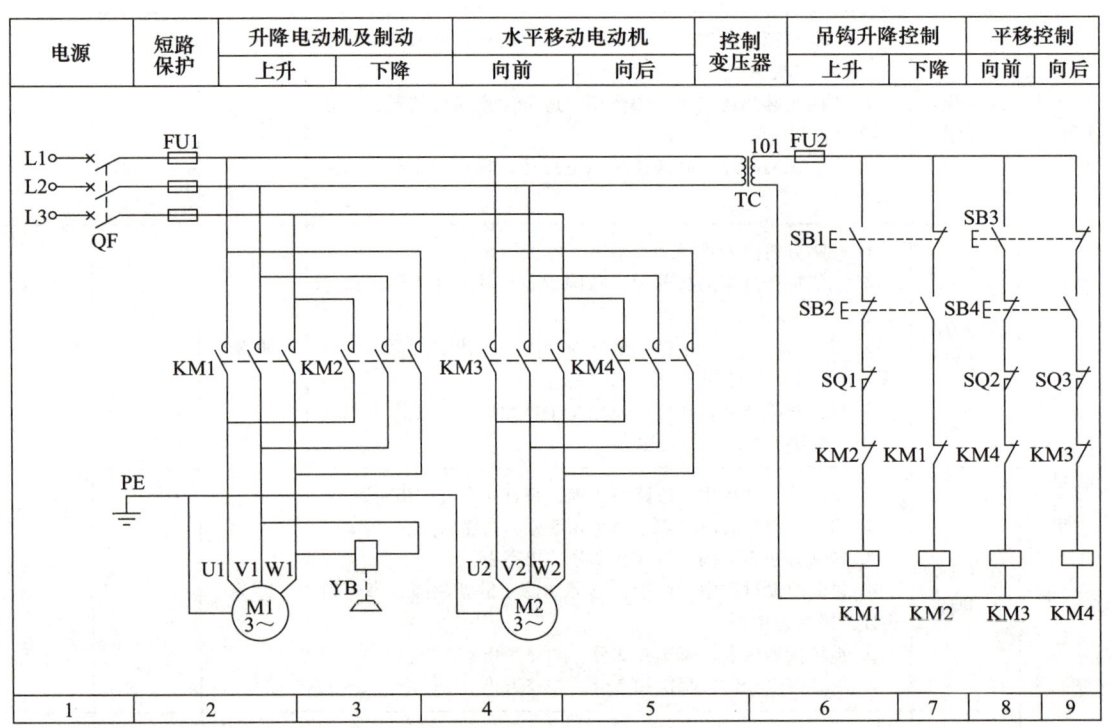

图 9-3　电动葫芦电气原理图

【相关知识】

一、CA6140 型车床的结构及电力拖动特点

车床在机械加工中应用广泛,根据其结构和用途不同,分成普通车床、立式车床、六角车床、仿真车床等。

CA6140 型车床的型号及其含义为:

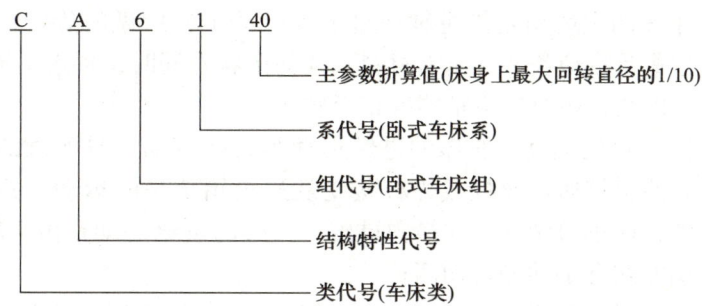

1. 主要结构

CA6140 型车床是一种机械结构比较复杂而电气系统比较简单的设备，主要由床身、进给箱、主轴箱、溜板箱、交换齿轮架、刀架、尾座、丝杠和光杠组成，主要部件可以概括为"三箱刀架尾座床身"，如图 9-4 所示。

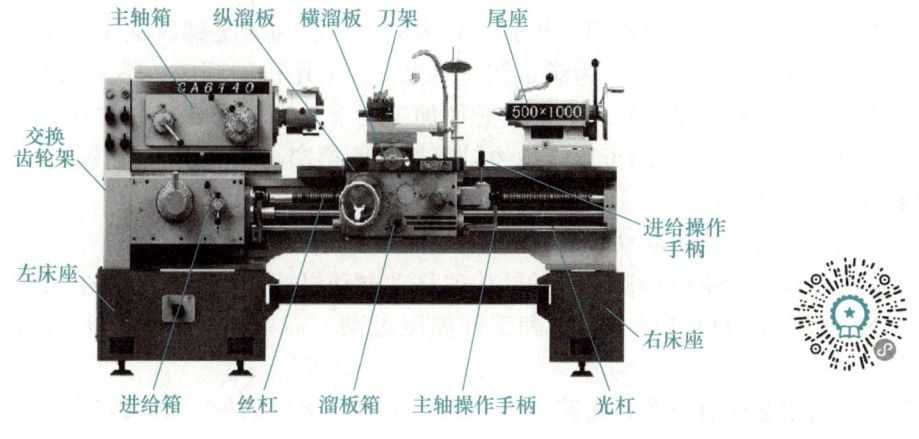

图 9-4 CA6140 型车床的外形结构

（1）主轴箱　主轴箱由箱体、主轴、传动轴、轴上传动件、变速操纵机构、润滑密封件等组成。主轴前端的卡盘或者花盘带动工件旋转。

（2）溜板箱　溜板箱与纵溜板相连，溜板箱内装有纵、横向机动进给的传动换向机构和快速进给机构等。

（3）刀架　刀架安装在小滑板上，小滑板装在中滑板上，中滑板相对于纵溜板做横向移动，纵溜板可以沿床身导轨纵向移动，从而带动刀具纵向移动，可用来车外圆、镗内孔等；横向移动可用来加工端面、切断、切槽等；也可以实现斜向进给，车削锥面。

（4）尾座　沿导轨可纵向调整尾座的位置。在尾座上，可安装顶尖，用于支撑长工件的后段以加工长圆柱体；也可安装孔加工刀具，用于加工孔。

（5）进给箱　进给箱内装有进给运动的传动及操作装置。在加工螺纹时，可通过改变进给量的大小来改变所加工的螺纹种类及导程。

2. 主要运动形式

车床的运动形式有切削运动和辅助运动。切削运动包括工件的旋转动（主运动）和刀具的直线进给运动（进给运动），除切削运动之外的其他运动皆为辅助运动。

（1）主运动　车床的主运动是指主轴通过卡盘带动工件所做的旋转运动。当工件材料性质和直径、加工方式及冷却条件、车刀材料及几何形状不同时，要求主轴有不同的切削速度。另外，为了加工螺纹，还要求主轴能够正反转。

（2）进给运动　车床的进给运动是刀架带动刀具所做的纵向或横向直线运动。溜板箱通过丝杠或光杠接受从进给箱传来的运动，并将运动传递给刀架部件，使车刀做纵向或横向进给。刀架的进给运动是由主轴电动机拖动的，其运动方式有手动和自动两种。

（3）辅助运动　辅助运动包括刀架的快速移动、尾座的移动以及工件的夹紧与放松等。

3. 电力拖动控制要求及特点

CA6140 型车床的加工范围较大，加工时的主运动是工件的旋转运动，进给运动是刀具的纵向和横向移动。

1）主轴电动机一般选用三相笼型异步电动机。为满足螺纹加工要求，主运动和进给运动采用同一台电动机拖动。为满足调速要求，只采用机械调速，不采用电气调速。

2）主轴要能够正反转，以满足螺纹加工要求。小型普通车床往往采用电动机正反转实现；中型普通车床主轴的正反转由主轴箱拨片摩擦离合器实现机械传动来完成螺纹加工，电动机不需要正反转。

3）主轴电动机的起动、停止采用按钮控制。

4）溜板箱的快速移动由单独的快速移动电动机拖动来完成，并采用点动控制。

5）为防止切削过程中刀具和工件温度过高，需要用切削液进行冷却，因此要配有冷却泵。

6）电路必须有过载、短路、欠电压、失电压保护措施，以及安全可靠的局部照明和信号指示装置。

二、CA6140 型车床的控制电路

1. 机床电气原理图的特点

观察 CA6140 型车床电气控制电路（图 9-5），与简单的电气控制电路相比，它在构成上多了三个部分。

（1）在电路图的上方是含有文字的方框　电路图上方含有文字的方框用于说明它下方垂直范围内电路（或元件）的功能或名称。例如，方框"电源保护"下方垂直范围内有熔断器 FU，说明 FU 的功能是电源保护；方框"主轴电动机"下方垂直范围内有接触器 KM 的主触点、热继电器 FR1 的发热元件和主轴电动机，说明它们都是与主轴电动机有关的电气元件。

（2）在电路图的下方是含有数字的方框　电路图下方含有数字的方框用于对整个电路进行分区，以便读图时能快速准确地找到要找的电气元件。

（3）在接触器和继电器线圈的下方是含有数字的表格　电路中接触器和继电器的下方数字表格用于说明接触器、继电器触点所在的区域，其中左边一列表示主触点所在区域，中间一列表示常开辅助触点所在的区域，右边一列表示常闭触点所在的区域。

2. CA6140 型车床电气原理图的组成及工作原理

CA6140 型车床电气原理图如图 9-5 所示。主电路共有 3 台电动机：M1 为主轴电动机，

带动主轴旋转和刀架做进给运动；M2 为冷却泵电动机，为切削中的刀具和工件提供切削液；M3 为刀架快速移动电动机，可提高生产率。

CA6140 型车床控制电路中，电源引入开关为 QS。L1、L2 两相电压送到变压器 TC 的一次绕组，经降压后在二次绕组上有 3 组输出，分别为 24V、6.3V 和 220V 的电压。其中 220V 电压供给控制电路作为电源；6.3V 电压供给信号灯 HL；24V 电压供给照明灯 EL。

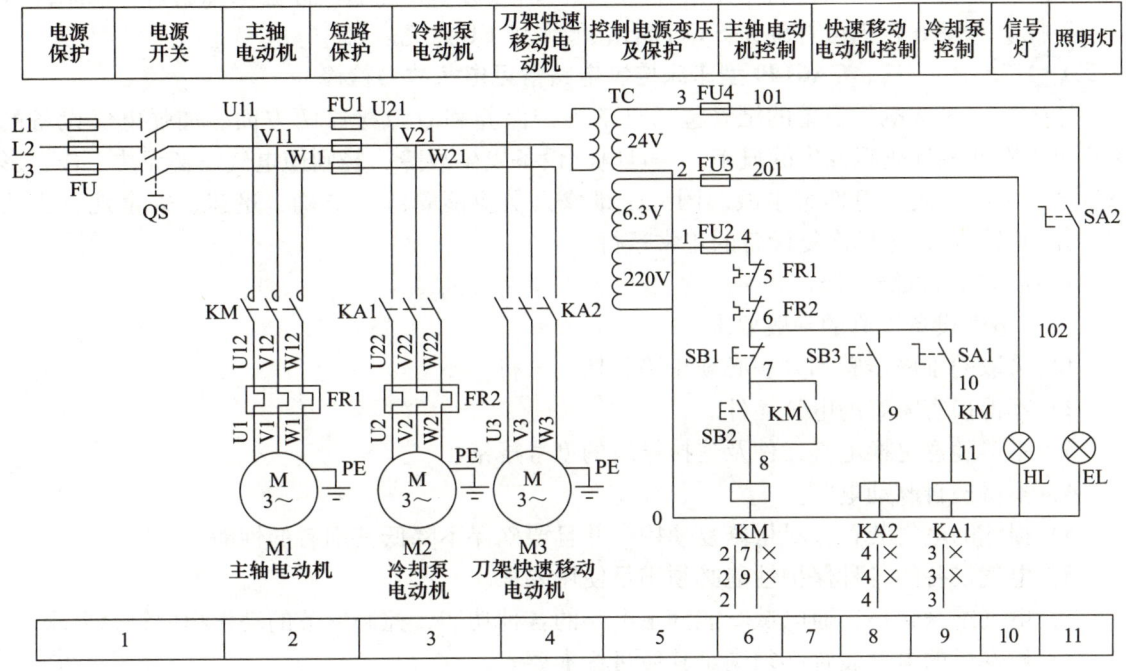

图 9-5　CA6140 型车床电气原理图

（1）主轴电动机控制电路的组成及分析　CA6140 型车床中的主轴电动机不需要变向和变速，对它的控制为单向连续运转控制。

主轴电动机 M1 起动控制：按下主轴电动机起动按钮 SB2，接触器 KM 的线圈得电，2 区 KM 主触点闭合，接通主轴电动机 M1；7 区 KM 的常开触点闭合，实现自锁；9 区 KM 的常开触点闭合，为中间继电器 KA1 线圈得电作准备。

主轴电动机 M1 停止控制：按下主轴电动机停止按钮 SB1，接触器 KM 的线圈失电，2 区 KM 的主触点断开，主轴电动机 M1 失电停止转动；7 区 KM 的常开触点断开，自锁解除；9 区 KM 的常开触点断开，KA1 的线圈无法得电。

（2）冷却泵电动机控制电路的组成及分析　主轴电动机 M1 起动后，将冷却泵电动机 M2 开关 SA1 闭合，中间继电器 KA1 的线圈得电，中间继电器 KA1 的触点状态发生变化，冷却泵电动机 M2 通电运转。

将冷却泵电动机 M2 开关 SA1 断开，中间继电器 KA1 的线圈失电，中间继电器 KA1 的触点恢复常态，冷却泵电动机 M2 断电停转。

（3）刀架快移及其他控制电路的组成及分析　按下刀架快速移动电动机

M3 的起动按钮 SB3 后,中间继电器 KA2 的线圈得电,位于 4 区的中间继电器 KA2 的常开触点闭合,刀架快速移动电动机 M3 通电运转。

松开刀架快速移动电动机 M3 的起动按钮 SB3 后,中间继电器 KA2 的线圈失电,位于 4 区的中间继电器 KA2 的常开触点断开,刀架快移电动机 M3 失电停转。

一旦电源引入开关 QS 接通,信号灯 HL 得电,标志电源引入。如果光线不好,则可将旋钮 SA2 闭合,照明灯 EL 点亮。

三、CA6140 型车床控制电路常见电气故障检修

电气设备的维修包括日常维护保养和故障检修两方面。加强电气设备的保养可以降低电气故障发生的概率。一旦电气设备发生故障,轻则使电气设备无法工作,影响生产,重则造成人身伤害事故。因此,维修人员应能熟练、准确、迅速、安全地查出故障,并加以排除,尽早恢复设备的正常运行。

1. 机床电气故障检修

(1) 电气设备维修的一般要求

1) 采取的维修步骤和方法必须正确、切实可行。

2) 不得损害完好的电气元件。

3) 不得随意更换电气元件及连接导线的型号规格。

4) 不得擅自改动电路。

5) 损坏的电气装置应尽量修复使用,并且要确保不降低其固有的性能。

6) 电气设备的各种保护性能必须满足使用要求。

7) 电气绝缘合格,通电试车能满足电路的各种功能,控制环节的动作程序符合要求。

8) 修理后的电气装置必须满足其质量标准要求。

(2) 电气装置的检修质量标准

1) 外观整洁,无破损和炭化现象。

2) 所有触点均完整、光洁、接触良好。

3) 压力弹簧和反作用力弹簧具有足够的弹力。

4) 操纵、复位机构都必须灵活可靠。

5) 各种衔铁运动灵活,无卡阻现象。

6) 灭弧罩完整、清洁、安装牢固。

7) 整定数值符合电路使用要求。

8) 指示装置能正常发出信号。

(3) 机床电气故障检修的一般方法　机床电气控制电路发生故障后,必须及时查明原因并迅速排除。但机床电路形式多样,它的故障又常常是机械、液压等系统交错在一起,难以分解。这就要求维修人员先了解其工作原理,并应掌握正确的故障排除方法。

电气设备故障大致可以分为两大类:一类是有明显的外表特征并容易发现的故障,比如电器发热、冒烟等;另一类是没有明显的外部特征的故障,此类故障常发生在控制电路中,相对而言比较难判定。

检修故障时,大体上可分为四个步骤:观察(故障现象)→分析(故障部位)→检查(确定故障点)→修理(或更新损坏的元器件)。当然,这并不是检修的固定程序,它们

之间存在相互联系，有时要交替进行。

在每个检修步骤，都需要一些具体的检修方法与之相配合。

1）调查研究法。在处理故障前，通过问、看、听、摸来了解故障前后的详细情况，以便迅速地判断故障的部位，并准确地排除故障。

①问。向操作者了解故障发生前后的情况，一般询问的项目包括：故障是经常发生还是偶尔发生，有哪些现象，故障发生前有无频繁运动、停止或过载等，是否经历过维护、检修或改动电路等。

②看。看熔丝是否熔断，接线是否松动、脱落、断线，开关的触点是否接触良好，有没有熔焊，继电器是否动作，撞块是否碰压行程开关等。

③听。用耳朵倾听电动机、变压器和电气元件的声音是否正常，以便于寻找故障部位。例如，某三相电动机运行时发出"嗡嗡"的声响，可能是定子电源断相运行或转子被机械卡住。

④摸。当电动机、变压器、继电器的线圈发生故障时，温度升高，可以用手触摸检查。限位开关没有发出信号而使动作中断时，也可以用手代替撞块去撞一下限位开关，如果动作和复位时有"嘀嗒"声，开关大概率没有问题，调整撞块位置就能排除故障。

2）通电试验法。当利用调查研究法发现不了故障时，可以对机床控制电路做通电试验检查。通电试验检查时，应尽量使电动机和传动机构脱开，调节器和相应的转换开关置于零位，行程开关还原到正常位置。若电动机和传动机构不易脱开，可将主电路熔丝或开关断开，先检查控制电路，待其正常后，再接通电源检查主电路。

通电试验检查时，应先用万用表交流电压档检查电源电压是否正常、是否有断相或严重不平衡情况。

通电试验检查时，应先易后难，分步进行。检查的顺序是：先控制电路后主电路，先辅助系统后主传动系统，先开关电路后调整电路，先怀疑重点部位后怀疑一般部位。

通电试验检查也可以采用分步试送法：即先断开所有的熔丝，然后按顺序逐一插入需检查部位的熔丝，合上开关，观察有无冒烟、冒火及熔断器熔断现象。若有这些异常现象，则故障部位就在该处；若无异常现象，再给以动作指令，观察各接触器和继电器是否按规定的顺序动作，也可以发现故障。

通电试验时必须注意以下问题

①可能发生飞车或损坏传动机构的设备不宜通电。

②发现冒烟、冒火及异常声音时，应立即停车检查。

③不能随意触碰带电电器。

④养成右手单独操作的习惯。

3）逻辑分析法。逻辑分析法如果运用得当，往往能快速而准确地排除故障。因此，它适用于对复杂电路的故障检修。复杂电路往往有上百个电气元件和上千条连接导线，如果采用逐一检查的方法，不仅要耗费大量时间，而且会漏查故障点。采用逻辑分析法检查时，应根据原理图，对故障现象做具体分析。根据故障现象在电气原理图中划出可疑范围后，再借助一定的仪器仪表、借鉴通电试验等方法，对与故障回路相关的控制环节进行检查。

分析电路时，结合故障现象和电气控制电路的工作原理，通常先从主电路入手，在电动机主电路所用电气元件的文字符号、图区号及控制特点上找到相应的控制电路，再进行认真分析、排查，迅速判定故障发生的可能范围。当故障可疑范围较大时，不必按部就班地逐级检查，可以从故障范围的中间环节开始检查，以便缩小范围，从而提高检修的针对性，得到快而准的检修结果。

总之，运用逻辑分析法的基本原则有两个：一是准确把握故障现象，才能准确划分电气控制系统中的故障区域；二是充分理解电气控制电路的原理，才能迅速地判断与故障现象对应的可能故障点。由于机床控制电路的故障现象各不相同，所以一定要理论联系实际，灵活运用以上方法，及时总结经验，并做好检修记录，不断提高故障排除能力。

（4）电气故障的修复 找出电气设备的故障点后，就要着手进行修复。修复电气故障时必须注意以下事项。

1）在对电气控制电路进行故障检修时，不能把找出故障点作为检修工作的终点，还必须分析、查明产生故障的根本原因，从根本上排除故障。

2）找出故障点后，一定要针对不同故障情况和部位采取正确的修复方法，不要轻易更换元件和补线等，更不允许轻易改动电路或更换不同规格的电气元件，以防产生人为故障。

3）在修复故障点时，一般情况下应尽量做到复原，在紧急情况下也可以采取一些适当的应急措施，但决不能凑合行事。

4）电气故障修复完毕后，需要通电试车运行，应与操作者配合，避免出现新的故障。

每次排除故障后，应及时总结经验，并做好维修记录，以备日后维修时参考。通过对历次故障的分析，采取有效措施，防止类似故障的再次发生或对电气设备本身的设计提出修改意见。维修记录的内容包括电气设备的型号、名称、编号、故障发生日期、故障现象、故障部位、损坏的元件、故障原因、修复措施及修复后的运行情况等。

2. CA6140 型车床控制电路常见电气故障分析

（1）主轴电动机无法起动的故障分析 对 CA6140 型车床进行操作：合上电源引入开关 QS 后，信号指示灯、照明灯正常；刀架快移电动机工作正常；但是按下主轴起动按钮 SB2，主轴电动机无法起动，冷却泵电动机也就无法检查。

根据故障现象，结合 CA6140 型车床控制电路可知：控制电路的电源没有问题，问题应出在主轴电动机控制电路中，如图 9-6 所示。

如果接触器 KM 可以吸合但是主轴电动机不转，则可能是主电路中接触器 KM 的主触点及其连线、热继电器发热元件及其连线、电动机 M 及其连线存在问题。对于主电路出现的问题，一般可以在断开负载、通上电源后用分阶电压法逐步测量找到故障点。

如果接触器 KM1 的线圈不可以吸合，应首先怀疑问题出在控制电路中。主轴电动机 M1 的控制电路即是一个简单的自锁电路。由于刀架快速移动电动机 M3 工作正常，所以变压

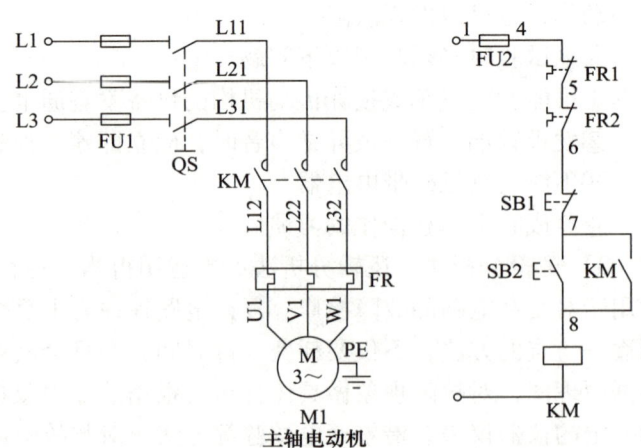

图 9-6 CA6140 型车床主轴电动机控制电路

器二次侧输出电压没问题，1 点与 6 点之间为公共电路部分也应该没有问题，可以采用电阻

法或电压法测量，也可以采用欧姆法测量，逐一排查7点与8点之间的电路。需要注意，公共的点0和6也是排查的对象。

（2）主轴电动机转动很慢的故障分析　对CA6140型车床进行操作：合上电源引入开关QS，信号灯正常；刀架快移电动机工作正常；冷却泵电动机工作正常；主轴电动机可起动，但是按下主轴起动按钮SB2后，主轴电动机转动很慢并且发出"嗡嗡"的声音。

根据故障现象，分析出故障范围应该是在主轴电动机主电路，很可能是断相导致的。利用电压法检查故障的流程如图9-7所示。

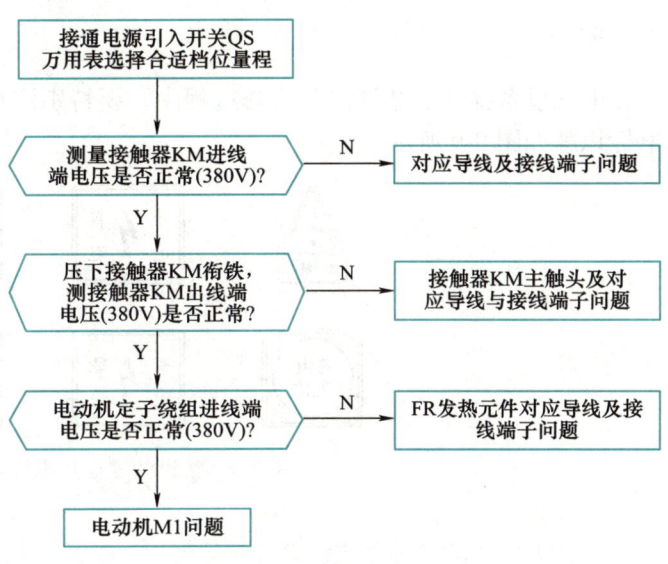

图9-7　主轴电动机转动很慢电气故障分析流程

总结上述电气故障的分析与排除方法，可进一步确认电路检修的基本流程，如图9-8所示。

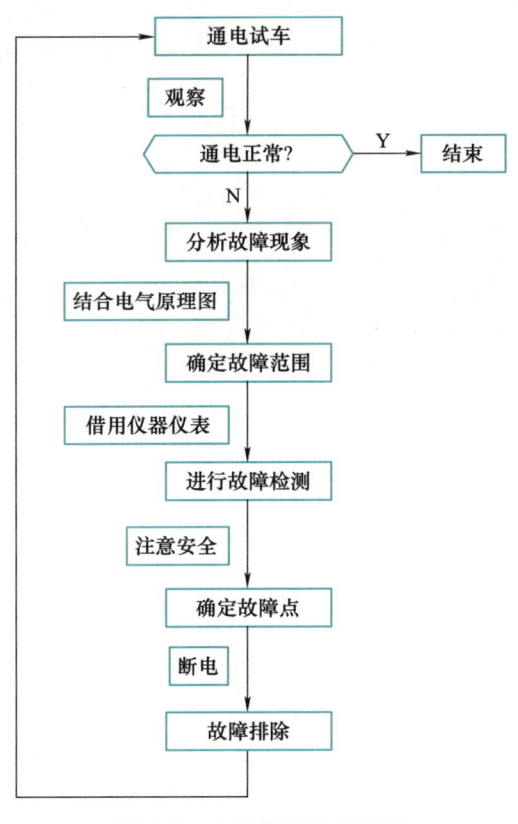

图9-8　电气故障分析流程

【你知道吗】

在电气设备操作、装调以及检修过程中，要特别注意相关的标识牌的使用。常见的安全用电标识牌如图 9-9 所示。

图 9-9　常见的安全用电标识牌

项目 10
PROJECT 10

摇臂钻床控制电路常见电气故障分析与排除

【项目导入】

1. 学习任务

钻床是一种孔加工机床，主要用于钻孔、扩孔、铰孔、镗孔及修刮端面、攻螺纹等。

本项目通过对 Z3040 型摇臂钻床电气控制电路常见电气故障的分析与排除，掌握必要的机床电气故障检修方法和技巧，能够根据观察到的故障现象，结合电气控制线路原理图，分析故障的范围，借助相应的工具和仪器仪表准确地查找到故障点，并进行故障排除，具体内容如下。

Z3040 型摇臂钻床使用一段时间后，发现摇臂上升到位后无法夹紧，其他正常。试根据故障现象分析故障范围，并借助一定的工具准确查找到故障点后进行故障排除。

2. 学习目标

（1）知识目标

了解 Z3040 型摇臂钻床的结构、电力拖动特点以及其电气控制系统的工艺要求，熟悉 Z3040 型摇臂钻床电气控制电路的组成及工作原理，掌握 Z3040 型摇臂钻床电气故障的分析与排除方法。

（2）技能目标

能够根据要求正确操作 Z3040 型摇臂钻床并明确电路导通路径；能够根据 Z3040 型摇臂钻床的故障现象分析出故障范围，借助仪器仪表找到故障点并进行故障排除。

（3）素养目标

通过对 Z3040 型摇臂钻床升降与松紧控制的配合，加强团队意识、协调意识的培养；通过对电气故障现象的分析，提高独立思考能力和分析问题能力；通过对电气故障的排除，增强安全意识和职业规范意识，提高发现问题和解决问题的能力。

【信息获取】

学习任务 10-1　Z3040 型摇臂钻床认识

小提示：摇臂钻床的加工对象主要是大型工件，但工件不容易搬动调整，那么钻床是如何实现主轴位置的调整并保证加工位置的准确性的呢？

问题引导1：Z3040 型摇臂钻床的主要功能是什么？
_____
_____

问题引导2：Z3040 型摇臂钻床的型号中，40 指的是什么？
_____
_____

问题引导3：Z3040 型摇臂钻床加工的工件一般会有什么特点？
_____
_____

问题引导4：Z3040 型摇臂钻床的摇臂可以围着外立柱旋转吗？
_____
_____

问题引导5：Z3040 型摇臂钻床的主运动是钻头位置的调整运动吗？
_____
_____

问题引导6：Z3040 型摇臂钻床的主轴需要变速吗？需要换向吗？是如何实现的？
_____
_____

问题引导7：Z3040 型摇臂钻床主轴的纵向进给是如何实现的？
_____
_____

 练一练

在 Z3040 型摇臂钻床的结构示意图 10-1 中，写出各部件的具体名称，并在图中标注出 Z3040 型摇臂钻床的主要运动形式。

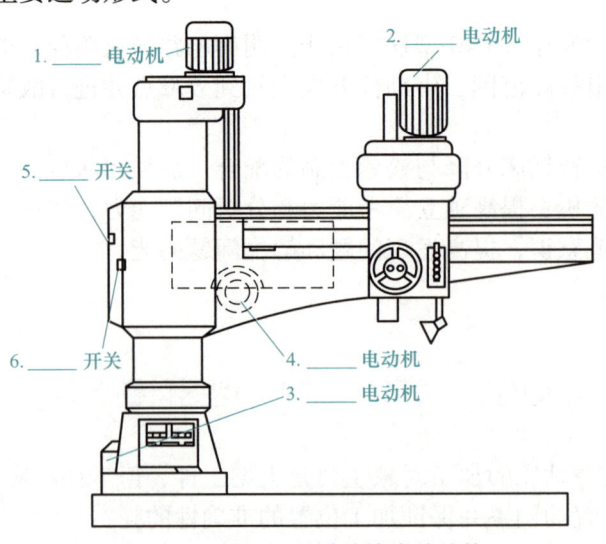

图 10-1　Z3040 型摇臂钻床的结构

学习任务 10-2　Z3040 型摇臂钻床控制电路分析

小提示：摇臂钻床的主轴与摇臂、摇臂与外立柱、内外立柱之间在加工时一定是夹紧的，在调整位置时一定是放松的，那么摇臂钻床的控制电路是如何实现各位置调整时松开、加工时夹紧的控制的呢？

问题引导 1：若 Z3040 型摇臂钻床的电气控制柜门没有关好，主轴电动机能带动钻头运动吗？
_____
_____

问题引导 2：Z3040 型摇臂钻床的主轴运动与调整位置运动之间有必要的联锁控制吗？
_____
_____

问题引导 3：为什么 Z3040 型摇臂钻床的摇臂升降电动机不需要过载保护？
_____
_____

问题引导 4：在 Z3040 型摇臂钻床中，主轴箱和摇臂之间、内外立柱之间可以较长时间保持松弛的状态吗？
_____
_____

问题引导 5：Z3040 型摇臂钻床中行程开关 SQ2 和 SQ3 的作用是什么？在摇臂上升过程中，行程开关 SQ2 处于常态吗？
_____
_____

问题引导 6：在 Z3040 型摇臂钻床中，摇臂与外立柱之间的放松操作有没有单独的控制按钮？
_____
_____

问题引导 7：在 Z3040 型摇臂钻床中，摇臂与外立柱之间、主轴箱和摇臂之间、内外立柱之间的放松与夹紧都是由液压泵电动机带动的，但又不能同时发生，那么该如何区分它们呢？
_____
_____

问题引导 8：在 Z3040 型摇臂钻床中，时间继电器是通电延时型还是断电延时型？
_____
_____

问题引导 9：Z3040 型摇臂钻床的摇臂与外立柱之间处于夹紧状态时，行程开关 SQ2、SQ3 处于常态还是变化后的状态？
_____
_____

练一练

根据如图 10-4 所示的 Z3040 型摇臂钻床电气原理图，说明摇臂下降时控制电路的工作过程。

1. 接通电源，信号灯_____亮，此时行程开关 SQ2 处于_____状态，行程开关 SQ3 处于_____状态。

2. 按下摇臂下降按钮 SB5，时间继电器 KT 线圈得电，使得接触器_____的线圈得电，触点状态发生变化，摇臂执行放松动作，此时行程开关 SQ3 进入_____状态。

3. 当摇臂与外立柱之间放松到位时，行程开关 SQ2 的常闭触点_____（断开/闭合），接触器 KM4 的线圈_____（得电/失电），摇臂外立柱_____（开始/停止）放松；行程开关 SQ2 的常开触点_____（断开/闭合），接触器 KM3 的线圈_____（得电/失电），摇臂沿外立柱执行_____（上升/下降）。

4. 当摇臂到达指定位置时，松开按钮 SB5，结束摇臂下降命令。这时，接触器_____的线圈失电，触点恢复常态；时间继电器 KT 的线圈失电，此时 29 与 31 两节点间的时间继电器 KT 的触点_____（断开/闭合），35 与 37 两节点间的时间继电器 KT 的触点_____（断开/闭合），7 与 35 两节点间的时间继电器 KT 的触点_____（断开/闭合）。

5. 时间继电器延时时间到后，接触器 KM5 的线圈得电，电磁阀 YA 的线圈得电，摇臂开始_____动作，此时行程开关 SQ2 的触点处于_____（变化/常态）。

6. 当摇臂夹紧到位时，行程开关 SQ3 触点处于_____（变化/常态），接触器 KM5 的线圈、电磁阀 YA 的线圈_____（得电/失电），摇臂下降动作_____（开始/停止）。

学习任务 10-3　Z3040 型摇臂钻床常见故障检修

小提示：摇臂钻床的加工控制与位置调整控制电路相互交错，一旦出现故障，该如何根据故障现象分析故障范围？该如何根据故障范围找到故障点？

问题引导 1：如果按下 Z3040 型摇臂钻床的上升或下降按钮，摇臂均不能执行放松动作，结合电气原理图 10-4，分析并利用节点编号描述出故障可能范围。
_____
_____

问题引导 2：如果按下按钮 SB3，Z3040 型摇臂钻床主轴电动机不能起动，结合电气原理图 10-4，分析并利用节点编号描述故障可能范围。
_____
_____

项目10 摇臂钻床控制电路常见电气故障分析与排除

问题引导 3：如果按下按钮 SB6，Z3040 型摇臂钻床进给电动机不能起动执行放松动作，结合图 10-4，分析并利用节点编号描述故障的可能范围。
_____
_____

问题引导 4：如果按下按钮 SB7，Z3040 型摇臂钻床进给电动机不能起动执行夹紧动作，结合图 10-4，分析并利用节点编号描述故障的可能范围。
_____
_____

 练一练

首先在 Z3040 型摇臂钻床模拟训练设备中设置一个与下述故障现象一致的电气故障，然后让学生进行操作，要求能够在规定时间内根据如下故障现象的描述，结合电气原理图 10-4 画出故障范围，然后借助仪器仪表找到并排除故障点。

1. 现象描述：合上电源引入开关 QF1，信号灯正常；摇臂升降电动机工作正常，冷却泵电动机工作正常，主轴电动机无法实现连续运转。

2. 现象描述：合上电源引入开关 QF1，信号灯正常；主轴电动机工作正常；冷却泵电动机工作正常；摇臂上升正常；摇臂下降到位后无法实现夹紧。

【项目实施】

1）明确电气原理图的结构及其工作原理；规范操作电气控制电路，观察故障现象；结合电气原理图及故障现象在图样上标注出故障范围；按照规范的检修方法检测故障点；排除故障，并在图样上准确标出故障点；通电试车；排除故障。

2）填写表 10-1，列出所用仪器仪表、工具、耗材等所需设备清单。若表格行数不够，请自行增加。

表 10-1 摇臂钻床控制电路常见电气故障分析与排除项目工具清单

序号	名称	型号与规格	单位	数量	备注
1					
2					
3					
4					
5					

3）根据故障现象，初步分析故障范围并标注于电气原理图 10-4 中。根据故障范围，利用合适的仪器仪表找到故障点并标注于电气原理图中。

4）选择合适的方案，排除故障。

注意：

①Z3040 型摇臂钻床采用电气、液压、机械控制，在故障检测之前，必须熟知电气原理，清楚元件位置及电路走向，熟悉电气控制电路的工作特点。

②排除故障时不可带电安装设备或连接导线，断开电源后才能进行故障处理。通电检查和试车时必须通知指导教师及附近人员，在有指导教师现场监护的情况下才能通电试车。

【项目评价与反思】

项目完成后，教师综合个人和小组同学在项目完成过程中的表现以及项目完成的情况，对学生做出客观评价，认真填写表10-2。同时指出成功与不足，明确学习的重点和后期的改进方向。

表 10-2 摇臂钻床控制电路常见电气故障分析与排除项目评价表

主要内容		评分标准	配分	扣分	得分
职业素养	信息检索	能根据工作需要有效利用网络、图书资源、工作手册查找有用的相关信息	5分		
	仪态表达	仪态自然，吐字清晰；思路清晰，层次分明、表达准确	5分		
	团队精神	积极主动参与工作，与教师、同学之间相互尊重、理解，保持多向、丰富、适宜的信息交流；能提出有意义的问题或发表个人见解；能够倾听别人的意见、协作共享	5分		
	学习方法	学习方法得当，有工作计划；探究式学习、自主学习不流于形式，处理好合作学习和独立思考的关系，做到有效学习	5分		
	工作过程	遵守管理规程，操作过程符合现场管理要求；善于从多角度分析问题，能主动发现、提出有价值的问题；能够正确地完成工作任务	10分		
知识与技能	设备基本操作	1. 未能模拟实际生产过程，对电气设备做正确操作，每处扣2分，扣完为止 2. 未能正确描述与所做操作相对应的生产实际状况，每处扣2分，扣完为止 3. 未能正确阐述所做操作的带电路径，每条扣2分，扣完为止	10分		
	故障范围分析	1. 故障分析前未进行调查研究，每次扣5分，扣完为止 2. 未能根据试车的状况说出故障现象，每处扣5分，扣完为止 3. 根据故障现象，未能在电气原理图中标出故障范围或故障范围标错，每处扣10分，扣完为止 4. 根据故障现象，在电气原理图中标出的故障范围过大或过小，每处扣5分，扣完为止	30分		
	电气故障的排除	1. 排除故障过程中，思路不正确，每点扣3分，扣完为止 2. 未能查出所有故障点，每个扣5分，扣完为止 3. 排除方法不正确，每次扣2分，扣完为止 4. 排除故障过程中，产生自己无法修复的新故障，每处扣4分，扣完为止 5. 损坏仪器仪表，每次扣3分，扣完为止 6. 损坏电气元件，每次扣3分，扣完为止	20分		

(续)

主要内容		评分标准	配分	扣分	得分
知识与技能	安全文明生产	1. 考试过程中，违反安全文明考核要求，每处扣2分，扣完为止 2. 当考生被考评员发现有重大事故隐患时，予以制止后，每次扣5分，扣完为止 3. 劳动保护用品穿戴不整齐，扣5分 4. 电工工具摆放不整齐，每处扣5分，扣完为止 5. 不尊重考评员，不讲文明礼貌，扣5分 6. 违反安全文明生产规程，未清理场地，扣5分	10分		
备注	考试时间		考评员签字		成绩
总结与反思					

【思考与提高】

1. Z3040 型摇臂钻床在摇臂升降过程中，液压泵电动机和摇臂升降电动机应如何配合工作？请以摇臂上升为例叙述电路的工作情况。

2. 在 Z3040 型摇臂钻床的电气原理图 10-4 中，时间继电器 KT 与电磁阀 YA 在什么时候动作？YA 的动作时间比 KT 长还是短？YA 什么时候不动作？

3. 在如图 10-4 所示的 Z3040 型摇臂钻床的电气控制电路中，具有哪些联锁与保护环节？为什么要有这些联锁与保护环节？它们是如何实现联锁与保护的？

4. Z3040 型摇臂钻床的电气原理图如图 10-4 所示。对钻床大修后，若 SQ3 安装位置不当，会出现什么故障？

5. Z3040 型摇臂钻床的电气原理图如图 10-4 所示。对钻床大修后，若摇臂升降电动机 M2 的三相电源相序接反，会发生什么故障？试车时应如何检测？

6. 在图 10-4 中，若时间继电器 KT 的线圈开路，按下摇臂上升按钮后会发生什么？

【相关知识】

一、Z3040 型摇臂钻床的结构及电力拖动特点

钻床的种类很多，其中 Z3040 型摇臂钻床是非常典型的通用机床，在加工行业中应用非常广泛，适用于单件或批量生产中带有多孔零件的加工。Z3040 型号的含义为：

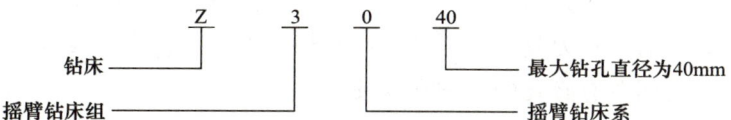

1. Z3040 型摇臂钻床的外形结构及主要运动形式

Z3040 型摇臂钻床主要由底座、内立柱、外立柱、摇臂、主轴箱和工作台等部分组成，如图 10-2 所示。

内立柱固定在底座的一端，在它的外面套有外立柱，外立柱可绕内立柱旋转360(°)。摇臂的一端为套筒，套装在外立柱上，并借助丝杠的正、反转沿外立柱上下移动。但由于丝杠与外立柱连成一体，同时升降螺母固定在摇臂上，所以摇臂不能绕外立柱转动，但能与外立柱一起绕内立柱转动。主轴箱是一个复合部件，由主传动电动机、主轴和主轴传动机构、进给和进给变速机构以及机床的操作机构等组成。主轴

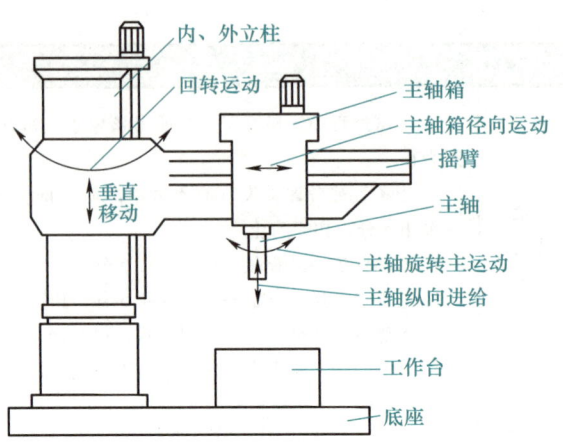

图 10-2　Z3040 型摇臂钻床的外形结构及主要运动形式

箱安装在摇臂的水平导轨上，通过手轮操作，主轴箱可在水平导轨上沿摇臂移动。在钻削加工前，需要用特殊的夹紧装置将主轴箱紧固在摇臂导轨上，外立柱紧固在内立柱上，摇臂紧固在外立柱上。钻削加工时，钻头一边进行旋转切削，一边进行纵向进给。

摇臂钻床的主运动为主轴的旋转运动。进给运动为主轴的纵向进给。辅助运动有摇臂沿外立柱的垂直移动、主轴箱沿摇臂长度方向的水平移动、摇臂与外立柱一起绕内立柱的回转运动。

2. Z3040 型摇臂钻床的电力拖动及控制要求

1）由于钻床的运动部件较多，为简化传动装置，需要使用多台电动机来拖动，主轴电动机承担钻削及进给任务，摇臂升降、夹紧放松和冷却泵各用一台电动机拖动。

2）为了适应多种加工对象的要求，主轴的旋转运动及进给运动应有较大的调速范围，旋转速度一般为 200~2000r/min。但这些调速都是机械调速，是用手柄操作变速箱调速，对电动机无任何调速要求。主轴变速机构与进给变速机构在同一个变速箱内，由主轴电动机拖动。

3）加工螺纹时，主轴应能正反转。摇臂钻床主轴的正反转一般用机械方法实现，主轴电动机只需单方向旋转。

4）摇臂升降由单独的一台电动机拖动，要求该电动机能够实现正反转。在小型摇臂钻床上，摇臂的回转和主轴箱的径向移动都采用手动的方式来完成。

5）摇臂与外立柱之间，内、外立柱之间，主轴箱与摇臂之间的夹紧与放松均是由一台异步电动机配合液压装置来完成的，所以要求该异步电动机能正反转。

6）钻削加工时，为了对刀具及加工件进行冷却，需要一台冷却泵电动机输送切削液。

7）各部分电路之间要有必要的保护和联锁。

3. Z3040 型摇臂钻床的电气元件及其分布

若要能够准确而快速地分析和排除电气故障，则需要对 Z3040 型摇臂钻床的各电气元件的使用情况以及其所在的实际位置有充分的了解。Z3040 型摇臂钻床电气元件的型号、规格等见表 10-3，各电气元件的大体位置如图 10-3 所示。

表 10-3　Z3040 型摇臂钻床的电气元件明细表

代号	元件名称	型号	规格	数量
M1	主轴电动机	Y112M-4	4kW，1440r/min	1
M2	摇臂升降电动机	Y90L-4	1.5kW，1440r/min	1
M3	液压泵电动机	Y802-4	0.75kW，1390r/min	1
M4	冷却泵电动机	AOB-25	90W，2800r/min	1
KM1	交流接触器	CJ20-20	20A，线圈电压 110V	1
KM2~KM6	交流接触器	CJ20-10	10A，线圈电压 110V	4
FU1~FU3	熔断器	BZ-001A	2A	3
KT	时间继电器	JS7-4A	线圈电压 110V	1
FR1	热继电器	JR16-20/3D	6.8~11A	1
FR2	热继电器	JR16-20/3D	1.5~2.4A	1
QF1	低压断路器	DZ5-20/330FSH	10A	1
QF2	低压断路器	DZ5-20/330H	0.3~0.45A	1
QF3	低压断路器	DZ5-20/330H	6.5A	1
YA	二位六通电磁阀	MFJ1-3	线圈电压 110V	1
TC	控制变压器	BK-150	380V/110V、24V、6V	1
SB1	总停止按钮	LAY3-11ZS/1	红色	1
SB3、SB6、SB7	按钮	LA19-11D	带信号灯的按钮（HL2~HL4）	3
SB2、SB4、SB5	按钮	LA19-11		3
SQ1	上下限位行程开关	HZ4-22		1
SQ2、SQ3	行程开关	LX5-11		2
SQ4	行程开关	LX3-11K		1
SQ5	门控行程开关	JWM6-11		1
HL1	信号灯	XD1		1
EL	工作灯	JC-25	40W，24V	1

二、Z3040 型摇臂钻床的控制电路

Z3040 型摇臂钻床的动作是通过机、电、液联合控制来实现的，其电气原理图如图 10-4 所示，机床本身具有"开门断电"功能，系统通电前应合上 QF3 并将摇臂后部的配电箱门盖好，方能合上总电源开关 QF1。电源信号灯 HL1 亮，表示摇臂钻床的电气控制电路进入带电状态。

当 Z3040 型摇臂钻床的钻头调整到相应的位置时，就可以起动钻头，进行孔的加工了。如果在钻孔的过程中产生了较多的热量，则需要起动冷却泵电动机 M4 提供切削液进行冷却。

1. 主轴电动机 M1 的控制电路

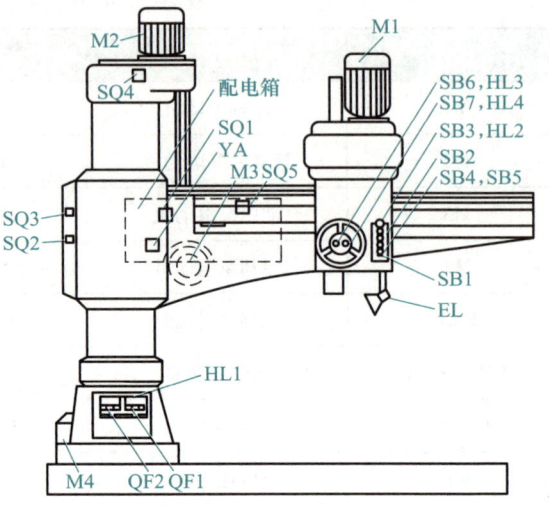

图 10-3　Z3040 型摇臂钻床的电气元件分布图

Z3040 型摇臂钻床主轴的变速是利用机械变速箱来实现的，其正反转运动也是利用改变机械传动链来实现的，因此主轴电动机 M1 只需单方向旋转。在 Z3040 型摇臂钻床上，主轴电动机 M1 的功率为 4kW，不是很大，所以可以全压起动，自由停车；接触器 KM1 可完成电源的接通与断开，同时实现失电压、欠电压保护；热继电器 FR1 可实现过载保护；信号灯 HL2 亮表示主轴电动机 M1 正在旋转。

（1）主轴电动机 M1 的起动　分析图 10-4 主轴电动机起动控制过程如下：

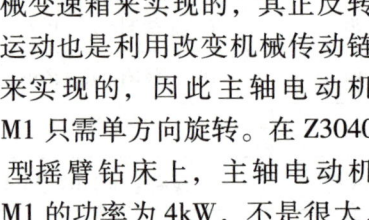

（2）主轴电动机 M1 的停止　分析图 10-4 中主轴电动机停止控制过程如下：

按下停止按钮SB2 ⟶ 接触器KM1的线圈失电 ⟶ 主轴电动机M1停转
　　　　　　　　　　　　　　　　　　　　　 ⟶ 主轴电动机M1运行信号灯HL2熄灭

2. 主轴位置调整的控制电路

在钻孔前，首先要将钻头调整到适当的位置。由于钻床的体积较大，所以调整比较困难。

（1）径向和回旋调整的控制电路　Z3040 型摇臂钻床主轴的径向移动由主轴箱在摇臂上的水平移动带动，回旋转动由摇臂与外立柱一起沿内立柱的转动带动。主轴箱在摇臂水平导轨上的移动由手轮带动。摇臂沿外立柱的移动也是通过摇动手轮完成的，但在移动之前需要通过液压泵电动机带动先放松，移动成功后，也需要通过液压泵电动机带动夹紧。在 Z3040 型摇臂钻床的电气控制电路中，主轴箱与摇臂之间的松紧和内、外立柱之间的松紧是同时完成的。

1）分析图 10-4 中的主轴箱和立柱的放松控制电路。放松动作过程如下：
按下立柱和主轴的松开按钮 SB6→接触器 KM4 的线圈得电→液压泵电动机 M3 正向运转→液压油经二位六通阀进入立柱和主轴松开油腔→立柱和主轴箱的夹紧装置放松→行程开关 SQ4 触点恢复常态→放松到位→放松信号灯 HL3 亮，松开按钮 SB6。

2）分析图 10-4 中的主轴箱和立柱的夹紧控制电路。夹紧动作过程如下：
按下立柱和主轴的夹紧按钮 SB7→接触器 KM5 的线圈得电→液压泵电动机 M3 反向运转→液压油经二位六通阀进入立柱和主轴夹紧油腔→立柱和主轴箱的夹紧装置夹紧→行程开关 SQ4 触点状态改变→夹紧到位→HL4 灯亮，松开按钮 SB7。

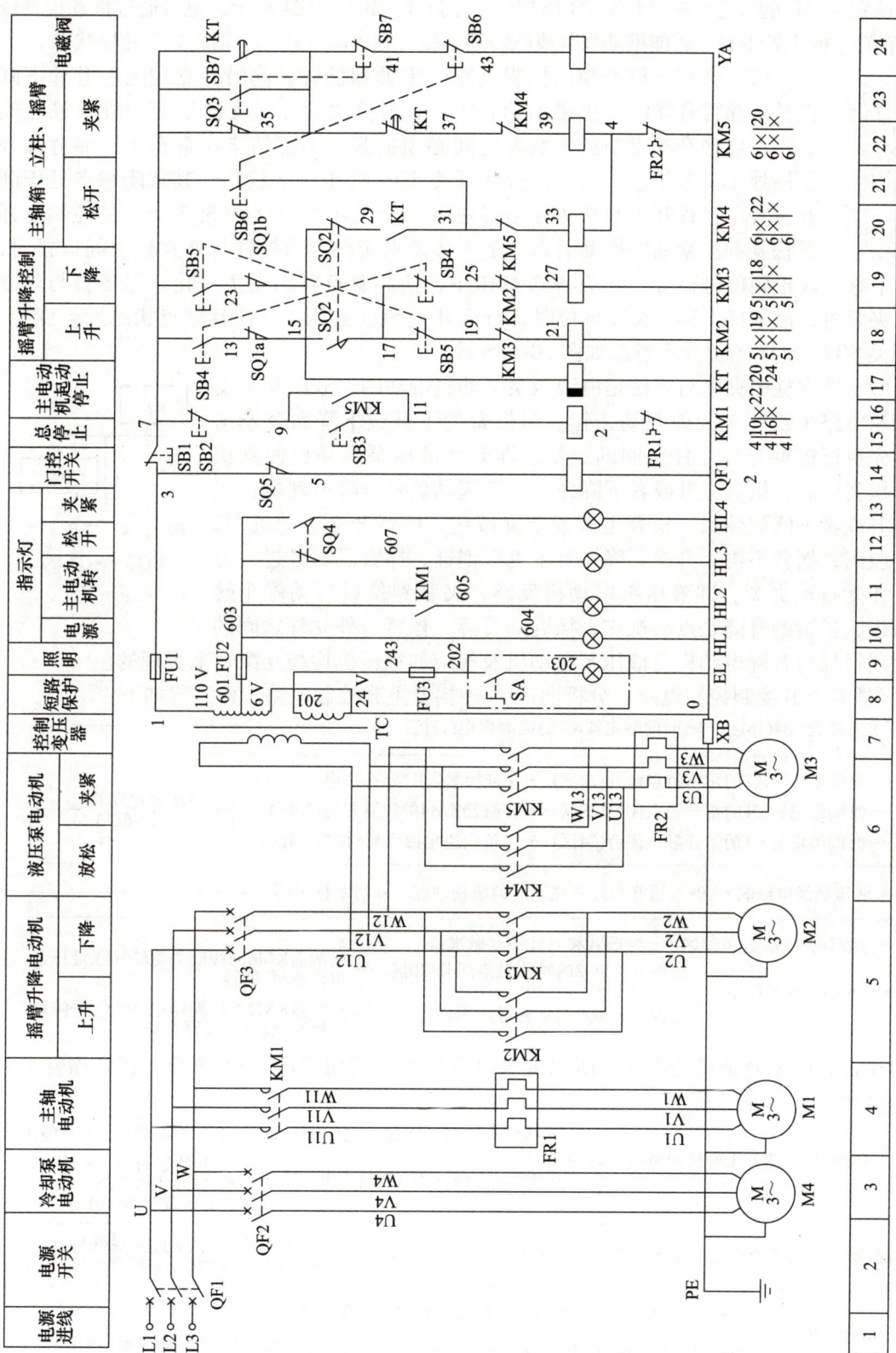

图 10-4　Z3040 型摇臂钻床的电气原理图

立柱和主轴箱的放松与夹紧状态可由按钮上的信号灯 HL3、HL4 显示,也可通过推动摇臂或转动主轴箱上的手轮得知。若能推动摇臂或能转动手轮,则表明立柱和主轴箱处于放松状态。

（2）摇臂升降调整的控制电路　主轴和摇臂一起沿外立柱的上升和下降都是由摇臂升降电动机带动的。在摇臂升降之前,应先使摇臂与外立柱之间放松;摇臂升降成功后,两者之间必须夹紧。摇臂钻床在常态下,摇臂和外立柱处于夹紧状态,此时,行程开关 SQ3 处于压下状态,其常闭触点处于断开位置,行程开关 SQ2 处于自然位置。行程开关 SQ2 和 SQ3 动作的控制由摇臂松开和夹紧油腔推动活塞杆上下移动来实现。当摇臂与外立柱之间放松时,活塞杆下移。放松到位时,行程开关 SQ2 被压下,使其触点状态发生变化。当摇臂与外立柱之间夹紧时,活塞杆上移。夹紧到位时,行程开关 SQ3 被压下,使其触点状态发生变化。行程开关 SQ2、SQ3 的位置示意图如图 10-5 所示。

摇臂与外立柱的夹紧与放松是由液压泵电动机带动的。液压泵电动机的控制电路中没有单独的起动按钮。当摇臂的上升或下降命令发出后,首先执行摇臂与外立柱之间的放松,即起动液压泵电动机使其正转,放松到位后,执行上升或者下降命令,即起动摇臂升降电动机;当摇臂上升或者下降到位后,松开上升或下降按钮,摇臂升降电动机 M2 与电源脱离,摇臂不再上升或下降。为了克服惯性,摇臂需要经过一定的时间才能自动夹紧,即液压泵电动机反转,夹紧到位后自动停止转动。所以,摇臂的升降是点动操作,摇臂的升降、摇臂与外立柱之间的松紧是通过摇臂升降电动机与液压泵电动机及相应的液压机构相互配合来实现的。

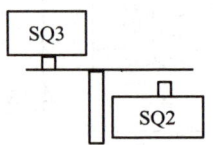

图 10-5　行程开关 SQ2、SQ3 的位置示意图

1）摇臂上升控制控制电路。分析图 10-4 中摇臂上升控制电路工作过程如下：

按下上升按钮SB4(18区) → 时间继电器KT的线圈得电(17区)
→ 时间继电器KT的常闭触点断开(22区) → 保证接触器KM5不得电
→ 时间继电器KT的常开触点闭合(20区) → 接触器KM4的线圈得电(20区) → 液压泵电动机M3运行(6区)
→ 时间继电器KT的常开触点闭合(24区) → 二位六通电磁阀YA得电(24区)
→ 液压油经电磁阀YA进入摇臂与外立柱之间的放松油腔 → 活塞杆下移
→ 行程开关SQ3复位(23区) → 为摇臂和立柱夹紧做准备
→ 行程开关SQ2压下
　→ 行程开关SQ2的常闭触点断开(20区) → 接触器KM4的线圈失电(20区),液压泵电动机M3停转
　→ 行程开关SQ2的常开触点闭合(18区) → 接触器KM2的线圈得电(18区),升降电动机M2起动,摇臂上升

由于摇臂的上升是点动操作,所以上升过程中上升按钮 SB4 并未松开,直到摇臂上升到指定位置才松开按钮 SB4。

摇臂上升到位后,松开上升按钮SB4(18区)
　→ 接触器KM2的线圈失电(18区),升降电动机M2停转,上升停止
　→ 时间继电器KT的线圈失电(17区) → 1~3s的延时后,时间继电器KT的常闭触点恢复闭合状态(20区)
→ 接触器KM5的线圈得电(22区) → 液压泵电动机M3反向旋转(6区) → 液压油经电磁阀YA进入摇臂与立柱间的夹紧油腔,将摇臂夹紧
→ 活塞杆上移
　→ 行程开关SQ2复位 → 为摇臂再次上升或下降做准备
　→ 行程开关SQ3压下,常闭触点断开 → 接触器KM5、电磁阀YA的线圈失电,液压泵电动机M3停转,完成自动夹紧过程

摇臂钻床控制电路常见电气故障分析与排除 项目10

2）摇臂下降控制控制电路。按下图 10-4 中的按钮 SB5，摇臂下降，动作过程与上升类似，自动完成放松、下降、夹紧整套动作。

行程开关 SQ1a、SQ1b 可实现摇臂升降的超程限位保护。摇臂自动夹紧的结束由行程开关 SQ3 控制。如果液压夹紧系统出现故障，不能自动夹紧摇臂，或由于行程开关 SQ3 调整不当，在摇臂夹紧后按钮 SQ3 的常闭触点无法断开，都会使液压泵电动机 M3 长时间过载运行而损坏，为此装设热继电器 FR2 进行过载保护。另外，摇臂上升、下降电路中采用接触器和按钮复合联锁保护，以确保电路安全工作。

[**提示**] 液压泵工作后是实现摇臂与立柱的放松（夹紧），还是实现立柱与主轴箱和内、外立柱之间的放松（夹紧），是由二位六通电磁阀 YA 决定的。若电磁阀 YA 得电，则将液压油送入摇臂与立柱间的放松（夹紧）油腔；若电磁阀 YA 不得电，则将液压油送入立柱与主轴箱、内外立柱之间的放松（夹紧）油腔。

3. 照明灯、信号灯控制电路

Z3040 型摇臂钻床的照明灯、信号灯控制电路由控制变压器 TC 降压后提供 24V、6V 电源，由熔断器 FU2、FU3 提供短路保护。EL 为机床照明灯，HL1 为机床电源通电信号灯，HL2 为主轴电动机运行信号灯，HL3、HL4 为立柱和主轴箱的放松与夹紧信号灯。当液压油进入主轴与立柱间的放松或夹紧油腔后，液压推杆松开或压下位置开关 SQ4，进而控制信号灯 HL3、HL4。冷却泵电动机的额定功率为 90W，可以由断路器直接控制。

三、Z3040 型摇臂钻床常见电气故障检修

摇臂钻床电气控制的重点和难点是主轴位置的调整，即摇臂沿外立柱的升降、外立柱绕内立柱的转动、主轴箱沿摇臂的径向移动。Z3040 型摇臂钻床的工作过程是由电气、机械以及液压系统紧密配合实现的。因此，在维修中不仅要注意电气部分能否正常工作，还要关注机械、液压相应部件或部分的状态。Z3040 型摇臂钻床的常见故障及分析如下。

1. 摇臂不能上升但能下降

摇臂能下降，表明摇臂和立柱的放松和夹紧部分的电路正常。按下 SB4，若放松到位后接触器 KM2 能吸合而摇臂不能上升，则故障发生在主回路上。因摇臂可以正常执行下降动作，所以只需要检查接触器 KM2 的主触点及其接线端子和进、出接线；若时间继电器 KT、接触器 KM5 的线圈都不能得电，不能执行放松动作，则需要重点检查 7-13-15 这段电路是否有故障，取下时间继电器，故障检查流程如图 10-6 所示；若放松动作正常，只是接触器 KM2 不能吸合，摇臂无法上升，则 7-13-15 这段电路没故障，只需要检查 17-19-21-0 这段电路是否有故障，故障检查流程如图 10-7 所示。

2. 摇臂升降后夹紧过度

摇臂升降到位后，应该自动进入夹紧过程。夹紧到位后，行程开关 SQ3 的常闭触点被压下的状态发生翻转，结束夹紧动作。如果摇臂夹紧到位后，不能停止夹紧动作，则表明位置开关 SQ3 没有动作。在摇臂过度加紧的过程中，液压泵电动机近似于工作在堵转状态而导致出现故障，必须要足够重视。打开控制柜门，观察行程开关 SQ3 是否被活塞杆压下。如果已经被压下，说明行程开关 SQ3 的常闭触点出现故障而未能断开，应维修或更换。若行程开关 SQ3 未被压下，则应调整行程开关 SQ3 的位置，使之能够正常动作。

3. 按摇臂升/降按钮没反应

摇臂上升或者下降前，应先将摇臂与立柱松开。摇臂不能上升、下降，应测试立柱与主

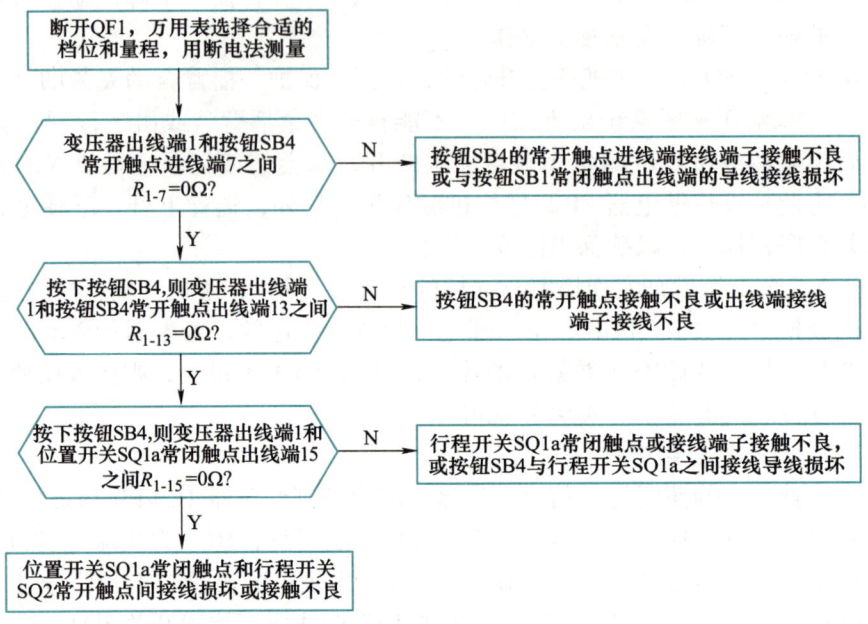

图 10-6　不能执行放松故障检查流程

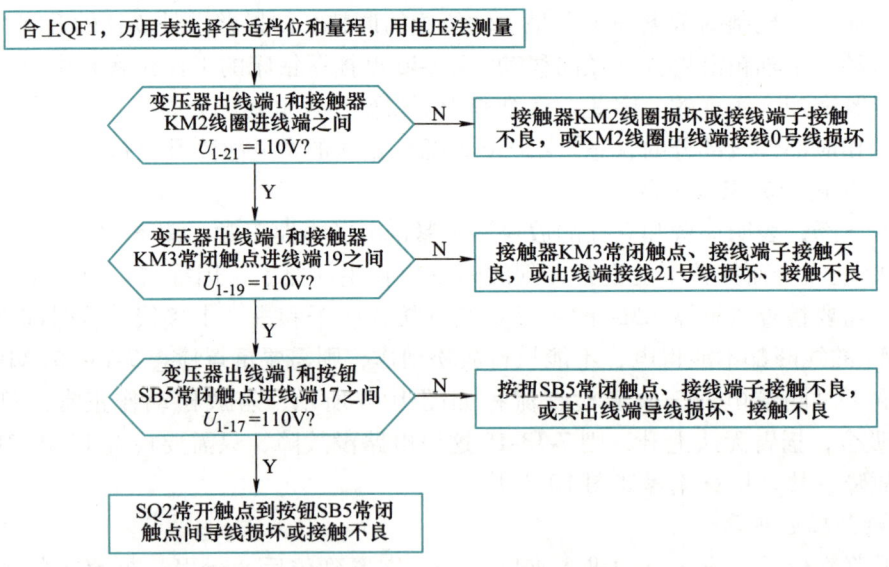

图 10-7　放松后不能上升故障检查流程

轴箱之间、主轴箱与摇臂之间能否放松。若不能放松，则故障大概率发生在接触器 KM4 的线圈所在的 31-33-4 这段电路上；若能放松，则应重点检查时间继电器 KT 的线圈能否吸合、电磁阀 YA 是否带电、15-29-31 这段电路中的时间继电器 KT 的瞬时闭合常开触点和行程开关 SQ2 是否良好等。Z3040 型摇臂钻床摇臂不能上升也不能下降故障的检测流程如图 10-8 所示。如果问题仍未解决，则可按下按钮 SB5，参照上述流程再次测量。

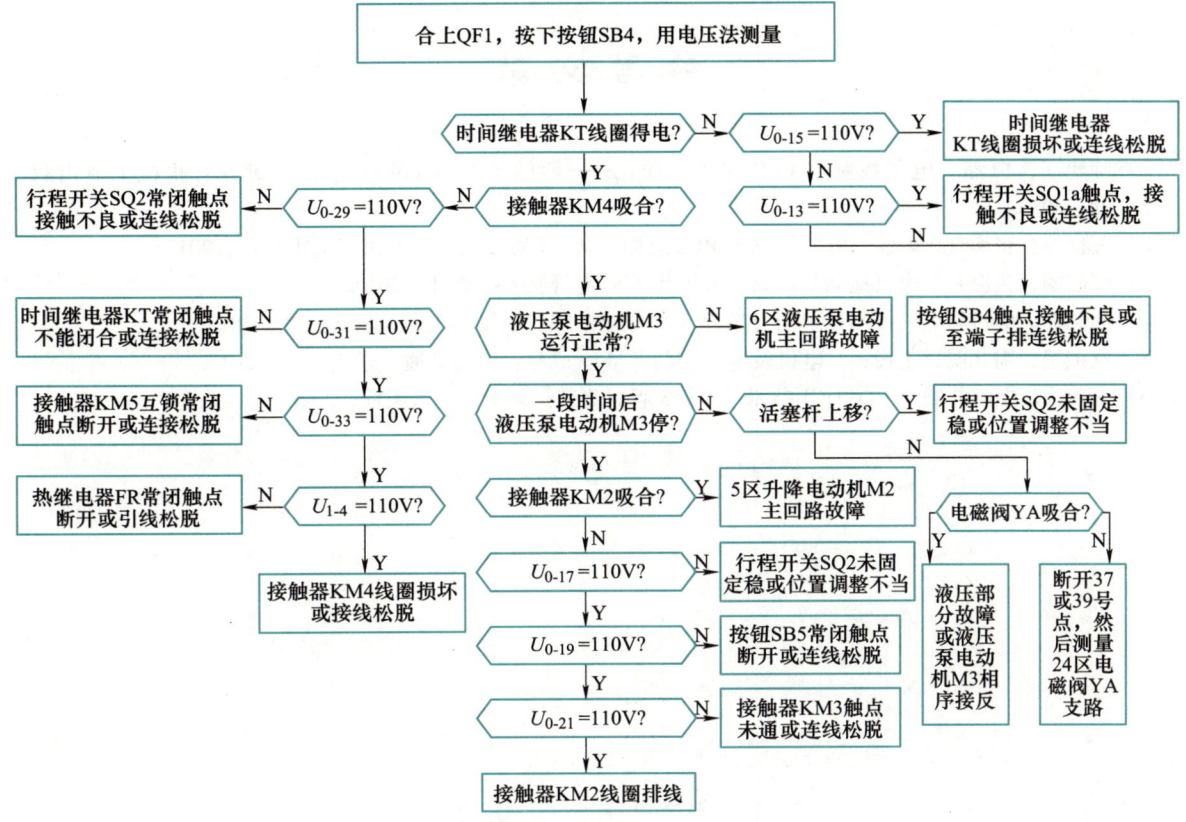

图 10-8 按 Z3040 型摇臂钻床升/降按钮没反应的故障检测流程图

【你知道吗】

8S 管理的内容是什么？

8S 就是整理（SEIRI）、整顿（SEITON）、清扫（SEISO）、清洁（SEIKETSU）、素养（SHITSUKE）、安全（SAFETY）、节约（SAVE）、学习（STUDY）八个项目，因其均以"S"开头，简称为 8S。在实践教学的过程中，除学习实践技能外，还要注意用电安全、工具使用安全，厉行节约；在实践工作结束后，要对仪器仪表、工作台面、实践场所进行整理，做好清洁，提升必要的职业素养。

参 考 文 献

[1] 陈建明,白磊. 电气控制与 PLC 原理及应用——西门子 S7-1200PLC [M]. 北京:机械工业出版社,2020.
[2] 郭艳萍,张海红,冯凯. 电气控制与 PLC 应用 [M]. 3 版. 北京:人民邮电出版社,2017.
[3] 张晓娟,钱海月. 电机拖动与控制 [M]. 北京:高等教育出版社,2019.
[4] 曲昀卿. 电机与电气控制技术项目教程 [M]. 哈尔滨:哈尔滨工程大学出版社,2023.
[5] 赵淑娟,周北明,王俊洲. 电机及电气控制 [M]. 成都:西南交通大学出版社,2017.
[6] 李俊秀. 电气控制与 PLC 应用技术 [M]. 3 版. 北京:化学工业出版社,2023.